空间-文本数据
的个性化语义查询与多样性推荐技术

张霄雁　孟祥福　方金凤　著

电子工业出版社
Publishing House of Electronics Industry
北京·BEIJING

内 容 简 介

本书结合当前空间-文本数据查询与推荐领域的研究热点和最新研究成果，较为全面和系统地介绍空间-文本数据的个性化语义近似查询与多样性推荐技术。本书共 6 章，主要内容包括空间-文本数据查询的基础理论和相关技术、基于 CGAN 的空间关键字语义近似查询、查询结果典型程度分析与 top-k 近似选取、多样性与个性化兴趣点推荐方法、基于图神经网络的兴趣点推荐方法、基于用户偏好的下一个兴趣点推荐方法。

本书可作为高等学校计算机专业、数据科学专业本科生和研究生的研究能力提升参考资料，也可供相关领域的研究人员学习和参考。

未经许可，不得以任何方式复制或抄袭本书之部分或全部内容。
版权所有，侵权必究。

图书在版编目（CIP）数据

空间-文本数据的个性化语义查询与多样性推荐技术 / 张霄雁，孟祥福，方金凤著. —北京：电子工业出版社，2022.7

ISBN 978-7-121-43973-5

Ⅰ．①空… Ⅱ．①张… ②孟… ③方… Ⅲ．①数据检索 Ⅳ．①G254.926

中国版本图书馆 CIP 数据核字（2022）第 127488 号

责任编辑：王羽佳　　　　特约编辑：武瑞敏
印　　刷：三河市华成印务有限公司
装　　订：三河市华成印务有限公司
出版发行：电子工业出版社
　　　　　北京市海淀区万寿路 173 信箱　邮编：100036
开　　本：787×1 092　1/16　印张：9.75　字数：238 千字
版　　次：2022 年 7 月第 1 版
印　　次：2022 年 7 月第 1 次印刷
定　　价：79.00 元

凡所购买电子工业出版社图书有缺损问题，请向购买书店调换。若书店售缺，请与本社发行部联系，联系及邮购电话：(010) 88254888，88258888。
质量投诉请发邮件至 zlts@phei.com.cn，盗版侵权举报请发邮件至 dbqq@phei.com.cn。
本书咨询联系方式：(010) 88254535，wyj@phei.com.cn。

前　　言

近年来，随着移动网络的普遍应用和 GPS 技术的快速发展，大量包含位置信息和文本信息的空间 Web 对象（如兴趣点、用户签到记录等）逐渐形成了规模庞大的空间-文本数据，以空间-文本数据为背景的两种高度相关的空间关键字查询和兴趣点推荐技术正成为当前基于位置的服务（Location-based Service，LBS）领域备受关注的研究热点。

现有的空间关键字查询处理模式主要根据空间 Web 对象（简称空间对象）与查询条件的位置相近度和文本相似度衡量查询结果，很少考虑用户对于查询结果的语义相关性、典型化分析及多样性兴趣点推荐等方面的需求，其主要不足体现在以下几个方面。第一，现有查询处理模式仅从形式上匹配查询关键字，为用户返回包含全部（或部分）查询关键字的查询结果，而实际上一些语义相关的结果也可能满足用户需要。第二，空间对象包含位置信息、文本信息和数值属性信息，现有的空间-文本数据混合索引结构只能同时处理位置信息和文本信息，但不能处理用户在数值属性信息上的偏好，因此需要构建多维索引结构来同时支持位置相近、语义相似和用户数值偏好的查询匹配方法。第三，根据位置相近度和文本相似度的评分方式返回的 top-k 个结果往往比较相似且不具有代表性，而用户希望系统能够从所有候选结果中选出少数典型结果，从而增强用户对候选查询结果集合主要特征的认知。第四，用户获得查询结果后，还希望系统能够自动为其推荐查询结果区域内他可能感兴趣的其他类型空间对象，因此需要系统能够根据查询结果区域内空间对象之间的位置关系和社会关系及当前用户偏好，自动为其推荐多样性和个性化的兴趣点，从而拓宽用户视野和增强用户对兴趣点之间隐含社会关系的深入洞察。因此，需要解决兴趣点的多样性与个性化推荐问题。

通过上述分析可知，大量需要即时满足的普通用户在使用基于位置的服务系统过程中，期望系统能够提供灵活智能的方式为其提供语义相似的空间对象，并能根据其偏好推荐多样性与个性化兴趣点。当前，空间-文本数据的查询处理模式和推荐技术都还难以满足当前用户的智能化、个性化查询与推荐需求，这方面的研究工作当前已经引起国内外研究者的广泛重视。

本书将针对当前空间-文本数据库查询与推荐中亟待解决的个性化语义近似查询、查询结果典型化分析与 top-k 近似选取、兴趣点聚类分析和多样性与个性化推荐问题进行讨论，按照个性化语义近似查询、查询结果典型化分析与 top-k 近似选取、基于聚类分析的多样性兴趣点推荐方法、基于图神经网络的个性化兴趣点推荐方法、基于用户偏好的下一个兴趣点推荐方法的顺序，阐述一套行之有效的空间-文本数据个性化语义近似查询和多样性与个性化兴趣点推荐的解决方案，并提供具体实现技术。

本书共 6 章，主要内容包括空间-文本数据查询的基础理论和相关技术、基于 CGAN 空间关键字语义近似查询、查询结果典型程度分析与 top-k 近似选取、多样性与个性化兴趣点推荐方法、基于图神经网络的兴趣点推荐方法、基于用户偏好的下一个兴趣点推荐方法。

本书的第 2～4 章由张霄雁编写，第 1 章和第 6 章由孟祥福编写，第 5 章由方金凤编写。

本书的撰写参考了大量近年来出版的国内外相关技术资料，吸取了许多专家和同人的宝贵经验，在此向他们深表谢意。

由于空间-文本数据的查询与推荐技术发展迅速，作者学识有限，书中误漏之处在所难免，望广大读者批评指正。

作　者

2022 年 1 月

目　　录

第1章　空间-文本数据查询的基础理论和相关技术 ... 1

1.1　空间关键字查询方法研究现状 ... 1
1.2　空间-文本对象和空间关键字查询 ... 3
- 1.2.1　空间-文本对象和空间关键字查询的定义 ... 3
- 1.2.2　空间关键字查询的处理方法 ... 4
- 1.2.3　查询关键字拼写错误的处理方法 ... 6

1.3　空间索引结构 R-Tree ... 7
- 1.3.1　R-Tree 结构 ... 7
- 1.3.2　R-Tree 查询操作 ... 8
- 1.3.3　R-Tree 插入操作 ... 9
- 1.3.4　R-Tree 删除操作 ... 11

1.4　空间-文本混合索引结构 ... 12
- 1.4.1　IR-Tree 结构 ... 12
- 1.4.2　IR-Tree 实例 ... 13

1.5　本章小结 ... 15
1.6　参考文献 ... 15

第2章　基于 CGAN 的空间关键字语义近似查询 ... 18

2.1　引言 ... 18
2.2　问题定义和解决方案 ... 20
- 2.2.1　问题定义 ... 20
- 2.2.2　解决方案 ... 21

2.3　空间关键字查询语义扩展 ... 22
- 2.3.1　GAN 和 CGAN ... 22
- 2.3.2　CGAN 生成器的构建 ... 24
- 2.3.3　判别器的构建 ... 26
- 2.3.4　CGAN 的构建 ... 26

2.4　查询与结果的相关性评估 ... 27
- 2.4.1　文本相似度评估 ... 27
- 2.4.2　数值满意度评估 ... 28
- 2.4.3　综合评分函数 ... 30

2.5 索引结构与查询匹配算法 ······ 30
2.5.1 索引结构 ······ 30
2.5.2 实现算法 ······ 31
2.6 效果与性能实验评价 ······ 35
2.6.1 实验环境 ······ 35
2.6.2 CGAN 模型的实现与效果 ······ 36
2.6.3 查询效果实验 ······ 39
2.6.4 查询效率实验 ······ 41
2.7 本章小结 ······ 44
2.8 参考文献 ······ 44

第 3 章 查询结果典型程度分析与 top-k 近似选取 ······ 46
3.1 引言 ······ 46
3.2 问题定义和解决方案 ······ 47
3.2.1 问题定义 ······ 47
3.2.2 解决方案 ······ 48
3.3 空间对象之间的距离评估 ······ 49
3.3.1 基于关键字耦合关系与核函数的文本语义距离评估 ······ 49
3.3.2 基于 Word2Vec 和 CNN 的文本语义距离评估 ······ 52
3.3.3 空间对象在各维度上的综合距离 ······ 54
3.4 查询结果的典型程度量化与 top-k 近似选取 ······ 54
3.4.1 查询结果的典型程度量化方法 ······ 54
3.4.2 top-k 典型结果的近似选取 ······ 56
3.5 效果与性能实验评价 ······ 59
3.5.1 实验环境 ······ 59
3.5.2 空间对象文本信息的语义相似度评估准确性测试 ······ 60
3.5.3 空间对象典型程度评估与 top-k 近似选取算法的效果测试 ······ 62
3.5.4 top-k 近似算法的性能测试 ······ 65
3.6 本章小结 ······ 66
3.7 参考文献 ······ 66

第 4 章 多样性与个性化兴趣点推荐方法 ······ 68
4.1 引言 ······ 68
4.2 兴趣点推荐的国内外研究现状分析 ······ 69
4.3 问题定义和解决方案 ······ 70
4.3.1 问题定义 ······ 70
4.3.2 解决方案 ······ 70
4.4 位置-社会关系模型 ······ 71
4.4.1 相关定义 ······ 71

目 录

  4.4.2 位置-社会关系距离 ……………………………………………… 71
4.5 兴趣点聚类划分 …………………………………………………………… 73
  4.5.1 基于谱聚类的兴趣点聚类方法 …………………………………… 73
  4.5.2 兴趣点聚类划分示例 ……………………………………………… 75
4.6 多样性与个性化兴趣点选取 ……………………………………………… 76
4.7 效果与性能实验评价 ……………………………………………………… 78
  4.7.1 实验数据 …………………………………………………………… 78
  4.7.2 兴趣点的位置-社会关系模型效果实验 …………………………… 79
  4.7.3 推荐效果实验 ……………………………………………………… 83
4.8 本章小结 …………………………………………………………………… 90
4.9 参考文献 …………………………………………………………………… 91

第5章 基于图神经网络的兴趣点推荐方法 ……………………………………… 92

5.1 引言 ………………………………………………………………………… 92
5.2 图神经网络和基于位置的社交网络 ……………………………………… 94
  5.2.1 图神经网络 ………………………………………………………… 94
  5.2.2 基于位置的社交网络 ……………………………………………… 97
5.3 相关定义和解决方案 ……………………………………………………… 98
  5.3.1 相关定义 …………………………………………………………… 98
  5.3.2 解决方案模型 ……………………………………………………… 99
5.4 具体实现方法 ……………………………………………………………… 101
  5.4.1 用户嵌入向量建模 ………………………………………………… 101
  5.4.2 兴趣点嵌入向量建模 ……………………………………………… 104
  5.4.3 评分预测 …………………………………………………………… 110
  5.4.4 模型训练 …………………………………………………………… 110
5.5 效果与实验性能分析 ……………………………………………………… 112
  5.5.1 实验数据 …………………………………………………………… 112
  5.5.2 比较方法 …………………………………………………………… 113
  5.5.3 实验设置 …………………………………………………………… 113
  5.5.4 实验结果分析 ……………………………………………………… 114
5.6 本章小结 …………………………………………………………………… 121
5.7 参考文献 …………………………………………………………………… 121

第6章 基于用户偏好的下一个兴趣点推荐方法 ………………………………… 123

6.1 引言 ………………………………………………………………………… 123
6.2 下一个兴趣点推荐的国内外研究现状 …………………………………… 125
  6.2.1 基于马尔可夫模型的方法 ………………………………………… 126
  6.2.2 基于嵌入的方法 …………………………………………………… 127
  6.2.3 基于神经网络模型的方法 ………………………………………… 127

6.3 相关定义和解决方案 ·· 128
6.4 用户关系挖掘 ·· 130
  6.4.1 构建用户关系图 ·· 130
  6.4.2 用户关系嵌入学习 ·· 132
6.5 用户偏好建模 ·· 133
  6.5.1 长期偏好建模 ··· 133
  6.5.2 用户的短期偏好和当前偏好建模 ························· 133
  6.5.3 周期偏好 ··· 135
6.6 模型训练 ·· 136
6.7 实验结果与分析 ·· 137
  6.7.1 实验环境与数据 ·· 137
  6.7.2 实验及结果分析 ·· 138
  6.7.3 神经网络神经元个数的影响 ······························ 141
  6.7.4 模型结构的影响 ·· 142
  6.7.5 迭代次数的影响 ·· 143
  6.7.6 朋友关系和偏好相似关系权重的影响 ·················· 144
6.8 本章小结 ·· 145
6.9 参考文献 ·· 145

第 1 章　空间-文本数据查询的基础理论和相关技术

内容关键词
- 空间关键字查询
- 空间-文本索引结构 R-Tree

近年来，随着移动网络的普遍应用和 GPS 技术的快速发展，大量包含位置信息和文本信息的空间 Web 对象（如兴趣点、用户签到记录等）逐渐形成了规模庞大的空间-文本数据，以空间-文本数据为背景的两种高度相关的空间关键字查询（Spatial Keyword Query）和兴趣点推荐（POI Recommendation）技术正成为当前基于位置的服务（Location-based Service，LBS）、推荐系统和 Web 信息检索等领域备受关注的研究热点。例如，美团、携程、Google 地图、今日头条等基于位置的服务平台都需要空间关键字查询和兴趣点推荐技术的支持来获取与查询位置相近、查询内容相关以及用户感兴趣的空间对象（在推荐系统领域也称为兴趣点）。

1.1　空间关键字查询方法研究现状

1. 空间关键字查询处理模式研究现状

Zheng、Cao 等把现有空间关键字查询处理模式分成 4 种：布尔范围查询（Boolean Range Query）、布尔 k 近邻查询（Boolean kNN Query）、top-k 范围查询（top-k Range Query）和 top-k k 近邻查询（top-k kNN Query）。布尔范围查询返回在查询位置范围内且包含所有查询关键字的对象；布尔 k 近邻查询返回包含全部查询关键字且距离查询点最近的前 k 个对象，这些对象按其与查询点的距离进行排序；top-k 范围查询返回位于查询位置范围内且与查询关键字最为相关的前 k 个对象，这些对象按其与查询关键字的文本相似度进行排序；top-k k 近邻查询返回与查询位置和查询关键字综合相关度最高的前 k 个对象。上述 4 种模式呈递进式发展。前两种查询处理模式属于匹配式查询，需要空间对象的文本信息包含所有查询关键字，第一种模式的缺点是不能控制查询结果的个数，并且没有对查询结果进行排序，第二种模式通过查询位置范围控制结果个数，利用空间对象与查询位置之间的距离对查询结果进行排序。后两种查询处理模式属于排序式查询,不要求空间对象的文本信息必须包含所有查询关键字,依据文本信息与查询关键字的匹配程度选取top-k个排序结果。在结果排序方面,第三种模式依据空间对象与查询的文本相似度进行排序,第四种模式综合考虑了空间对象与查询的位置相近度和文本相似度进行结果排序,最近的一些研究基于这种模式进行了改进,提出了组合空间关键字查询处理方法,目的是返回一组覆盖全部查询关键字且与查询位置接近的对象,这组对象构成一个查询结果单元。不同空间关键字查询处理模式的特点如表 1.1 所示。但需要指出的是,这些查询处理模式都不具备语义近似查询和对数值属性进行处理的功能。

表 1.1 不同空间关键字查询处理模式的特点

查询类型	采用的基本索引结构	结果排序考虑的因素	是否考虑用户数值偏好	是否考虑语义相关性
布尔范围查询	R-Tree	无排序	否	否
布尔 k 近邻查询	IR^2-Tree	位置相近优先	否	否
Top-k 范围查询	bR*-Tree	文本相似优先	否	否
Top-k k 近邻查询	IR-Tree	位置相近且文本相似	否	否

2. 空间-文本数据的索引结构研究现状

由于空间-文本数据查询需要同时考虑空间对象与查询条件的位置相近度和文本相似度,因此需要将空间索引和文本索引进行结合构建空间-文本混合索引。空间搜索的索引结构主要包括两阶段索引、IR^2-Tree 索引、IR-Tree 索引、bR*-Tree 索引、Light-Weighted 索引、QuadTree 索引和 G-index 索引,其中 R-Tree 是最基本的空间索引结构。文本搜索的索引结构主要有倒排文件(Inverted File)、签名文件(Signature File)和位图索引(Bitmap)等。文本索引和空间索引相结合的空间-文本数据混合索引结构如表 1.2 所示。

表 1.2 文本索引和空间索引相结合的空间-文本数据混合索引结构

索引结构	组合模式	Tree 结点信息	优缺点
两阶段索引	R-Tree,倒排文件	R-Tree 结点包含最小外接矩形(MBR),倒排文件结点包含关键字信息	优点:结构简单 缺点:存储代价高,无法确定第一阶段产生的候选对象个数
IR^2-Tree 索引	R-Tree+签名文件	结点的 MBR,结点的文本信息签名文件	优点:存储代价低、搜索效率高 缺点:查询关键字必须严格匹配
IR-Tree 索引	R-Tree+倒排文件	结点的 MBR,结点的文本信息对应的倒排文件	优点:存储空间小,提高了搜索效率,允许查询关键字部分匹配 缺点:未考虑查询的语义相关性
bR*-Tree 索引	R*-Tree+位图索引	结点的 MBR、结点的所有关键字对应的位图	优点:存储空间小,匹配效率高 缺点:关键字多,I/O 代价高
Light-Weighted 索引	R*-Tree 和倒排文件分开存储	R*-Tree 结点包含 MBR 和结点到根结点路径的 Label,倒排结点包含标记位置组成	优点:可扩展性较强,搜索效率高 缺点:存储代价高,频繁插入操作的计算代价过高
QuadTree 索引	QuadTree 倒排文件	结点的 MBR,结点的文本信息对应的倒排文件	优点:区域搜索效率高 缺点:树结构不平衡,存储代价较高
G-index 索引	聚类标准+聚类操作	通过聚类操作,可泛化成上述各类索引结构	优点:通用性强 缺点:存储代价高,泛化计算代价高

在这些索引结构中,IR-Tree 是最常用的索引结构,该索引在文本搜索方面利用全文索

引方式从形式上匹配查询关键字,把查询关键字看成文本字符串处理而没有考虑其语义。在现实应用中,有些空间对象虽然没有显示包含查询关键字,但其在语义上可能与查询十分相关,现有的索引结构不能检索到这些对象。并且这些索引结构不能对数值属性信息进行有效处理,如果空间对象的描述信息包含数值属性,现有方法只能将这些数值进行离散化处理进而转换为文本,然后利用文本匹配方法进行处理,但文本与数值的处理方式截然不同(例如,文本通常做匹配处理,而数值通常进行大小比较),从而导致查询结果不能较好地满足用户的需求和偏好。本节将在 R-Tree 的基础上,构建一种支持位置相近和语义相似匹配且能够处理数值属性的混合索引结构。

3. 查询结果的选取与排序研究现状

对于空间关键字查询结果的选取与排序,按查询结果评分函数考虑的因素可分为 3 类:距离相近优先、文本相似优先,以及距离相近和文本相似综合优先(表 1.1)。查询结果的 top-k 选取(选取前 k 个少数结果)主要基于两类方法:一类是利用 IR-Tree 等索引结构定位候选查询结果对象,然后根据位置相近度和文本相似度评分函数对候选查询结果进行综合评分并排序;另一类是基于阈值算法(Threshold Algorithm,TA)。其基本思想是:首先按空间对象与当前查询条件的位置相近度和文本相似度将所有空间对象构建成两个相应的降序列表,然后以自顶向下的方式并行扫描列表,每当在一个列表上发现一个新对象,就以随机检索方式检索该对象在另一个列表上的排序分数,该对象在两个列表上的分数之和作为其排序分数;算法每完成一次横向扫描都重新设定一个阈值,当得到 k 个排序分数不小于当前阈值的对象被选出时,算法停止。阈值算法在很多其他领域中也都得到了广泛应用,如基于重启动随机行走的 top-k 排序、综合考虑不同数据源下的空间和文本联合相似性的 top-k 排序、社交多媒体数据 top-k 查询、模糊 XML 数据 top-k 查询和轨迹相似 top-k 查询处理等。

1.2 空间-文本对象和空间关键字查询

1.2.1 空间-文本对象和空间关键字查询的定义

空间-文本对象,简称空间对象,是指 Web 上包含位置信息和描述信息的对象,如酒店、餐馆、咖啡厅、旅游景点、宾馆、超市、娱乐场所等,位置信息通常由经纬度表示,描述信息主要包含文本信息(如宾馆的设施描述、饭店的菜谱、娱乐场所的类别、旅游景点的用户评论等)和数值信息(如用户评分、价格等)。空间对象在不同上下文情况下也称为地点(Place)或兴趣点(POI)。令 $D=\{o_1, o_2, \cdots, o_n\}$ 表示一个空间对象集合,其中每个对象 $o_i \in D$ 包含位置信息 $o_i.\text{loc}$ 和描述信息 $o_i.\text{doc}$(用关键字集合表示)。

空间关键字查询是以空间-文本数据为背景的一种查询处理模式,形式为一个四元组,即 q: (loc, keywords, k, α),其中 $q.\text{loc}$ 代表查询位置,$q.\text{keywords}$ 是查询关键字集合,$q.k$ 是结果对象个数,$q.\alpha \in [0,1]$ 是一个权重系数。目前,普遍采用的空间对象 o 与查询 q 的相关度计算方法为

$$\text{Score}(o,q) = \alpha \cdot \text{Sim}_{\text{Loc}}(o.\text{loc}, q.\text{loc}) + (1-\alpha) \cdot \text{Sim}_{\text{Doc}}(o.\text{doc}, q.\text{keywords}) \quad (1.1)$$

式中，$o.loc$ 和 $o.doc$ 分别为空间对象的位置信息和描述信息，Sim_{Loc} 和 Sim_{Doc} 分别代表 o 与 q 之间归一化的空间位置相近度（Spatial Proximity）和文本相似度（Textual Similarity），α 用于调节位置相近度和文本相似度在总相似度中的比重。空间关键字查询的目标是从空间对象集合 D 中找出与查询 q 在位置和文本两个方面综合相似度最高的 top-k 个空间对象子集。

需要注意的是，空间关键字查询与关系数据中的区域查询有本质上的不同，后者是把区域名作为一个文本值进行匹配，本质上还是在单个维度上进行文本匹配，如查询"北京市海淀区"的"如家酒店"，这种查询直接利用 SQL 语句"select 酒店名称 from 宾馆 where 所在位置 like'%北京市海淀区%'"即可实现；而前者是进行地理位置上的距离计算，如查询"清华大学"附近的"如家酒店"，这需要先根据经纬度计算"清华大学"和周边"如家酒店"的距离，然后根据位置距离远近和文本匹配程度返回结果。

1.2.2 空间关键字查询的处理方法

下面以表 1.3 中的数据为例，分别阐述空间对象与查询的位置相近度和文本相似度的计算方法。

表 1.3 空间对象实例

空间对象	纬　度	经　度	描述信息
o_1	116°36′	39°91′	swimming pool, wifi, breakfast
o_2	116°20′	39°99′	wifi, breakfast, airport service
o_3	110°58′	35°74′	breakfast, swimming pool, subway
o_4	119°65′	33°32′	conference, internet, swimming pool
o_5	121°16′	42°58′	internet, airport service, conference

1. 查询条件与空间对象的位置相近度

给定查询 q 与空间对象 o，现有方法采用欧式距离来计算二者之间的位置相近度，计算方法为

$$D(q,o) = \sum_{k=1}^{m} d(q^{(k)}, o^{(k)}) \tag{1.2}$$

式中，m 为空间对象的空间维度。基于式（1.2），查询 q 与空间对象 o 的位置相近度定义为

$$Sim_{Loc}(q,o) = 1 - D(q,o)/D_{max} \tag{1.3}$$

式（1.3）的目的是将所有对象之间的位置相近度归一化到[0, 1]区间，其中 D_{max} 代表给定空间对象集合中的最大距离。表 1.3 中所列空间对象的归一化位置相近度如表 1.4 所示。

表 1.4 空间对象的归一化位置相近度

	o_1	o_2	o_3	o_4	o_5
o_1	1.0000	0.9858	0.4343	0.4154	0.5640
o_2	0.9858	1.0000	0.4407	0.4039	0.5559
o_3	0.4343	0.4407	1.0000	0.2549	0.0000
o_4	0.4154	0.4039	0.2549	1.0000	0.2553
o_5	0.5640	0.5559	0.0000	0.2553	1.0000

2. 查询条件与空间对象的文本相似度

给定一个空间对象 o，首先将其描述信息 $o.\text{doc}$ 利用 jieba、wikipedia、CoreNLP 等分词工具或根据分割符号进行文本词条或短语提取，将空间对象的文本信息 $o.\text{doc}$ 用一组词条集合表示，每个词条的权重 $w(t|o.\text{doc})$ 的计算方法采用传统的 TF-IDF 进行计算。

$$w(t|o.\text{doc}) = tf(t|o.\text{doc}) \cdot \text{idf}(t, D) \tag{1.4}$$

式中，$tf(t|o.\text{doc}) = \dfrac{f(t, o.\text{doc})}{\text{MaxFrequency}}$，其中 $f(t|o.\text{doc})$ 表示词条 t 在空间对象 o 的文本信息 $o.\text{doc}$ 中出现的次数，MaxFrequency 表示词条在文本信息 $o.\text{doc}$ 中的最多出现次数；$\text{idf}(t, D) = \log_2 \dfrac{|D|}{f(t|D)}$，其中 $f(t|D)$ 表示空间对象集合 D 中包含词条 t 的对象数量，$|D|$ 表示 D 中的对象总数。

为了计算查询与空间对象之间的文本相似度，需要先将它们转化成向量表示。转化方法为：先将所有空间对象文本信息中的不同词条构建一个序列，该序列的长度就是向量的维度；以该序列作为依据，按照查询条件（和空间对象）包含的词条在序列中出现的位置，将向量中对应位置的值置为该词条对应的 TF-IDF 值，其他位置的值置为 0。在此基础上，利用 Cosine 相似度方法计算查询关键字与空间对象之间的文本相似度，计算方法为

$$\text{Sim}_{\text{Doc}}(q, o) = \dfrac{\sum_{i=1}^{n} q[i] \cdot o[i]}{\sqrt{\sum_{i=1}^{n} q[i]^2} \cdot \sqrt{\sum_{i=1}^{n} o[i]^2}} \tag{1.5}$$

式中，q 和 o 分别为查询 q 和空间对象 o 的向量表示；n 为所有不同词条的个数。例如，以表 1.3 为例，5 个空间对象包含的 7 个不同<词条, TF-IDF 值>及序列如下。

{<swimming pool, 0.5108>, <wifi, 0.9163>, <breakfast, 0.5108>, <airport service, 0.9163>, <subway, 1.6094>, <conference, 0.9163>, <internet, 0.9163>}

假设给定查询 q 的关键字为 {wifi, breakfast, subway}，该查询 q 与空间对象 o_1 的向量表示如下。

查询 q 的向量：{0, 0.9163, 0.5108, 0, 1.6094, 0, 0}。

空间对象 o_1 的向量：{0.5108, 0.9163, 0.5108, 0, 0, 0, 0}。

用式（1.5）计算出的查询 q 与空间对象 o_1 之间的文本相似度为 0.491。

利用式（1.5）计算出的表 1.3 中所列空间对象的归一化文本相似度如表 1.5 所示，归一化方法是用每对对象之间的相似度除以所有对象之间的最大相似度。

表 1.5 空间对象的归一化文本相似度

	o_1	o_2	o_3	o_4	o_5
o_1	1.0000	0.6771	0.2535	0.1605	0.0000
o_2	0.6771	1.0000	0.1062	0.0000	0.3798
o_3	0.2535	0.1062	1.0000	0.1062	0.0000
o_4	0.1605	0.0000	0.1062	1.0000	0.7596
o_5	0.0000	0.3798	0.0000	0.7596	1.0000

查询 q 与空间对象 o 的位置相近度和文本相似度通过线性组合构成了它们之间的综合相关度（表 1.6），据此可选出 top-k 个与当前查询综合相关度最高的空间对象作为查询结果。

表1.6 空间对象的位置-文本综合相关度（α=0.5）

	o_1	o_2	o_3	o_4	o_5
o_1	1.0000	0.8315	0.3439	0.2880	0.2820
o_2	0.8315	1.0000	0.2735	0.2020	0.4679
o_3	0.3439	0.2735	1.0000	0.1806	0.0000
o_4	0.2880	0.2020	0.1806	1.0000	0.5075
o_5	0.2820	0.4679	0.0000	0.5075	1.0000

1.2.3 查询关键字拼写错误的处理方法

在现实应用中，由于用户提出的查询关键字难免会出现拼写错误，因此导致不能匹配到查询结果。对此，本节采用了3种字符串相似度度量方法：最长连续公共子序列（LCS）、从第1个字符开始的最长连续公共子序列（MCLCS$_1$）、从第n个字符开始的最长连续公共子序列（MCLCS$_n$），并对这3种方法进行线性组合求和，进而确定查询关键字与空间对象文本内容之间的字符串匹配度，从而解决输入关键字拼写错误的问题。

给定两个要进行比较的关键字t_i和t_j。

（1）对最长连续公共子序列（LCS）进行规范化，将其称为NLCS。

$$v_1 = \text{NLCS}(t_i,t_j) = \frac{\text{length}(\text{LCS}(t_i,t_j))^2}{\text{length}(t_i) \times \text{length}(t_j)} \quad (1.6)$$

（2）对从第1个字符开始的最长连续公共子序列（MCLCS$_1$）进行规范化，将其称为NMCLCS$_1$。

$$v_2 = \text{NMCLCS}_1(t_i,t_j) = \frac{\text{length}(\text{MCLCS}_1(t_i,t_j))^2}{\text{length}(t_i) \times \text{length}(t_j)} \quad (1.7)$$

（3）对从第n个字符开始的最长连续公共子序列（MCLCS$_n$）进行规范化，将其称为NMCLCS$_n$。

$$v_3 = \text{NMCLCS}_n(t_i,t_j) = \frac{\text{length}(\text{MCLCS}_n(t_i,t_j))^2}{\text{length}(t_i) \times \text{length}(t_j)} \quad (1.8)$$

在此基础上，关键字之间的字符串匹配度可用下式计算。

$$\alpha = \lambda_1 v_1 + \lambda_2 v_2 + \lambda_3 v_3 \quad (1.9)$$

式中，λ_1、λ_2、λ_3均为可调参数，用于调整NLCS、NMCLCS$_1$及NMCLCS$_n$在关键字的字符串匹配度中的比重，$\lambda_1 + \lambda_2 + \lambda_3 = 1$。这里取$\lambda_1 = \lambda_2 = \lambda_3 = 1/3$。

下面结合一个例子说明上述方法的应用。假设空间对象o_1的文本中包含关键字"chicken"，而用户查询条件中将其误拼成"chiken"，利用上述方法可得：

```
LCS(chicken,chiken)=chiken,
MCLCS₁(chicken,chiken)=chi, MCLCSₙ(chicken,chiken)=ken
NLCS(chicken, chiken)=6²/(7×6)≈0.857, NMCLCS₁(chicken,chiken)=3²/(7×6)≈
0.214, NMCLCSₙ(chicken, chiken)=3²/(7×6)≈0.214
α=1/3×0.857+1/3×0.214+1/3×0.214≈0.428
```

因此，"chicken"和"chiken"之间的字符串相似度为 0.428。

在进行查询匹配时，如果查询关键字与查询空间对象包含的关键字匹配程度高于给定的阈值，就认为匹配；否则认为不匹配。该值可由领域专家给出或由用户调整，本节设置为 0.5。

1.3　空间索引结构 R-Tree

Guttman 在 1984 年最早提出了一种动态空间索引结构 R-Tree，它是最基本，也是当前使用最广泛的空间索引结构，大多数空间索引结构（如 IR-Tree、IR^2-Tree 等）是 R-Tree 的变种。因此，下面主要介绍 R-Tree 的基本结构和操作。

1.3.1　R-Tree 结构

R-Tree 是一种高度平衡树，由非叶子结点（也称为中间结点）和叶结点组成。例如，图 1.1（b）是一个根据图 1.1（a）构建的 R-Tree，根结点是 N_1，非叶子结点是 N_2 和 N_3，叶子结点是 N_4、N_5、N_6、N_7、N_8。叶结点存储位置临近的空间对象的最小外接矩形（Minimum Bounding Rectangle，MBR），如图 1.1（a）中的 D_1、D_2 和 D_3 是二维坐标下一个空间对象对应的不规则形状，R_8、R_9 和 R_{10} 分别是它们的最小外接矩形。非叶子结点是其所有孩子结点的外接矩形，如 N_2 包含矩形 R_3、R_4、R_5；根结点包含所有这些外接矩形。

R-Tree 中的每个非叶子结点和叶结点都包含多个条目（Entry）。叶结点的每个条目都由一个形式为<o, Rect>的二元组构成，其中 o 代表该条目所对应的空间对象，Rect 代表该对象的最小外接矩形，如叶结点 N_4 中指向空间对象 D_1 及其对应的最小外接矩形 R_8 的条目可表示为<D_1, R_8>。非叶子结点的每个条目都由一个形式为<pN, Rect>二元组构成，其中，pN 是该条目所指向的孩子结点 N 地址的指针，Rect 是该条目所指向的孩子结点所覆盖区域的最小外接矩形。R-Tree 将空间对象按其所在位置进行区域划分，位置临近的空间对象尽量划分到同一个区域中，每个结点都对应一个区域和一个磁盘页，非叶子结点的磁盘页存储其所有子结点的区域范围，叶结点的磁盘页存储该结点下包含的所有空间对象的最小外接矩形。每个非叶子结点包含的子结点个数有上限和下限个数限制，上限的作用是保证每个结点都对应一个磁盘页，下限的作用是确保每个磁盘页的存储空间能得到充分利用。当某个非叶子结点下有新孩子结点插入而导致该结点所需空间大于一个磁盘页（也就是子结点数超过上限）时，需要将该结点进行分裂处理。在 R-Tree 的构建过程中，位置上临近的结点尽量划分在同一父结点下，同一层中各兄弟结点之间的区域交集尽可能小。在进行空间查询时，利用 R-Tree 索引结构只需遍历少数中间结点即可快速定位到匹配的空间对象，也就是逐渐缩小到某个区域下进行查询匹配。利用 R-Tree 索引逐步定位到空间对象 D_1、D_2 和 D_3 的过程如图 1.2 所示。

R-Tree 主要包含 3 种操作：查询、插入和删除。下面结合文献[25]的实例进行描述。

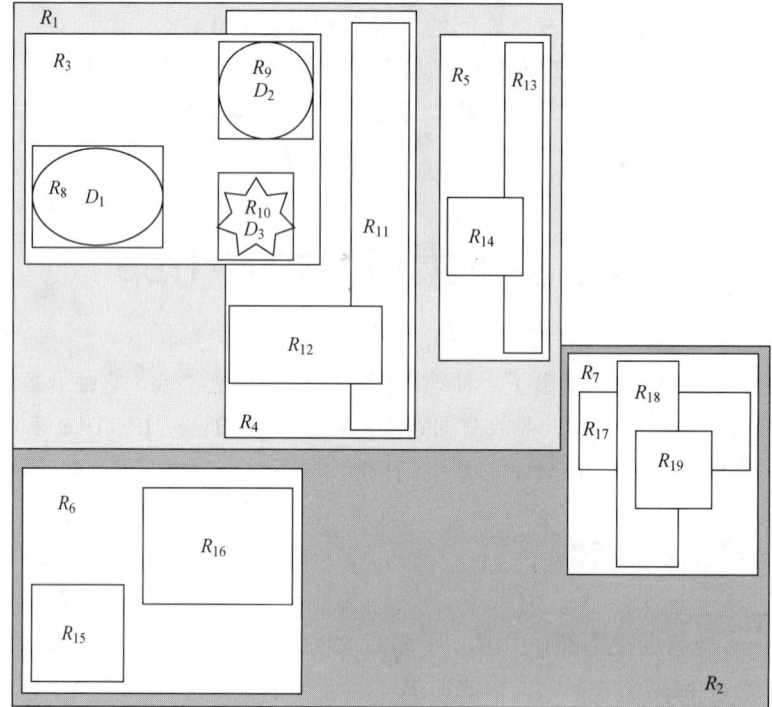

（a）最小外接矩形

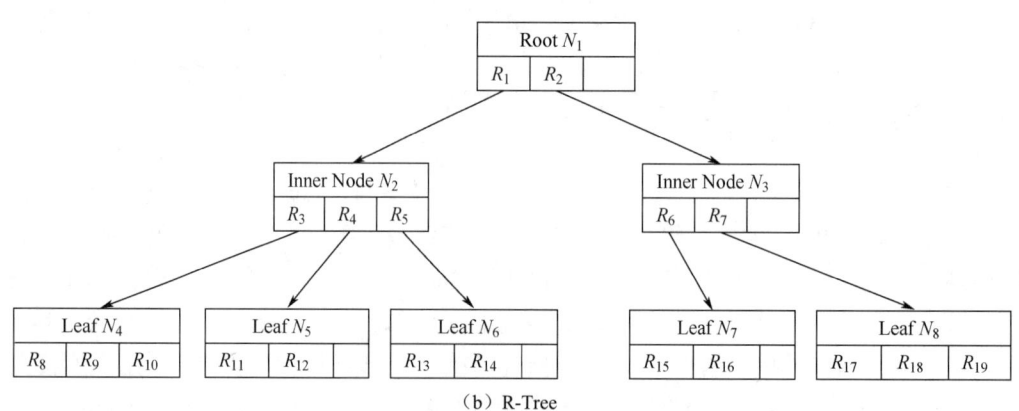

（b）R-Tree

图 1.1　最小外接矩形和 R-Tree 实例

1.3.2　R-Tree 查询操作

给定一个查询条件为矩形 S，令 R-Tree 的根结点为 T，利用 R-Tree 索引找到与 S 匹配的叶子结点过程如下：

（1）如果 T 是非叶子结点，检查 T 中所有条目 E 的矩形（$E.\mathrm{Rect}$）是否包含 S，对于所有包含 S 的条目，以其指向的孩子结点为根（此时 T 为该树的根结点）进一步递归执行查询操作。

（2）如果 T 是叶子结点，检查 T 中每个条目 E 的矩形（$E.\mathrm{Rect}$）是否包含 S，如果包含，该条目就是一个结果。

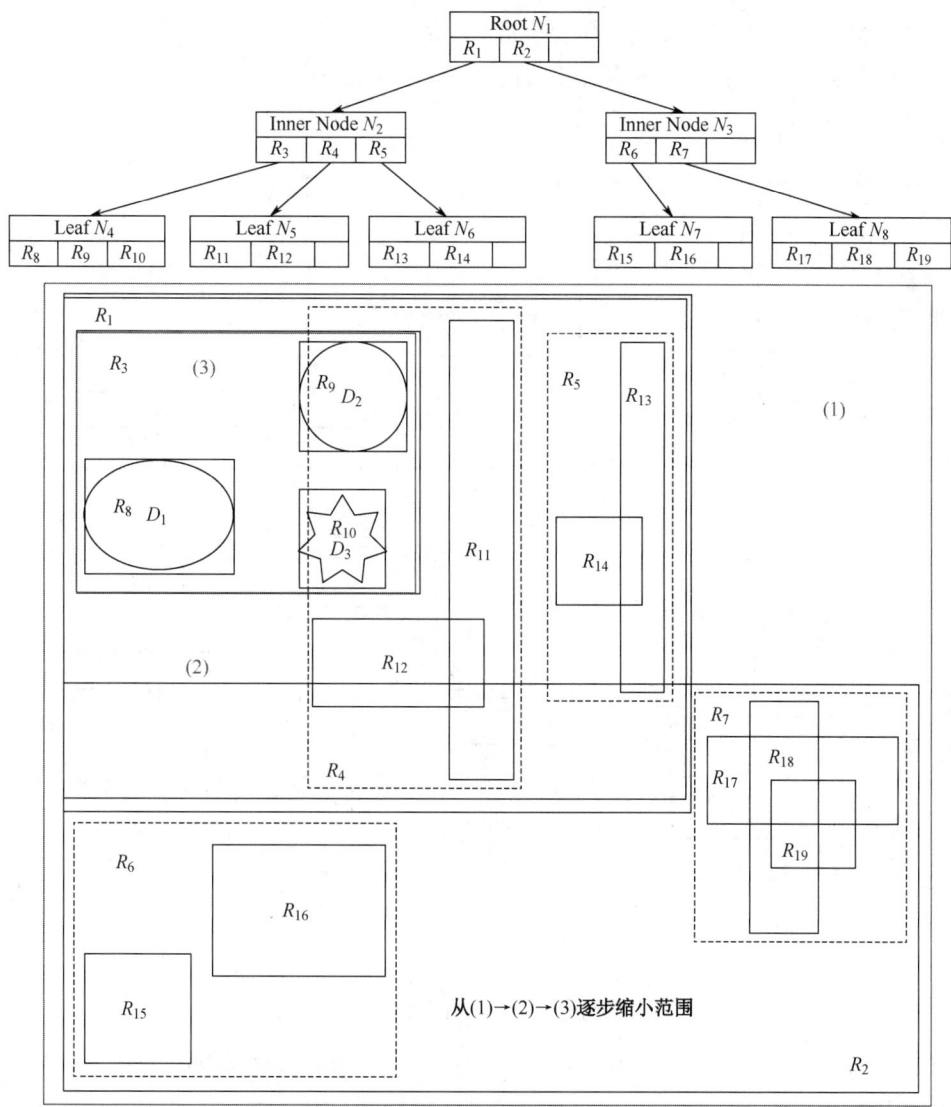

图 1.2　利用 R-Tree 索引逐步定位到空间对象 D_1、D_2 和 D_3 的过程

1.3.3　R-Tree 插入操作

R-Tree 的插入分为 3 种情况：一是结点有足够空间的插入情况；二是结点需要增大 MBR 的插入情况；三是由于超过上限数而需要进行结点分裂的插入情况。下面结合实例描述最复杂的需要进行结点分裂的插入情况。需要进行结点分裂才能插入新对象的情况如图 1.3 所示。假设待插入区域是 W，R-Tree 的结点最大条目上限数 M=4。从图 1.3（a）中可以看出，W 落在区域 R_1 中，但 R_1 对应的结点 N_2 已经包含了 4 个条目，没有多余空间再插入新条目 W（如果插入 W，那么 N_2 包含的条目数将变为 5），所以需要对结点 N_2 进行分裂。对结点 N_2 进行分裂，使其分裂成 R_1（包含区域 D、K）和 R_5（包含区域 E、H、W）两个结点，并且向上传递这种分裂。分裂之后，使得原根结点由[R_1、R_2、R_3、R_4]变成了[R_1、R_2、R_3、R_4、R_5]，进而导致根结点的孩子结点数由 4 变成 5，超过了条目数上限，所以根

结点也要分裂，进一步分裂成 T_1（包含区域 R_1、R_5、R_2）和 T_2（包含区域 R_3、R_4）两个结点。由于此时分裂已经传递到根结点，因此生成新的根结点 N_1，其包含条目 T_1、T_2，如图 1.3（b）所示。

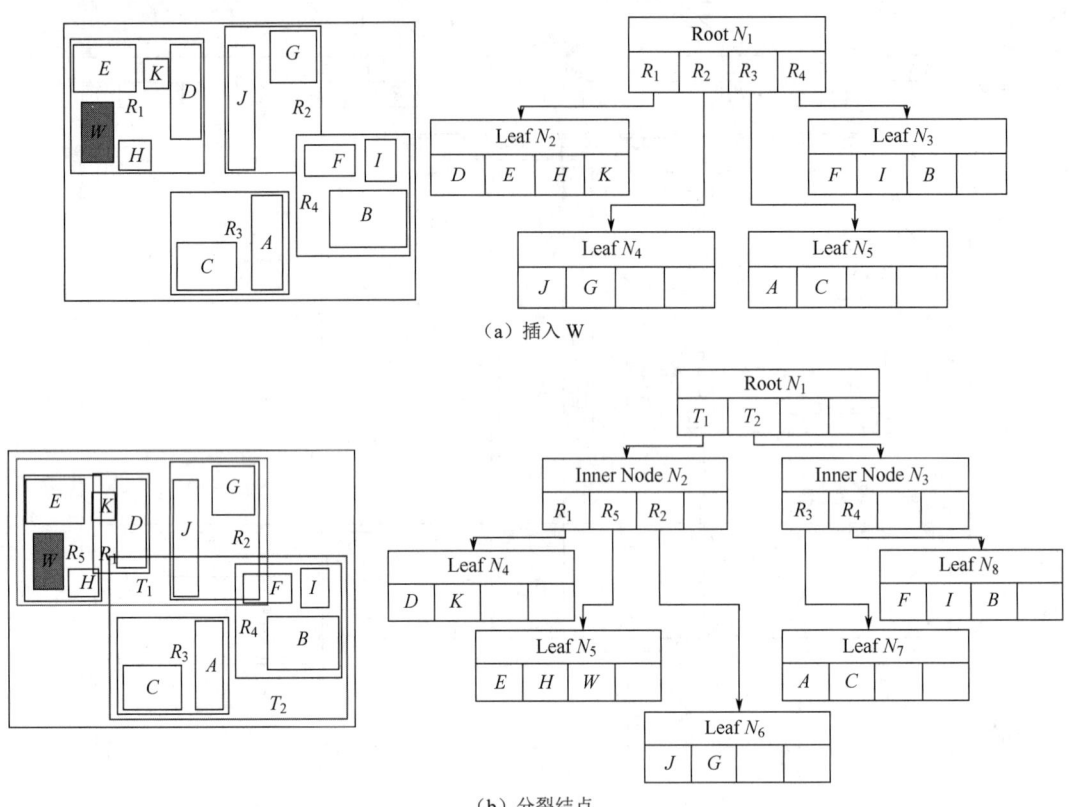

图 1.3 需要进行结点分裂才能插入新对象的情况

结点分裂主要可采用平面扫描、线性分裂、平方分裂和指数分裂等方法，本节后续的 AIR-Tree 构建采用平方分裂方法。该方法的基本思想是：对于待分裂结点包含的所有条目中的每对条目 E_1 和 E_2，首先计算出它们的最小外接矩形 $J=\mathrm{MBR}(E_1, E_2)$，然后计算增量 $d=J-E_1-E_2$，所有条目对 Pair 的增量计算结束后，选择增量最大的一对条目作为种子条目，其作用是将当前区域分裂成两个尽可能不重叠或重叠度小的子区域，挑选出种子条目后，将待分裂结点中剩下的条目分别划归到这两个条目所在的组。使用/未使用最大增量方法进行结点分裂后产生的两个区域的重叠情况如图 1.4 所示。

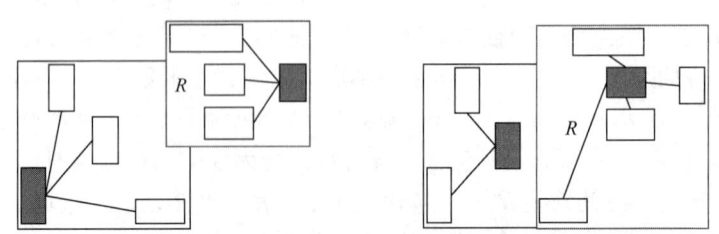

图 1.4 使用/未使用最大增量方法进行结点分裂后产生的两个区域的重叠情况

1.3.4 R-Tree 删除操作

假设 R-Tree 的结点最大条目数 $M=4$，最小条目数 $m=2$。在图 1.5 中，假设 c 为待删除对象，删除 c 的操作步骤如下。

（1）以自顶向下的方式从 R-Tree 中找到对象 c 所属的叶结点 R_{18}。当 c 从 R_{18} 中被删除后，R_{18} 仅剩一个指向对象 d 的条目（该结点包含的条目数低于下限），此时需要调整树结构。调整方法是将对象 d 插入链表 List 中［图 1.5（a）］，删除结点 R_{18}，并向上一层传递此操作。

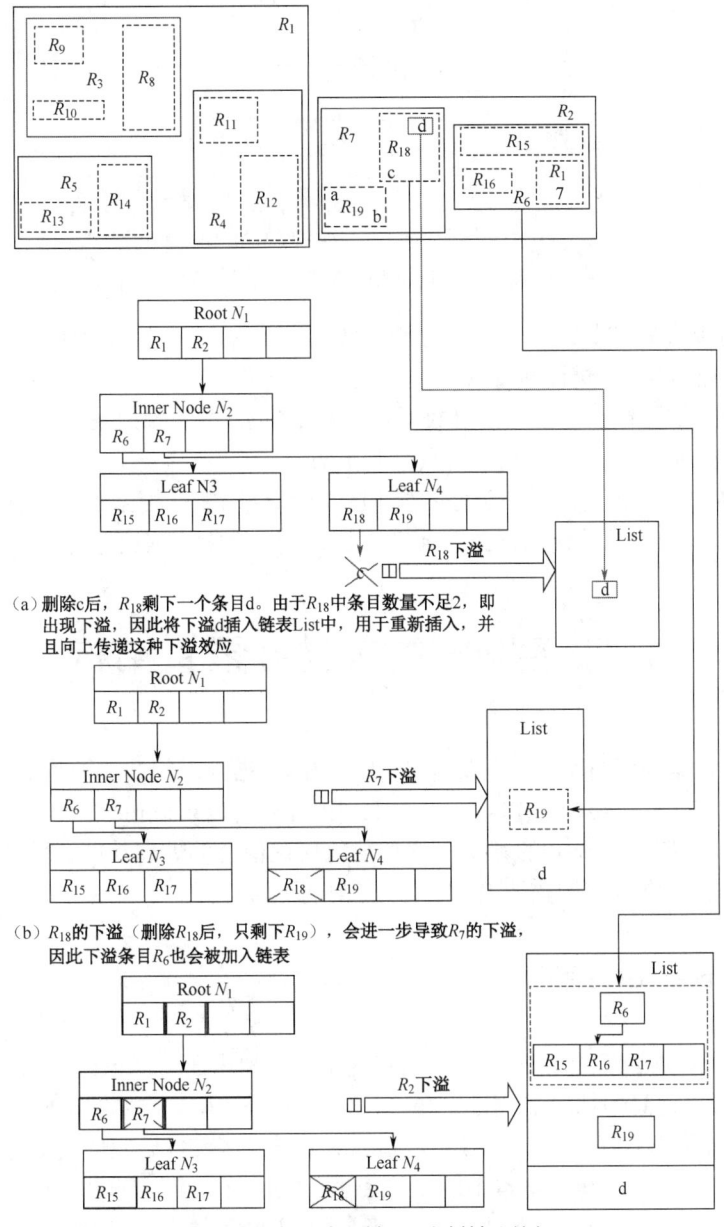

图 1.5 R-Tree 删除操作实例

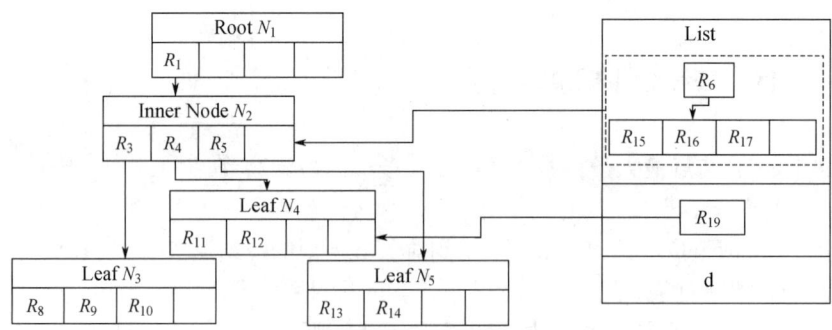

（d）插入 R_6、R_{19}、d 至它原来所处的层（对象 d 插入 R_{15} 中）

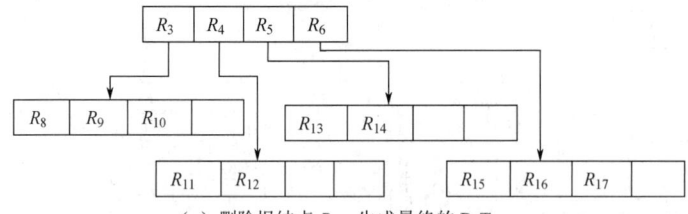

（e）删除根结点 R_1，生成最终的 R-Tree

图 1.5　R-Tree 删除操作实例（续）

（2）R_{18} 的删除进一步导致 R_7 包含的条目数不足，需要将 R_7 中的剩余条目 R_{19} 插入链表 List 中［图 1.5（b）］，进而删除 R_7。

（3）R_7 的删除导致 R_2 包含的条目数不足，需要将 R_2 中的剩余条目 R_6 插入链表 List 中［图 1.5（c）］，进而删除 R_2，至此根结点只剩下 R_1。

（4）插入 R_6、R_{19}、d 至它原来所处的层［图 1.5（d）］，删除根结点 R_1，其孩子结点（R_3、R_4、R_5、R_6）所在的结点被置为根结点［图 1.5（e）］，至此完成删除操作。

1.4　空间-文本混合索引结构

空间-文本数据的索引是由空间数据索引和文本数据索引相结合而构成的，目前主要的空间-文本数据混合索引结构有 IR-Tree、S2I、IR^2-Tree 和 Quadtree 等。其中最普遍使用的是 IR-Tree，本节将在 IR-Tree 的基础上增加数值属性信息的处理功能。因此，下面详细介绍 IR-Tree 的结构并结合实例描述 IR-Tree 的工作原理。

1.4.1　IR-Tree 结构

IR-Tree 中的每个结点都记录了以该结点为根的子树中所有对象的空间信息、文本信息概要（从结点文本信息中抽取的关键字集合）以及指针，其结构如图 1.6 所示。IR-Tree 每个结点的信息分为两部分：第 1 部分是指针，指向包含该结点所有关键字的倒排文件（Inverted File）；第 2 部分是该结点中的条目集合（Entries）。每个非叶子结点和叶子结点都可能包含多个条目（如图 1.6 中的 E_1、E_2 所示）。对于叶子结点，它当中的每个条目都由一个三元组构成，形式为 <o, Rect, o.tid>，其中 o 代表空间对象，Rect 代表该对象的最小外接矩形，$o.tid$ 是该对象的文本信息标识符。对于非叶子结点，它当中的每个条目也都由一个三元组构成，形式为<pN, Rect, N.pid>，其中，pN 是该条目指向的孩子结点 N 的地址，Rect 是该条目所对应的孩子结点所覆盖区域的最小外接矩形，$N.pid$ 是该条目对应孩子结点的文档标识符，文档包含该条目对应的孩子结点的文本信息概要。

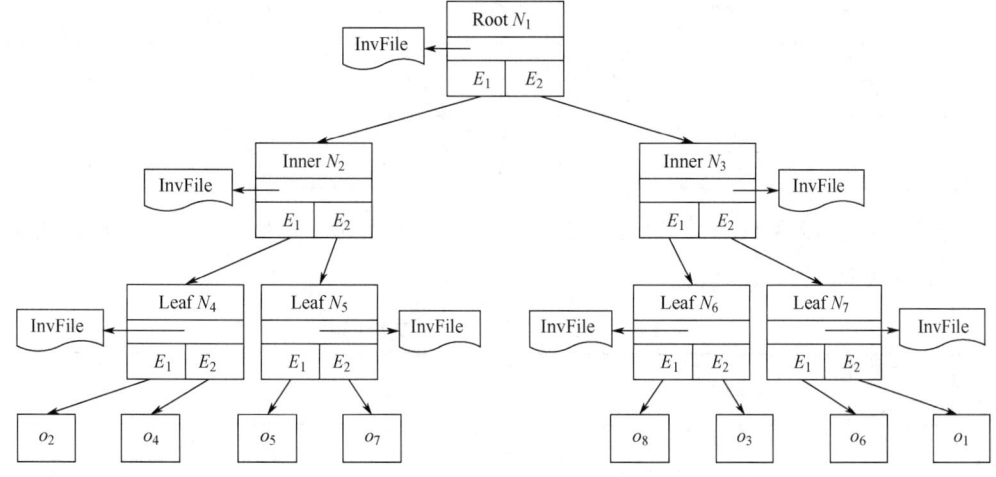

图 1.6 IR-Tree 混合索引的结构

1.4.2 IR-Tree 实例

下面结合实例对 IR-Tree 进行说明。图 1.7（a）给出了一个空间对象集合和查询实例，基于该空间对象集合构建 IR-Tree，如图 1.7（b）所示。

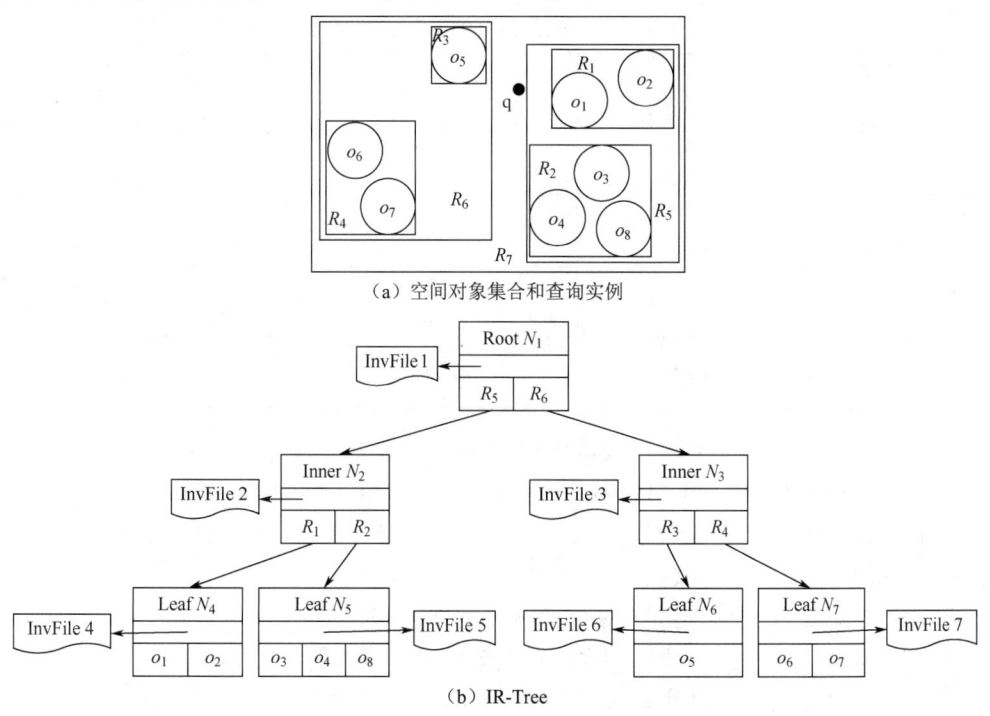

（a）空间对象集合和查询实例

（b）IR-Tree

图 1.7 空间对象集合和查询、IR-Tree 实例

在图1.7（a）中，假设所有空间对象包含的关键字集合为 $T=\{t_1, t_2, t_3, t_4\}$，这些关键字在不同空间对象文档中的出现频次如表1.7所示。

表1.7 关键字在不同空间对象文档中的出现频次

文档 频次	o_1.doc	o_2.doc	o_3.doc	o_4.doc	o_5.doc	o_6.doc	o_7.doc	o_8.doc
t_1	4	0	6	0	3	0	1	0
t_2	0	3	0	1	0	5	2	4
t_3	5	4	1	6	4	4	5	4
t_4	0	0	2	5	0	0	1	0

根据表1.7，IR-Tree中的每个叶结点和非叶子结点对应的倒排文件InvFile内容如表1.8和表1.9所示。

表1.8 叶结点中的InvFile文件内容

文档 频次	InvFile 4	InvFile 5	InvFile 6	InvFile 7
t_1	<o_1.doc,4>	<o_3.doc, 6>	<o_5.doc, 3>	<o_7.doc, 1>
t_2	<o_2.doc,5>	<o_4.doc,1> <o_8.doc, 4>		<o_6.doc, 5> <o_7.doc, 2>
t_3	<o_1.doc,5> <o_2.doc,4>	<o_3.doc,1> <o_4.doc,6> <o_8.doc, 4>	<o_5.doc, 4>	<o_6.doc, 4> <o_7.doc, 5>
t_4		<o_3.doc,2> <o_4.doc, 5>		<o_7.doc, 1>

表1.9 非叶子结点中的InvFile文件内容

文档 频次	InvFile 2	InvFile 3	InvFile 1
t_1	<R_1.doc, 4> <R_2.doc, 6>	<R_3.doc, 3> <R_4.doc, 1>	<R_5.doc, 6> <R_6.doc, 1>
t_2	<R_1.doc, 5> <R_2.doc, 4>	<R_4.doc, 5>	<R_5.doc, 5> <R_6.doc, 5>
t_3	<R_1.doc, 5> <R_2.doc, 6>	<R_3.doc, 4> <R_4.doc, 5>	<R_5.doc, 6> <R_6.doc, 5>
t_4	<R_2.doc, 5>	<R_4.doc, 1>	<R_5.doc, 5> <R_6.doc, 1>

在此基础上，查询 q 与结点 N 之间的相关度的计算方法为

$$\text{Score}(q, N) = \alpha \cdot \text{Sim}_{\text{Loc}}(q.\text{loc}, N.\text{Rect}) + (1-\alpha) \cdot \text{Sim}_{\text{Doc}}(q.\text{keywords}, N.\text{doc}) \quad (1.10)$$

式中，Sim_{Loc} 和 Sim_{Doc} 的定义分别与式（1.3）和式（1.5）相同，$N.\text{Rect}$ 代表结点 N 的最小外接矩形，$N.\text{doc}$ 代表结点 N 包含的所有关键字。

利用IR-Tree进行top-k 空间对象的查询方法如下。

（1）先初始化一个优先队列，作为top-k 结果的存储队列。

（2）从IR-Tree的根结点开始入列，采用"best-first"遍历算法，从所有未被访问的结点中找出位置-文本综合相关度最大的结点入列作为下次访问的结点[结点与查询的综合相

似度用式（1.10）计算］，根结点出列，被选中的结点入列；当到达叶结点时，利用式（1.10）计算对象与查询之间的综合相似度，选出相似度最大的对象入列。

（3）重复执行上述过程，直到 k 个空间对象被选出为止。

下面结合图 1.7 说明基于 IR-Tree 的 top-k 结果对象选取过程，假设查询 q.keywords=$\{t_1, t_3\}$，查询 q 与所有对象和所有非叶子结点的位置距离及位置-文本综合相似度如表 1.10 所示。

表 1.10 查询 q 与所有对象和所有非叶子结点的位置距离及位置-文本综合相关度

对象	距离	Score(q, o)	矩形	距离	Score(q, N)
o_1	2	0.76	R_1	2	0.76
o_2	5	0.49	R_2	2	0.90
o_3	6	0.52	R_3	4	0.63
o_4	7	0.48	R_4	5	0.58
o_5	3	0.47	R_5	0.5	0.95
o_6	9	0.42	R_6	1	0.73
o_7	8	0.45	R_7	0	0
o_8	8	0.31			

假设要求返回 1 个最为相关的对象，基于 IR-Tree 的 top-1 检索过程如下。

（1）根结点 R_7 入列 L。

（2）R_7 出列，R_5、R_6 入列，L：$\{(R_5, 0.95), (R_6, 0.73)\}$。

（3）R_5 出列，R_1、R_2 入列，L：$\{(R_2, 0.90), (R_1, 0.76), (R_6, 0.73)\}$。

（4）R_2 出列，o_3、o_4、o_8 入列，L：$\{(R_1, 0.76), (R_6, 0.73), (o_3, 0.52), (o_2, 0.49), (o_4, 0.48), (o_8, 0.31)\}$。

（5）R_1 出列，o_1、o_2 入列，L：$\{(o_1, 0.76), (R_6, 0.73), (o_3, 0.52), (o_2, 0.49), (o_4, 0.48), (o_8, 0.31)\}$。

（6）o_1 出列，作为 q 的 top-1 查询结果。

1.5 本章小结

本章分析了空间关键字查询处理模式、空间-文本数据索引和空间关键字查询结果排序的研究现状，介绍了空间-文本数据和空间关键字查询的基本概念，结合实例详细描述了空间关键字查询处理方法、空间索引结构 R-Tree（包括 R-Tree 结构、插入操作和删除操作），以及空间-文本混合索引结构 IR-Tree 的工作原理。本章内容为后续各章节的研究提供了必要的基本理论和相关算法基础。

1.6 参考文献

[1] Zheng K, Su H, Zheng B, et al. Interactive top-k spatial keyword queries[C]. In: Proceedings of the International Conference on Data Engineering, 2015, 423-434.

[2] Cao X, Cong G, Ooi B C. Efficient processing of spatial group keyword queries[J]. ACM Transactions on Database Systems, 2015, 40(2): 1-48.

[3] Cong G, Jensen C S, Wu D M. Efficient retrieval of the top-k most relevant spatial web objects[J]. VLDB Endowment, 2009, 2(1): 337-348.

[4] Choi D W, Pei J, Lin X M. Finding the minimum spatial keyword cover[C]. In: Proceedings of the International Conference on Data Engineering, 2016, 685-696.

[5] Chan K H, Long C, Wong C W. On generalizing collective spatial keyword queries[J]. IEEE Transactions on Knowledge and Data Engineering, 2018, 30(9): 1712-1726.

[6] Chen L S, Shang S, Yang C C, et al. Spatial keyword search: a survey[J]. GeoInformatica, 2020, 24(1): 85-106.

[7] Cao X, Cong G, Ooi B C. Collective spatial keyword querying[C]. In: Proceedings of the ACM SIGMOD International Conference on Management of Data, 2011, 373-384.

[8] Felipe I D, Hristidis V, Rishe N. Keyword search on spatial databases[C]. In: Proceedings of the International Conference on Data Engineering, 2008, 656-665.

[9] Zhang D X, Chee Y M, Mondal A. Keyword search in spatial databases: Towards searching by document[C]. In: Proceedings of the International Conference on Data Engineering, 2009, 688-699.

[10] Zheng B L, Zheng K, Jensen C S, et al. Answering why-not group spatial keyword queries[J]. IEEE Transactions on Knowledge and Data Engineering, 2020, 32(1): 26-39.

[11] Su D, Zhou X, Yang Z B, et al. Top-k collective spatial keyword queries[J]. IEEE Access, 2019, 7: 180779-180792.

[12] Gao Y J, Zhao J W, Zheng B H, et al. Efficient collective spatial keyword query processing on road networks[J]. IEEE Transactions on Intelligent Transportation Systems, 2016, 17(2): 469-480.

[13] Jin X N, Shin S J, Jo E, et al. Collective keyword query on a spatial knowledge base[J]. IEEE Transactions on Knowledge and Data Engineering, 2019, 31(11): 2051-2062.

[14] Guttman A. R-trees: a dynamic index structure for spatial searching[C]. In: Proceedings of the ACM SIGMOD International Conference on Management of Data, 1984, 47-57.

[15] Beckmann N, Kriegel H P, Schneider R. The R*-Tree: an efficient and robust access method for points and rectangles[J]. ACM SIGMOD Record, 1990, 19(2): 322-331.

[16] Zhang D, Ooi B C, Tung A K H. Locating mapped resources in Web 2.0[C]. In: Proceedings of the International Conference on Data Engineering, 2010, 521-532.

[17] Haryanto A A, Islam M S, Taniar D, et al. IG-tree: an efficient spatial keyword index for planning best path queries on road networks[J]. Journal of World Wide Web, 2019, 22(4): 1359-1399.

[18] Zhou Y H, Xie X, Wang C. Hybrid index structures for location-based Web search[C]. In: Proceedings of the ACM International Conference on Information and Knowledge Management, 2005, 155-162.

[19] Chen L S, Shang S. Approximate spatio-temporal top-k publish/subscribe[J]. Journal of

World Wide Web, 2019, 22(5): 2153-2175.

[20] Hu H Q, Li G L, Bao Z F. Top-k spatio-textual similarity join[J]. IEEE Transactions on Knowledge and Data Engineering, 2016, 28(2): 551-565.

[21] Wang B, Zhu R, Yang X C, et al. Top-k representative documents query over geo-textual data stream[J]. Journal of World Wide Web, 2018, 21(2): 537-555.

[22] Zhou L M, Chen X H, Zhao Y, et al. Top-k spatio-topic query on social media data[C]. In: Proceedings of the International Conference on Database Systems for Advanced Applications, 2019, 678-693.

[23] Ma Z M, Li T, Yan L. An approach of top-k keyword querying for fuzzy XML[J]. Computing, 2018, 100(3): 303-330.

[24] Mustafa H, Leal E, Gruenwald L. FastTopK: a fast top-k trajectory similarity query processing algorithm for GPUs[C]. In: Proceedings of the International Conference on BigData, 2018, 542-547.

[25] Zhong R C, Li G L, Tan K L, et al. G-tree: an efficient and scalable index for spatial search on road networks[J]. IEEE Transactions on Knowledge and Data Engineering, 2015, 27(8): 2175-2189.

[26] Yuan H T, Li G L. Distributed in-memory trajectory similarity search and join on road network[C]. In: Proceedings of the International Conference on Data Engineering, 2019, 1262-1273.

[27] Luo S Q, Kao B, Li G L, et al. Toain: a throughput optimizing adaptive index for answering dynamic kNN queries on road networks[J]. VLDB Endowment, 2018, 11(5): 594-606.

[28] Wang L, Ma R H, Meng X F. Evaluating k-nearest neighbor query on road networks with no information leakage[C]. In: Proceedings of the International Conference on Web Information System Engineering, 2015, 508-521.

[29] 戴健, 许佳捷, 刘奎恩, 等. DKR-Tree: 一种支持动态关键字的空间对象索引树[J]. 计算机研究与发展, 2013, S1: 163-170.

[30] 周傲英, 杨彬, 金澈清, 等. 基于位置的服务: 架构与进展[J]. 计算机学报, 2011, 34（7）: 1155-1171.

[31] 刘喜平, 万常选, 刘德喜, 等. 空间关键字搜索研究综述[J]. 软件学报, 2016, 27（2）: 329-347.

[32] Islam A, Inkpen D. Semantic text similarity using corpus-based word similarity and string similarity[J]. ACM Transactions on Knowledge Discovery from Data, 2008, 2(2): 1-25.

第 2 章　基于 CGAN 的空间关键字语义近似查询

内容关键词
- 语义近似查询
- 条件生成对抗网络（CGAN）
- 空间-文本-数值混合索引结构（AIR-Tree）
- Skyline

2.1　引言

对于一个给定的空间关键字查询，现有的查询处理模式仅以字符串匹配方式匹配查询关键字，为用户返回包含全部（或部分）查询关键字的查询结果。例如，在美团 APP 提交的空间关键字查询条件为 q：（[116.3387, 40.0024]，{"麻辣香锅"}，6，0.5）的查询，其目的是查找清华大学 FIT 楼周边综合排名前 6 的麻辣香锅店，对应的 top-6 查询结果页面如图 2.1 所示。

图 2.1　美团平台的空间关键字查询结果页面

从图 2.1 中可以看出，美团平台为用户返回与其位置相近且文本匹配的餐馆信息（返回的餐馆描述信息中均包含字符串"麻辣""香锅"或"麻辣香锅"）。然而，普通用户的查询意图通常是不明确的，并且由于自身知识范围有限，只能用自己已知的关键字表达查询需求，实际上一些与查询关键字语义相关但形式不匹配的结果也可能是用户需要的（如"川菜"、"香辣"与"麻辣香锅"也非常相关），并且有助于用户开阔查询视野和拓展知识范围。此外，有些用户提出的查询关键字还可能十分罕见，导致匹配的结果很少。甚至出现空查询结果问题。基于上述两个方面原因，需要对查询关键字进行语义扩展，以便为用户提供语义相关结果和避免空查询结果问题。

另外，在索引结构方面，空间对象包含位置信息和描述信息，描述信息中又包含文本信息（如名称、类别、设施描述等）和数值属性信息（如用户评分、宾馆价格等），而现有的空间-文本混合索引结构（如 IR-Tree、QuadTree 等）只能处理位置信息和文本信息，对于数值属性信息的处理方法是对其进行离散化后以文本对待。但是，数值比较（如用户评分高低）与文本匹配（是否包含某个字符串）具有完全不同的意义，并且用户在数值属性上的查询通常是指定权重的偏好查询（如偏好价格低、评分高的宾馆等）而非指定明确的数值区间，现有的空间-文本混合索引结构还不能有效处理此类查询。

图 2.2 给出了 9 个空间对象 $\{o_1, o_2, \cdots, o_9\}$（用空心圆圈表示）和 1 个空间关键字查询 q（用三角形表示）。

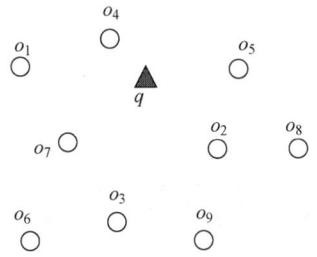

图 2.2 空间对象和空间关键字查询示例

图 2.2 中所有空间对象对应的位置信息、文本信息（用关键字组合形式表示）和数值属性信息如表 2.1 所示。

表 2.1 空间对象对应的位置信息、文本信息和数值属性信息

空间对象	位置信息	文本信息	价格/度	拥挤度
o_1	(33.3307, −111.9786)	pizza, steak, drink	0.5	0.7
o_2	(41.1195, −81.4757)	chicken, mcdonald	0.5	0.4
o_3	(33.5249, −112.1153)	coffee, sandwich, mcdonald	0.4	0.5
o_4	(40.2917, −80.1049)	chicken, mcdonald	0.3	0.6
o_5	(33.3831, −111.9647)	shopping, market, drink	0.7	0.9
o_6	(48.7272, 9.14795)	bar, beer, coffee	0.7	0.9
o_7	(40.6151, −80.0913)	chicken, mcdonald	0.3	0.5
o_8	(36.1975, −115.2497)	bread, sandwich, drink	0.3	0.4
o_9	(36.2074, −115.2685)	movie, drink, mcdonald	0.4	0.3

对于给定的查询 q：(<34.2, −81.839>, {chicken, kfc}, {0.3, 0.7})，它由三部分组成：

第一部分是查询位置（空间位置约束），第二部分是一组查询关键字，第三部分是用户在数值属性上指定的偏好权重集合（反映了用户对相应数值属性的关注或在意程度，数值越大表示用户越在意该属性）。需要注意的是，空间对象的数值属性信息与查询指定在数值属性上的偏好权重不同，前者表示空间对象在对应数值属性上的取值，后者表示用户对该属性的关注度。通常，数值属性上的取值越低，意味着该场景越好（例如，价格低、拥挤度低等）。数值属性值和查询指定的权重值均归一化到[0, 1]区间。例如，查询 q 的目的是寻找距离查询位置最近、提供"chicken"食品、在数值属性上具有"价格低"且"不拥挤"等特点的"kfc"店。如果进行严格的文本匹配，就没有满足条件的对象。但实际上，"kfc"与"mcdonald"语义相似，故 o_2、o_4、o_7 都可以作为考虑对象。另外，这三者相比，o_4 距离 q 最近，o_7 在"拥挤度"属性上优于 o_4，o_7 在"价格"属性上优于 o_2，但 o_2 在"拥挤度"属性上优于 o_7。根据查询 q 在两个数值属性上指定的权重，说明用户更关注"拥挤度"，因此 o_2 在数值属性上对用户偏好的综合满足程度优于 o_7。

通过上述分析可见，一方面，与查询关键字形式上不匹配但语义相关的结果应该被收录到查询结果集合中供用户选择，特别是在初始查询结果很少的情况下更应该提供语义相关结果；另一方面，空间对象中包含的数值属性信息对于空间关键字查询也至关重要，并且其处理方法与文本匹配方法不同。因此，针对现有方法不支持语义近似查询以及不能处理数值属性信息等问题。本章目的是提出一种空间关键字语义近似查询处理模式，其评分函数能够综合考虑空间对象与查询之间的位置相近度、文本语义相关度和数值属性信息对用户偏好（或者说用户关注）的满足程度，并构建一种有效支持位置-文本-数值等多维度综合匹配的混合索引结构，以提高查询效率。

2.2 问题定义和解决方案

2.2.1 问题定义

给定一个空间对象集合 $D=\{o_1, o_2,\cdots, o_n\}$，其中每个对象 $o_i \in D$ 都包含位置信息和描述信息，假设描述信息中包含文本信息和数值属性信息，则 o_i 可由一个三元组（loc, text, num）表示，其中 o_i.loc 代表 o_i 的位置信息，o_i.text 代表 o_i 中的文本关键字集合，o_i.num 是 o_i 中的数值属性信息集合。o_i.num 中的数值 $o_i.a$ 标准化到[0, 1]区间，并且假设这些数值属性的值（如拥挤度低、价格低等）越小越好。如果某些情况下数值属性的值（如用户评分、性价比等）越高越好，就可通过 $o_i.a=1-o_i.a$ 将其进行转换。

一个带数值属性偏好的空间关键字查询表示为：q (loc, keywords, weights, k, α, β)，其中 q.loc 是查询条件的位置信息，q.keywords 是查询关键字集合，q.weights 表示用户指定在不同数值属性上的权重集合（代表了用户对数值属性的关注度），$\forall q.w_i \in q.$weights，$q.w_i \geqslant 0$（$i=1, \cdots, |q.$weights$|$）且 $\sum_{i=1}^{|q.\text{weights}|} q.w_i = 1$，$q.k$ 表示返回的查询结果个数，$q.\alpha \in [0, 1]$ 表示查询条件与空间对象在位置相近度和文本语义相似度上的调节参数，$q.\beta \in [0, 1]$ 表示查询条件与空间对象在数值属性信息满意度和位置-文本语义相似度上的调节参数。空间关键字语义近

似查询的目标是从空间对象集合中快速获取与给定查询在位置信息、文本语义和数值属性信息等方面综合相关度较高的 top-k 个结果对象。

2.2.2 解决方案

空间关键字语义近似查询方法的基本思想是：先构建条件生成对抗网络（Conditional Generative Adversarial Networks，CGAN）模型对初始查询关键字进行语义扩展，再生成一系列语义相关的扩展查询关键字。该模型包括生成器和判别器两部分。生成器编码阶段的任务是对输入的查询关键字序列生成一个综合编码向量，解码阶段根据编码阶段输出的综合编码向量产生一个语义相关的关键字序列；判别器的任务是判断生成的关键字是否来自真实数据样本且与初始查询关键字语义相关。然后，构建一种能够综合处理位置信息、文本语义和数值属性信息的混合索引结构 AIR-Tree，对于数值属性信息的处理采用了 Skyline 方法。最后，利用该索引结构，从空间对象集合中快速获取与扩展查询位置相近、语义相关且尽可能满足用户在数值属性上偏好要求的 top-k 个结果。

空间关键字语义近似查询的总体解决方案如图 2.3 所示，该解决方案包括离线预处理和在线查询处理两个阶段。在离线预处理阶段，主要完成 CGAN 模型训练、Skyline 集合计算和 AIR-Tree 索引的构建；在在线查询处理阶段，主要完成查询关键字扩展、查询结果计算和 top-k 结果检索。对于在线查询处理，具体可分为以下两步。

第 1 步：对于用户发起的初始查询 q=(loc, keywords, weights, k, α, β)，利用 CGAN 对查询关键字集合 q.keywords 进行扩展，得到语义相关的扩展查询关键字集合 q.keywords′。对于给定的初始查询关键字，使用序列到序列模型作为生成器产生关键字，然后使用循环神经网络模型（两个平行的 GRU）作为判别器与生成器进行对抗博弈游戏。CGAN 训练完成后，将初始查询关键字作为 CGAN 的条件约束和随机噪声向量一起输入生成器，生成器将输出与给定的查询关键字语义相关的关键字序列，从而形成扩展查询条件。

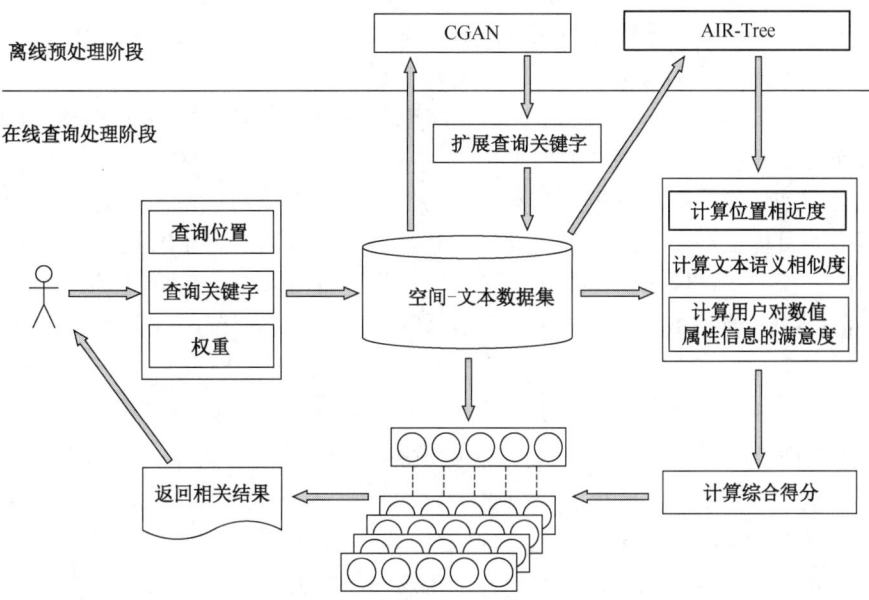

图 2.3 空间关键字语义近似查询的总体解决方案

第 2 步：根据扩展查询条件，利用离线预处理阶段构建的 AIR-Tree 索引对空间对象集合进行修剪和匹配，得到候选匹配结果（候选结果需要同时满足空间位置约束和扩展查询关键字约束，并且在匹配分支结点的 Skyline 集合当中），然后计算其中每个对象与给定查询条件的位置相近度、文本语义相似度和用户对数值属性信息的满意度，最后根据综合得分筛选出最佳的 top-k 个有序结果对象。

2.3 空间关键字查询语义扩展

为了实现空间关键字语义近似查询，首先需要将原始查询关键字序列扩展成语义相似的关键字序列。基于 Word2Vec 的词嵌入模型是当前重要的词条相似度评估工具，能够产生语义相似关键字，但该工具主要存在以下不足：①Word2Vec 根据词条的上下文信息学习词条的语义特征，获取的语义特征在很大程度上依赖上下文窗口（Context Window）的大小；②语料库中出现次数较少的词条，其对应的训练样本也少，使其生成的词向量也不够准确。而在现实应用中，用户提出的查询关键字中有些词条并不常见，从而导致现有方法很难对其进行语义扩展。相比之下，CGAN 由于对抗博弈的性质能够使其捕获出现次数较少的词条与其他词条之间的隐式关系，同时受到 CGAN 模型在文本摘要生成中的应用启发，本章将采用 CGAN 模型对初始查询关键字进行语义扩展。

2.3.1 GAN 和 CGAN

生成对抗网络（Generative Adversarial Networks，GAN）的基本思想源自博弈论的二人零和游戏（游戏双方的利益之和是一个常数，一方的所得正是另一方的所失）。在生成对抗网络中，生成器（Generator）和判别器（Discriminator）分别充当游戏双方角色，生成器的目标是产生与真实样本数据尽可能相似的假样本数据，而判别器的任务是尽可能正确地判别输入数据是生成器产生的假样本数据还是真实样本数据。游戏双方通过对抗方式不断优化提升性能，生成器的目标是通过不断的训练来产生以假乱真的假样本数据，而判别器的目标是要通过不断训练尽可能从数据中把假样本数据甄别出来，这个学习优化过程就是寻找二者之间的纳什均衡，也就是生成器产生的假样本数据让判别器无法区分，从而达到生成对抗网络的目标，即学习到一个可以产生和真实样本数据同分布的数据的生成器。任意可微分的函数模型（可以是各种深度学习模型）都可被用来表示 GAN 的生成器和判别器。

令 $p_{data}(x)$ 表示真实数据分布，$p_z(z)$ 表示预定义好的噪声分布。对于从 $p_{data}(x)$ 中随机抽取的一个样本 x，判别器 $D(x;\theta_d)$ 应判别其为正例，标注为 1（$D(x;\theta_d)=1$），其中 θ_d 为判别器优化的参数，因此需要优化参数 θ_d 来找到可以极大化 $E_{x\sim p_{data}(x)}[\log_2 D(x)]$ 的判别器 D（其中 E 表示取数学期望）；相反，对于从 $p_z(z)$ 中随机抽取的一个噪声向量 z，生成器将产生一个假样本 $G(z;\theta_g)$，判别器 $D(G(z;\theta_g);\theta_d)$ 应判别其为负例，标注为 0（$D(G(z;\theta_g);\theta_d)=0$），因此需要优化参数 θ_d 来找到可以极大化 $E_{z\sim p_z(z)}[\log_2(1-D(G(z)))]$ 的判别器 D。由此可见，判别器 D 的目标是极大化如下函数，使其能够在最大程度上区分出真实样本数据和假样本数据，目标函数如式（2.1）所示

$$\max_D V(G,D) = E_{x\sim p_{\text{data}}(x)}[\log_2 D(x)] + E_{z\sim p_z(z)}[\log_2(1-D(G(z)))] \quad (2.1)$$

对于生成器 G，其优化目标与判别器 D 相反，需要使其生成的假样本数据达到判别器不能识别的目的，因此需要极小化上面的目标函数，从而得到一个极大极小化价值函数 $V(G, D)$，这也是 GAN 的目标函数。

$$\min_G \max_D V(G,D) = E_{x\sim p_{\text{data}}(x)}[\log_2 D(x)] + E_{z\sim p_z(z)}[\log_2(1-D(G(z)))] \quad (2.2)$$

在 GAN 的训练过程中，生成器和判别器交替进行训练。在训练生成器时，固定判别器通过优化参数 θ_g 来最小化损失函数 $\log_2(1-D(G(z)))$；在训练判别器时，固定生成器通过优化参数 θ_d 来最大化损失函数 $\log_2(1-D(x))$。判别器把真实样本数据和生成器生成的假样本数据分别作为正例和负例输入，并对它们进行二分类判别。

GAN 的目标是让生成器 G 生成的假样本数据 $G(z)$ 在 D 上的表现 $D(G(z))$ 和真实样本数据 x 在 D 上的表现 $D(x)$ 一致，这两个相互对抗并迭代优化的过程使得判别器 D 和生成器 G 的性能不断提升，当判别器 D 的判别能力较强且无法正确判别数据真假时，则认为生成器 G 学到了真实数据分布，即 $p_g(x)=p_{\text{data}}(x)$。

GAN 存在的一个问题是，生成器以一个噪声向量作为输入来生成假样本数据，这种方式生成的假样本自由度过大，从而导致模型很难收敛且不能产生高质量的假样本数据。条件生成对抗网络（Conditional Generative Adversarial Networks，CGAN）通过对生成器和判别器添加限制条件解决上述问题，CGAN 的结构如图 2.4 所示。假设用 y 表示限制条件信息，通过将 y 送入判别器和生成器中作为条件输入，可以得到 CGAN 的目标函数。

$$\min_G \max_D V(G,D) = E_{x\sim p_{\text{data}}(x)}[\log_2 D(x|y)] + E_{z\sim p_z(z)}[\log_2(1-D(G(z|y)))] \quad (2.3)$$

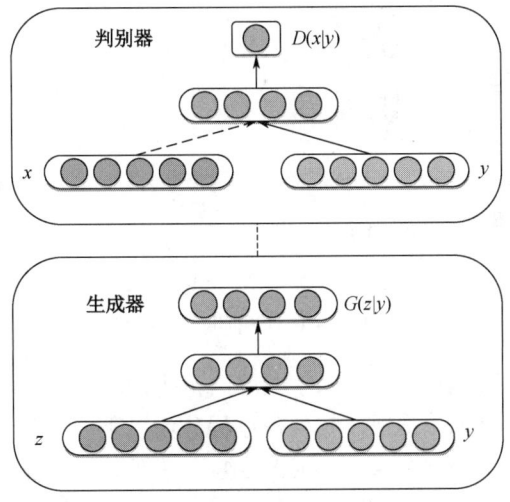

图 2.4 CGAN 的结构

CGAN 对用户的初始查询关键字进行语义扩展，利用生成器产生与初始查询语义相关的关键字，进而为用户获取语义相关的查询结果。

2.3.2 CGAN 生成器的构建

CGAN 模型中的生成器 $G(z|q;\theta_g)$ 是一个 Sequence-to-Sequence（序列到序列）的模型，其中 z 是随机噪声向量，q 是初始查询关键字序列，θ_g 是生成器的优化参数。生成器的目标是通过输入一个查询关键字序列能够输出一个语义相关的关键字序列。CGAN 生成器的输入是一个随机噪声向量和一个限制条件，在本章场景下，将初始查询关键字序列作为生成器输入中的限制条件信息。假设初始查询关键字集合 $q.keywords$ 是一个包含 n 个词条 $\{q_1, q_2, \cdots, q_n\}$ 的序列，扩展后的语义相关关键字集合 $q.keywords'$ 是一个包含 n' 个词条 $\{k_1, k_2, \cdots, k_{n'}\}$ 的序列。利用 Seq2Seq 模型的生成器包含编码（Encoding）和解码（Decoding）两个阶段，生成器模型如图 2.5 所示。

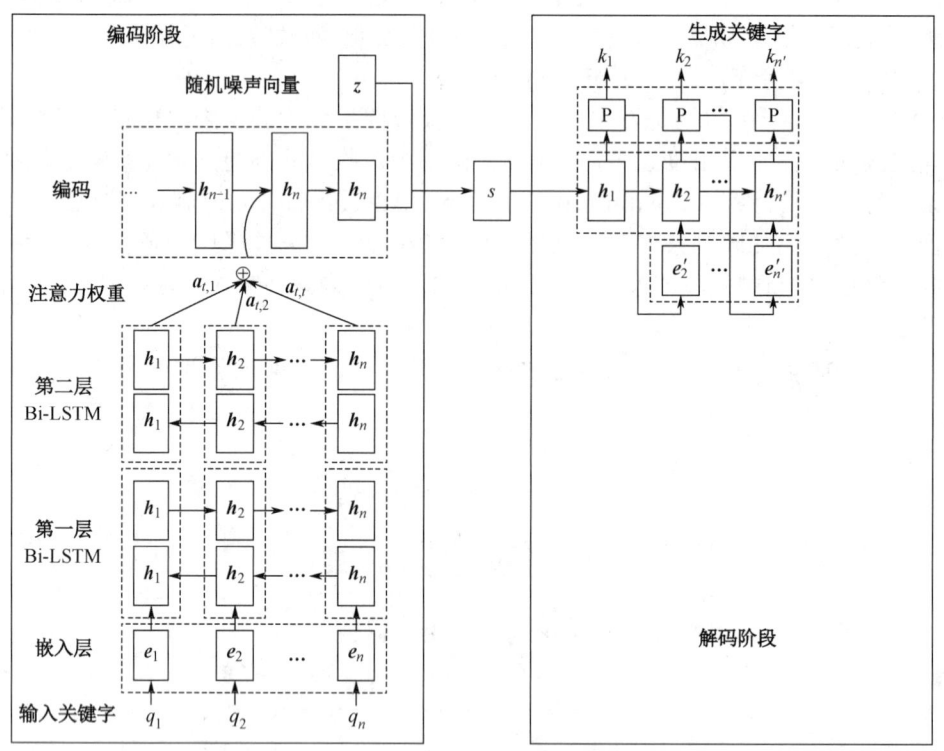

图 2.5　CGAN 的生成器模型

编码阶段的主要任务是对输入的查询关键字序列生成一个综合编码向量，采用一个基于注意力机制的双层 Bi-LSTM 实现，其处理过程分为以下 3 个步骤。

（1）词嵌入。对每个查询关键字的 one-hot 编码进行嵌入处理，映射成低维空间对应的词向量。生成词向量的方法是 $e_i = W_{emb}q_i + b_e$，式中，e_i 代表查询关键字 q_i 对应的词向量，$W_{emb} \in R^{d*|V|}$ 和 $b_e \in R^d$ 是参数矩阵，$|V|$ 表示数据集中所有不同关键字个数（词典大小）。词向量也可使用 Skip-Gram 和 GloVe 等模型在大型语料库上预训练好的词嵌入表示。

（2）计算隐藏状态。使用双层双向 LSTM 对初始查询关键字序列进行编码，序列中每个关键字对应的词向量作为相应时刻的 LSTM 输入，LSTM 在 t 时刻的隐藏状态为 h_t（假设隐藏层单元个数为 m），按式（2.1）可知 $h_t=\sigma(U_e q_t+W_h h_{t-1})$，其中 $U_e\in R^{m\cdot d}$ 和 $W_h\in R^{m\cdot m}$ 分别是 LSTM 输入层和隐藏层的参数矩阵，$\sigma()$ 代表 Sigmoid 非线性激活函数。需要说明的是，由于 Bi-LSTM 在某一时刻的隐藏状态是两个方向隐藏状态的拼接，因此对于最后一个隐藏状态 $\boldsymbol{h}_n=(\boldsymbol{h}_n,\boldsymbol{h}_n)$，还需要使用一个全连接层将其尺寸缩小成与输入隐藏状态相同的尺寸。其计算方法为

$$h_n=\mathrm{ReLU}(W_c h_n+b_c) \tag{2.4}$$

式中，$W_c\in R^{d*2d}$ 和 $b_c\in R^d$ 均为参数矩阵；ReLU 为非线性激活函数；h_n 为 LSTM 在第 n 时刻的隐藏状态。考虑注意力权重，计算方法为

$$h_n=\sigma(q_{n-1},h_{n-1},a_n) \tag{2.5}$$

式中，a_n 为 LSTM 中隐藏状态序列 $(h_1,\cdots,h_n)$ 在第 n 时刻对应的注意力权重向量；$\sigma()$ 为 Sigmoid 非线性激活函数。

（3）计算编码向量。由于生成器的输入还有一个随机噪声向量 z（令其为一个 d 维向量），将 LSTM 在 n 时刻（假设 n 时刻的输入对应的是查询关键字序列中最后一个词条向量）的隐藏状态 h_n 与噪声向量 z 进行综合编码可得到一个 m 维的编码向量 s。其计算方法为

$$s=\sigma(V_h h_n+V_z z) \tag{2.6}$$

式中，$V_h\in R^{m*m}$ 和 $V_z\in R^{m*d}$ 均为参数矩阵；$\sigma()$ 为 Sigmoid 非线性激活函数。

解码阶段根据编码阶段输出的编码向量 s 生成一系列关键字，采用一个单层单向 LSTM 实现。具体来讲，解码阶段的目标是估计条件概率 $p(k_1,k_2,\cdots,k_{n'}|z,q_1,q_2,\cdots,q_n)$，即在给定随机噪声向量 z 和初始查询关键字序列 $\{q_1,q_2,\cdots,q_n\}$ 的条件下生成语义相关的关键字序列 $\{k_1,k_2,\cdots,k_{n'}\}$ 的概率。解码器使用标准语言模型计算该条件概率，从编码向量 s 开始进行解码，LSTM 的初始隐藏状态 h_0 设置为编码向量 s，LSTM 在上一时刻的输出作为下一时刻的输入，解码过程中 LSTM 在 t 时刻的隐藏状态为 h_t，则上述条件概率可用下式计算

$$p(k_1,k_2,\cdots,k_{n'}|z,q_1,q_2,\cdots,q_T)=\prod_{t=1}^{n'}p(k_t|\boldsymbol{h}_t,k_1,k_2,\cdots,k_{t-1}) \tag{2.7}$$

将式（2.7）进一步化简为一阶语言模型，则可把生成器写为

$$\begin{aligned}k=G(z|q)&\propto p(k_1,k_2,\cdots,k_{n'}|z,q_1,q_2,\cdots,q_n)\\&=\prod_{t=1}^{n'}p(k_t|\boldsymbol{h}_t,k_1,k_2,\cdots,k_{t-1})\\&=\prod_{t=1}^{n'}p(k_t|\boldsymbol{h}_t,k_{t-1})\end{aligned} \tag{2.8}$$

按照式（2.8），LSTM 在解码阶段第 t 时刻的任务是计算词条 k_t 在 $(q_i,k_1,k_2,\cdots,k_{t-1})$ 条件下出现的概率，即

$$p(k_t|q_t,k_1,k_2,\cdots,k_{t-1})=g(k_{t-1},\boldsymbol{h}_t) \tag{2.9}$$

LSTM 网络的隐藏层向上与一个 V 维的 softmax 层进行全连接，其作用是将隐藏向量转换成词典中词条的概率分布。对于 t 时刻隐藏层输出的 h_t，对应的输出是一个 V 维（也就是词典的大小）向量，每一维对应一个 $[0,1]$ 之间的概率值，概率最高的关键字就作为该时刻的输出结果。其计算方法为

$$V_t=\mathrm{softmax}(W_o h_t+b_o) \tag{2.10}$$

式中，$W_o \in R^{|V|*d}$ 和 $b_o \in R^{|V|}$ 均为参数矩阵。

2.3.3 判别器的构建

判别器 $D(k|q;\theta_d)$ 是由两个平行的单层单向 GRU 构成的，判别器网络结构如图 2.6 所示。判别器的目标是判断生成的关键字序列是否来自真实数据样本且与初始查询关键字序列语义相关。在此模型中，初始查询关键字序列被送到一个 GRU 结构中，由生成器生成的关键字序列被送到另一个 GRU 结构中。然后，将这两个 GRU 在最后时刻的隐藏状态向量拼接并送入一个隐藏层进行预测，如果输出结果高于给定阈值（通常设置为 0.5），就判断查询关键字与生成关键字语义相关（最终输出为 1），否则不相关（最终输出为 0），其本质是一个二值分类器。由于最后时刻的隐藏状态向量包含以前的输入和隐藏状态信息，因此通过比较两个 GRU 最后时刻隐藏状态向量的相似度，能够反映两个关键字序列的相关程度。

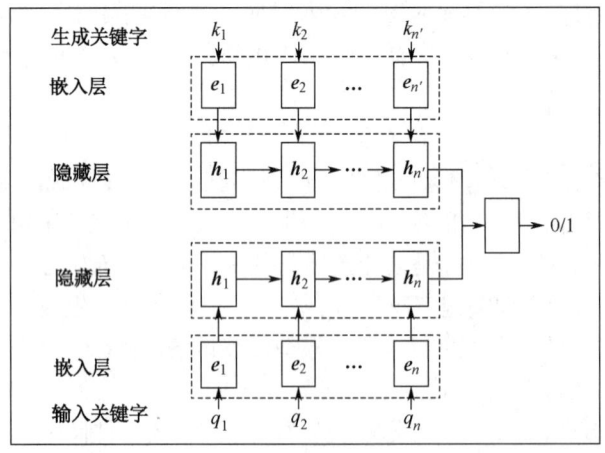

图 2.6 判别器网络结构

2.3.4 CGAN 的构建

上述过程构建了 CGAN 的生成器 $G(z|q;\theta_g)$ 和判别器 $D(k|q;\theta_d)$，其中 θ_g 和 θ_d 分别是生成器和判别器的优化参数。根据 CGAN 的原理，对于初始查询关键字序列 q 和生成的关键字序列 k 以及随机噪声向量 z，可以写出本章所描述场景下的 CGAN 目标函数。

$$\min_G \max_D V(G,D) = E_{q,k \sim p_{\text{data}}(q,k)}[\log_2 D(k|q)] + E_{z \sim p_z(z)}[\log_2(1-D(G(z|q)|q))] \quad (2.11)$$

该目标函数分别表示了生成器和判别器的优化目标。利用该目标函数进行训练的 CGAN，其判别器能够识别出生成器生成的不相关的假<查询,关键字序列>（$<q,\tilde{k}>$）判别为 0，因此只有生成器输出与初始查询关键字序列 q 语义相关的真实关键字序列 k 时，判别器才会将<q,k>判别为 1。利用 CGAN 进行查询关键字扩展的总体框架如图 2.7 所示。

总体来讲，CGAN 使用基于编码-解码的序列到序列模型作为生成器来产生关键字序列，然后使用循环神经网络模型作为判别器与生成器进行对抗博弈游戏。对于生成器，使用基于双层的 Bi-LSTM 对初始查询关键字序列进行编码，输出是生成的关键字（Generaged

Keywords）序列。对于判别器，使用两个平行的 GRU 作为一个二分类器。判别器将训练数据中相关的<q, k>视为正样本，将生成器产生的<q, $\tilde{k}$>视为负样本。采用策略梯度（Policy Gradient）方法，对判别器和生成器进行交替训练。当 CGAN 训练收敛时，生成器可在给定初始查询关键字序列 q 的条件下，产生真实的语义相关关键字序列 k。

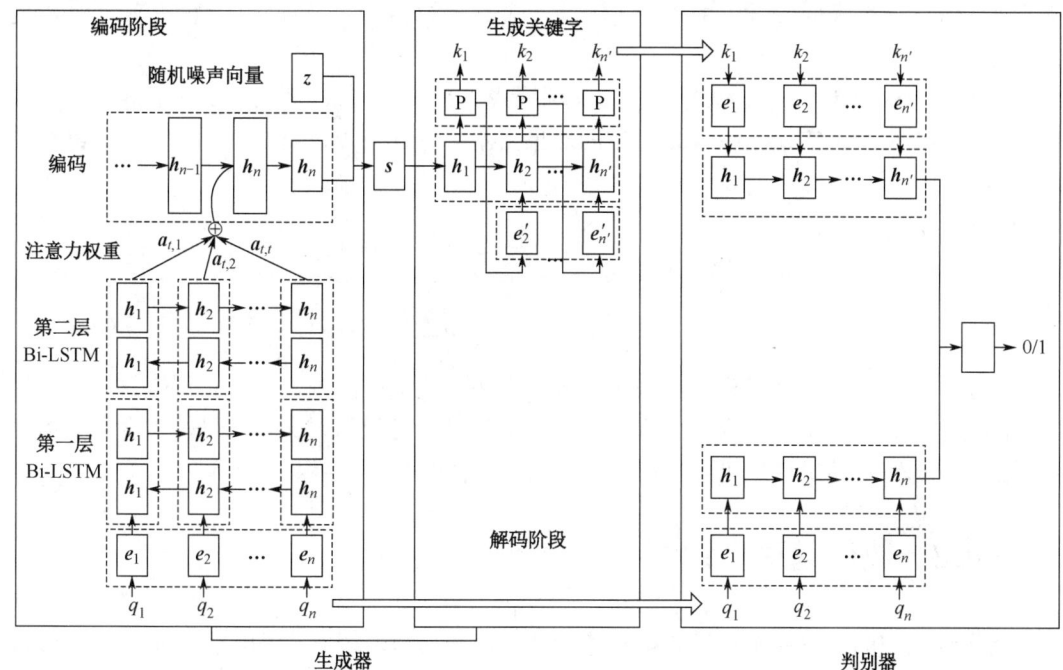

图 2.7　利用 CGAN 进行查询关键字扩展的总体框架

2.4　查询与结果的相关性评估

给定一个空间关键字查询，首先使用基于 CGAN 的方法对原始查询关键字 q.keywords 进行语义近似扩展，然后构建打分函数评估空间对象与扩展查询之间的综合相关度，进而根据综合相关度获取查询结果。空间对象与扩展查询之间的综合相关度包括位置相近度、文本语义相似度和数值满意度，其中位置相近度使用欧式距离评估，这里不再赘述。下面分别对文本语义相似度和数值满意度的评估方法进行阐述。

2.4.1　文本相似度评估

空间对象与扩展查询的文本相似度评估基本思想是，先将空间对象 o 的文本信息 o.keywords（处理成关键字序列的形式）和扩展查询关键字序列 q.keywords′进行向量化处理，分别用 V_o.keywords 和 V_q.keywords′表示，处理过程包括如下 3 步。

（1）令 M 是包含所有空间对象文本信息中的不同关键字的一个序列，m 是 M 中关键字的数量，即 m=|M|，M[i]代表序列 M 中的第 i 个关键字，其中 i={1, 2,…, m}。

（2）以 M 中的关键字排列为基准，如果 o.keywords（或 q.keywords′）中某个位置的关键字与 $M[i]$ 匹配，则 $V_{o.\text{keywords}}[i]=1$（或 $V_{q.\text{keywords}'}=1$），否则 $V_{o.\text{keywords}}[i]=0$（或 $V_{q.\text{keywords}}=0$），然后将两个向量取值为 1 的位置替换为对应关键字的 IDF 值。需要说明的是，由于查询条件和单个空间对象文本信息的关键字集合中不存在重复关键字，因此每个关键字的 TF 值都为 1，所以这里只取关键字的 IDF 值。$V_{o.\text{keywords}}$ 和 $V_{q.\text{keywords}}$ 最终都将被转换为 m 维的向量。

（3）对于向量 $V_{o.\text{keywords}}$ 和 $V_{q.\text{keywords}'}$，利用式（2.12）计算二者之间的余弦相似度，体现的是扩展查询关键字 q.keywords′ 与空间对象文本信息 o.keywords 之间的相似度。其计算方法为

$$\text{Sim}_{\text{Text}}(q,o)=\frac{\sum_{i=1}^{n}V_{o.\text{keywords}}[i]\,V_{q.\text{keywords}'}[i]}{\sqrt{\sum_{i=1}^{n}V_{o.\text{keywords}}[i]^{2}}\sqrt{\sum_{i=1}^{n}V_{q.\text{keywords}'}[i]^{2}}} \qquad (2.12)$$

由于原始查询关键字序列已经被扩展成语义相关关键字序列，因此扩展查询与空间对象之间的文本相似度实际上反映了原始查询与空间对象之间的语义相似度，那么用扩展查询得到的候选查询结果也将包含与原始查询语义相似的空间对象。

2.4.2 数值满意度评估

为了评估空间对象 o 对查询 q 在数值属性上偏好的满足程度，提出了一种基于 Skyline 的方法。每个空间对象的数值属性信息可以看成是一条数值属性元组，Skyline 是指在数据集中不受任何其他元组支配的元组集合。给定关系 R 包含属性集合 $A=\{A_1, A_2, \cdots, A_m\}$ 和 n 条元组，对于其上的一对元组 $<p, q>$，如果元组 q 至少在一个属性上优于 p 且在所有其他属性上不比 p 差，就称元组 q 支配 p；如果元组 p 和 q 彼此不支配，那么 p 和 q 都应该在 Skyline 中。具体来讲，对于关系 R 中包含的元组，令 $t[A_i]$ 表示元组 t 在属性 A_i 上的取值，如果一个元组 $t \in R$ 支配另一个元组 $t' \in R$，用 $t \succ t'$ 表示；如果一个元组 $t \in R$ 与另一个元组 $t' \in R$ 是不可比的，表示为 $t \sim t'$，当且仅当 $t \not\succ t'$ 且 $t' \not\succ t$ 时。例如，如果一个用户寻找一个宾馆，通常会考虑价格、宾馆档次和车位个数等因素，那么价格低、档次高和车位多的宾馆显然是好的选择。所以，如果描述宾馆数值属性信息的元组 p 在 Skyline 中，那么 Skyline 中不会有其他的 q 比 p 有更低的价格、更高的档次和更多的车位。由此可见，Skyline 有助于获得高质量的查询结果。因此，本节利用 Skyline 方法帮助获得有效查询结果，从而满足用户在数值属性上的偏好需求。

以图 2.2 中的对象 o_2、o_4、o_7 为例，它们在数值属性"价格"和"拥挤度"上的数值分别为 $\{0.5, 0.4\}$、$\{0.3, 0.6\}$、$\{0.3, 0.5\}$。若属性值越小越好，o_7 在"拥挤度"属性上的取值优于 o_4、"价格"属性上的取值与 o_4 相等，则可判断 o_7 支配 o_4；再比较 o_2、o_7，由于 o_2 在"拥挤度"属性上的取值优于 o_7，但在"价格"属性上的取值次于 o_7，因此 o_2 和 o_7 是不可比的，都应该加入 Skyline 集合中。

基于上述思想，算法 2.1 给出了空间对象数值属性元组上的 Skyline 集合计算过程。

算法 2.1　数值属性元组上的 Skyline 生成算法
输入：数值属性元组列表 list_attr
输出：list_attr 的 Skyline 集合
① 对 list_attr 中的元组按照第一个属性的值从小到大排序
② **for** list_attr 中的每个元组 tuple **do**
③ 　令 $i = 0$
④ 　**while** i<tuple.size() **do**
⑤ 　　将 tuple[i] 与 list_attr 中其他元组 tuple1 的第 i 个元素 tuple1[i] 进行比较
⑥ 　　**if** tuple[i]<=tuple1[i] **then**
⑦ 　　　list_attr.remove(tuple1)　　　/*将其他元组 tuple1 从 list_attr 中移除*/
⑧ 　　　i += 1
⑨ 　**else**
⑩ 　　list_attr.remove(tuple)
⑪ **return** Skyline of list_attr

对于给定的数值属性元组列表 list_attr，算法 2.1 首先按照第一个属性的值对 list_attr 进行升序排列；然后，对于 list_attr 中的每个元组，如果它在每个属性上的值都不大于 list_attr 中的其他元组，就将其从 list_attr 中删除，直到这样的元组不再存在为止，最终可以得到 list_attr 中的 Skyline。通过使用算法 2.1，可以得到所有空间对象的 Skyline 集合，算法在离线预处理阶段执行，并定期更新 Skyline 集合。

在查询处理过程中，可将与给定查询匹配的候选查询结果与 Skyline 集合重叠的对象作为优先结果考虑。进而，对于处在 Skyline 集合中的查询结果对象，还需根据用户在数值属性上指定的偏好权重，空间对象 o 对查询 q 在数值属性上的满意度计算方法为

$$S_2(q,o) = 1 - \sum_{i=0}^{|q.\text{weights}|} (q.w_i \cdot o.a_i) \tag{2.13}$$

例如，假设用户指定 $q.w_1$ 和 $q.w_2$ 分别为 0.3 和 0.7，根据上述 Skyline 计算方法，与查询 q 匹配的结果集合 $\{o_2, o_4, o_7\}$ 中只有 o_2 和 o_7 在 Skyline 中，因此只计算 o_2 和 o_7 与查询 q 的数值接近度，即 $S_2(q, o_2)$=1-(0.3×0.5+0.7×0.4)=0.57，$S_2(q, o_7)$=1-(0.3×0.3+0.7×0.5)=0.56，最佳结果是 o_2；相反，如果另一个用户指定 $q.w_1$ 和 $q.w_2$ 分别为 0.6 和 0.4，那么有 $S_2(q, o_2)$=0.54，$S_2(q, o_7)$=0.62，最佳结果是 o_7。由此可见，用户在数值属性上的不同偏好权重也会影响 Skyline 集合中查询结果的排序。图 2.2 中的查询 q 与空间对象的综合相似度如表 2.2 所示。

表 2.2　查询 q 与空间对象的综合相似度（α=0.5，β=0.7）

空间对象	位置相近度	文本语义相似度	数值满意度	综合相关度
o_1	0.6728	0.0360	0.3600	0.3561
o_2	0.9248	0.7158	0.5700	0.7452
o_3	0.6713	0.1632	0.5300	0.4511
o_4	0.9313	0.7158	0.4900	0.7235
o_5	0.6729	0.0360	0.1600	0.2961
o_6	0.0000	0.0492	0.1600	0.0652
o_7	0.9278	0.7158	0.5600	0.7433
o_8	0.6367	0.0710	0.6300	0.4367
o_9	0.6365	0.2053	0.6700	0.4956

2.4.3 综合评分函数

根据空间对象与查询的位置相近度、文本语义相似度和数值满意度，可建立查询结果的综合评分函数。

$$\text{score}(q,o) = \beta \times S_1 + (1-\beta) \times S_2 \tag{2.14}$$

式中，S_1 为空间对象与查询的位置-文本综合相关度［用式（1.1）计算］；β 为调节参数，并置为 0.7（其原因将在后续实验中进行讨论）。另外，为了与现有研究工作的参数设置方法保持一致，将 S_1 中的参数 α 设置为 0.5（位置相近度和文本相似度在 S_1 的分数构成中同等重要）。

至此，对于一个空间关键字查询，可根据式（2.14）对空间对象集合中的所有对象进行综合相关度评分，然后选取分数最高的 top-k 个对象作为查询结果返回。但需要指出的是，对于大规模空间对象集合，逐个计算空间对象与查询的综合相关度，查询效率非常低下，因此需要进一步研究如何构建基于上述评分函数的空间-文本-数值索引以提高查询效率。

2.5 索引结构与查询匹配算法

2.5.1 索引结构

本节构建的融合空间-文本-数值匹配的混合索引结构称为 AIR-Tree，其结构如图 2.8 所示。AIR-Tree 的每个结点都记录了以该结点为根的子树中所有对象的空间信息、文本信息概要（从结点文本信息中抽取的所有不同关键字集合）、数值属性元组信息及指针。AIR-Tree 每个结点的信息分为 3 部分：前两部分是两个指针，分别指向包含该结点所有关键字的倒排文件（InvFile）和数值属性文件（AttrFile）；第三部分是该结点中的条目（Entries）集合。每个非叶子结点和叶子结点都可能包含多个条目，但每个结点包含的条目个数都是固定的，并且不能少于规定条目个数的 1/2。

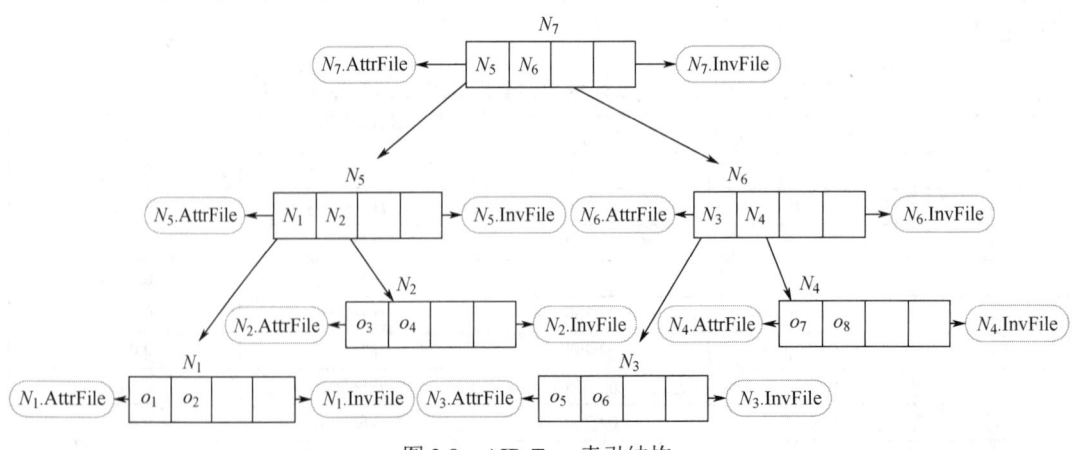

图 2.8 AIR-Tree 索引结构

对于叶子结点，它当中的每个条目由一个四元组构成，形式为<o, $Rect$, $o.tid$, $o.aid$>，其中 o 代表空间对象，$Rect$ 代表该对象的最小外接矩形，$o.tid$ 是该对象的文本信息标识符（指向该结点的 InvFile），InvFile 包含该结点下所有空间对象的信息概要，$o.aid$ 是该对象的数值属性元组信息标识符（指向该结点的 AttrFile），AttrFile 包含该结点下所有空间对象的数值属性元组的 Skyline 集合（Skyline 由算法 2.1 计算得到）。对于非叶子结点，它当中的每项也都由一个四元组构成，形式为<pN, $Rect$, $N.pid$, $N.aid$>，其中，pN 是该结点中孩子结点 N 的地址，$Rect$ 是指能够包含该结点下所有孩子结点的最小外接矩形，$N.pid$ 是该结点的文本信息标识符（指向该结点的 InvFile），InvFile 包含该结点下所有子结点的信息概要，$N.aid$ 是该结点的数值属性元组信息标识符（指向该结点的 AttrFile），AttrFile 包含该结点下所有子结点的数值属性元组的 Skyline 集合。

对于一个给定的空间关键字查询，利用 AIR-Tree 索引结构进行查询匹配的过程如下。

（1）先从 AIR-Tree 的根结点开始，依次检查每个分支结点是否都满足查询条件的空间约束，在满足空间约束的前提下，再检查该结点的 InvFile 中是否包含扩展的查询关键字。

（2）对于匹配的分支结点（可以是非叶子结点，也可以是叶子结点），将处于其 Skyline 集合中的对象作为候选结果集合（Skyline 集合中的对象在数值属性上的取值都优于不在 Skyline 集合中的对象）。

（3）对于候选结果集合中的每个空间对象，分别计算出其与查询的位置相近度、文本语义相似度以及数值满意度，最后根据综合相关度分数选出 top-k 个结果对象。

2.5.2 实现算法

AIR-Tree 索引结构主要包括生成、查询和删除 3 种操作。下面分别给出这 3 种操作的实现算法。

1. AIR-Tree 的生成

AIR-Tree 的生成过程是自底向上的建树过程，其本质是插入操作，也就是从数据文件中先任取一个空间对象并插入 AIR-Tree 中，如果当前的 AIR-Tree 为空，就从该空间对象开始建树；如果当前的 AIR-Tree 非空，那么该空间对象作为数据被插入现有的树中，对树进行更新操作。R-Tree 在插入新数据时导致结点分裂的处理方法和过程同样适用于 AIR-Tree，与 R-Tree 不同的是，AIR-Tree 还需同时更新结点的 InvFile 和 AttrFile。算法 2.2 结合 R-Tree 的插入操作给出了 AIR-Tree 的生成（插入）操作实现算法。

算法 2.2　将新的条目 E 插入给定的 AIR-Tree：Insert(E, InvFile, AttrFile)
①　L←ChooseLeaf(E)　//在 AIR-Tree 中找到一个合适的叶结点 L，E 指向了一个空间对象
②　if　叶结点 L 有足够空间插入 E　then
③　　　将 E 插入到 L 中，并更新 L 及其父结点的倒排文件 InvFile 和数值属性文件 AttrFile
④　else
⑤　　　调用函数 L.SplitNode()将结点 L 分裂成两个结点 L 和 LL，这两个结点包含原叶结点 L 中的所有条目和新条目 E
⑥　　　对结点 L 和 LL 分别执行 AdjustTree()操作，更新所有相关结点的 InvFile 和 AttrFile
⑦　　　if　结点分裂向上传递导致根结点的分裂　then
⑧　　　　　创建一个新的根结点，其孩子结点为原根结点分裂后的两个结点，并更新相关结点的 InvFile 和 AttrFile

该算法包含两个子函数，即 ChooseLeaf(MBR)和 AdjustTree(L)。前者的作用是帮助新

条目找到合适的叶子结点插入；后者的作用是根据插入条目进行树结构调整。

函数：选择叶子结点以放置新条目 E：ChooseLeaf(MBR)
① 设 N 为根结点
② if N 是叶子结点 then
③   return 结点 N
④ else
⑤   遍历 N 中的孩子结点，找出添加 E 后增量最小的结点，并把该结点定义为 F；如果增量相同的结点不止一个，那么选择面积最小的结点。
⑥ $N \leftarrow F$，转到第 2 步
函数：调整树结构 AdjustTree(L)
① $N \leftarrow L$ //将结点 L 赋给 N
② if N 是根结点 then
③   停止操作
④ else
⑤   设 P 为 N 的父结点，E_N 为 P 中指向孩子结点 N 的条目
⑥   调整条目 E_N 中的变量 Rect，确保 Rect 的 MBR 包含 N 中的所有矩形
⑦   if 结点 N 被分裂产生了一个新结点 NN then
⑧   创建一个指向结点 NN 的条目 E_{NN}，E_{NN} 中的 Rect 包含 NN 中的所有矩形
⑨   if 结点 P 有空间存放条目 E_{NN} then
⑩   添加 E_{NN} 到 P 中，并更新相关结点的 InvFile 和 AttrFile
⑪   else
⑫   对 P 进行分裂操作，得到结点 P 和 PP，并更新相关结点的 InvFile 和 AttrFile
⑬ $N \leftarrow P$ //将结点 P 赋给 N
⑭ if 结点 P 发生了分裂 then
⑮   NN $\leftarrow$ PP   //将结点 PP 赋给 NN
⑯ 转到第 2 步

至此，利用算法 2.2 可以根据给定的数据文件生成相应的索引文件 AIR-Tree。根据表 2.1 中的数据实例，利用算法 2.2 生成的 AIR-Tree 如图 2.9 所示。

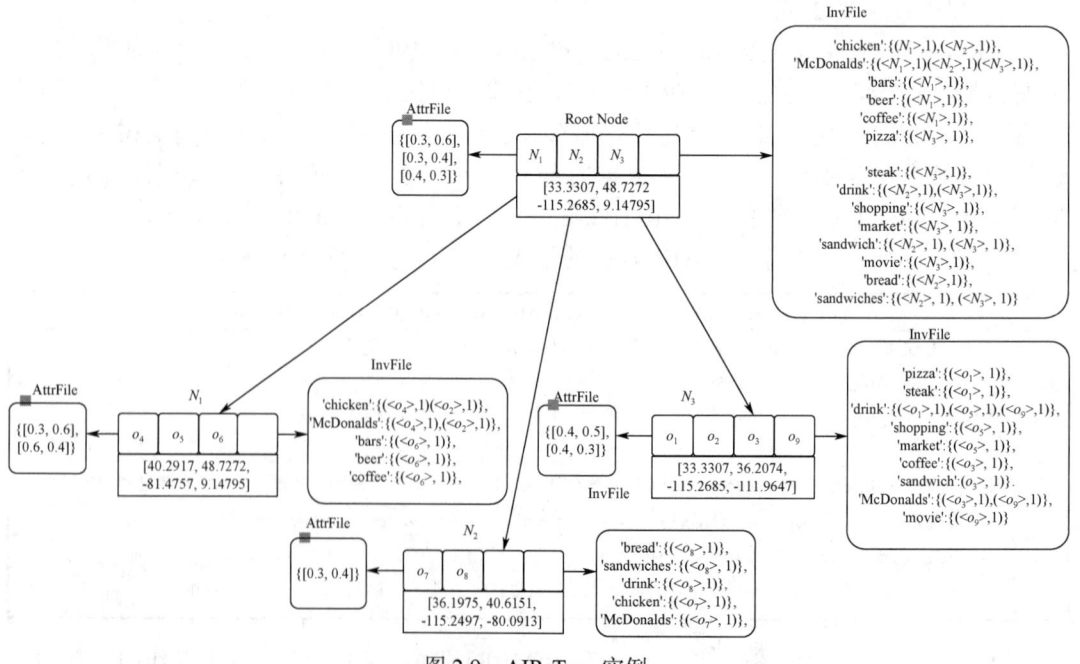

图 2.9 AIR-Tree 实例

2. AIR-Tree 的查询

对于一个给定的空间关键字查询，首先利用 CGAN 对其进行关键字扩展；然后利用 AIR-Tree 可以快速定位到候选结果集合；最后根据查询与结果的相关性评估方法选出 top-k 个具有最高相似度的结果对象。由于利用 AIR-Tree 索引定位到的候选结果集合中的对象个数远远小于整个空间对象集合的基数，在此基础上进行查询与结果之间的相关性评估将会大大缩短在线查询执行时间。

算法 2.3 给出了基于 AIR-Tree 的 top-k 结果检索算法实现过程。

算法 2.3 基于 AIR-Tree 的 top-k 结果检索算法 search(q, kewyords′, weights, k, α, β)

输入：空间对象集合 D，扩展后的查询条件 q(loc, keywords′, weights, k, α, β)
索引文件 AIR-Tree
输出：结果列表 top-k result objects

① result←ϕ，最大堆 heap←ϕ，heapEntry←ϕ
② heap.add(root)   /*root 为 AIR-Tree 的根结点*/
③ while heap≠ϕ 且 result.size()<k do
④ N=heap.poll()
⑤   if N is an object then
⑥ $S_1(q,N) = \alpha \cdot \text{Sim}_{\text{Loc}}(q,N) + (1-\alpha) \cdot \text{Sim}_{\text{Text}}(q,N)$
⑦ $S_2(q,N) = 1 - \sum_{i=0}^{|q.\text{weights}|}(q.w_i \cdot N.a_i)$
⑧ $\text{Score}(q,N) = \beta \cdot S_1 + (1-\beta) \cdot S_2$
⑨   result.add(N)
⑩   else
⑪   for entry E in N do
⑫   heapEntry.add(E)
⑬   if q.keywords′==heapEntry.getId().getKeyword() and q.loc in E.Rect then
⑭   计算位置相近度和文本相似度分数 S_1
⑮   通过 heapEntry.getId().getAttr()获得数值属性的值后，用式（2.13）计算 S_2
⑯   利用式（2.14）计算出匹配结果对象的最终分数 Score
⑰   heap.add(heapEntry) /*heap 按照 Score 排序*/
⑱ return top-k result objects

算法 2.3 的工作原理是：首先，将根结点 root 添加到最大堆 heap 中。其次，对于 heap 中的每个对象 N，如果 N 是一个空间对象，即 root 是叶结点，就将 N 添加到 result，并计算 S_1、S_2 和综合得分 Score；否则，N 是一个中间结点，对于 N 中的每个条目 E，确定其是否包含查询关键字并且满足查询条件的空间约束。如果不是，就不再遍历此分支；否则，在获得该结点的 Skyline 集合（第⑮行）之后，使用式（2.13）计算 S_2 的值，S_1 和 Score 的值分别在第⑭行和第⑯行计算出来，然后将 E 添加到 heap 并迭代，直到 heap 为空或 result 大于 k。最后，根据 Score 大小选出 top-k 个最终结果对象。算法 2.2 的复杂度为 $O(kn)$，式中 n=heap.size()。

3. AIR-Tree 的删除

如果数据文件中的某个对象被删除，那么 AIR-Tree 索引文件也需要进行相应处理，将与删除对象相关的索引条目信息删除。算法 2.4 给出了 AIR-Tree 的删除操作实现过程。

算法 2.4 AIR-Tree 删除操作: delete(E)
① 调用 FindLeaf()函数查找包含条目 E 的叶子结点 L
② if 没有匹配条目 then
③   break
④ else
⑤   从 L 中删除条目 E，并更新 L 及其父结点的倒排文件 InvFile 和数值属性文件 AttrFile
⑥   对 L 进行 CondenseTree( )操作   /*对树的结构进行调整和压缩*/
⑦   if 根结点仅包含一个孩子结点 then
⑧   将该孩子结点设置为根结点

FindLeaf()函数的功能是查找和定位包含条目 E 的叶子结点。

函数：查找包含条目 E 的叶子结点函数：FindLeaf(E)
① if 结点 T 不是叶子结点 then   //设 AIR-Tree 的根结点为 T
②   检查 T 中的每个条目，找出所有与 E 对应的矩形相重合的条目 F
③   for 每个满足条件的 F
④   以其指向的孩子结点为根结点进行 Findleaf()操作
⑤   if 找到 E then
⑥   break
⑦ else
⑧   检查 T 中的每个条目的矩形是否与 E 的矩形重合
⑨   如果有，就返回 T

CondenseTree 函数的功能是：L 为包含被删除条目的叶子结点，如果 L 的条目数过少（小于每个结点最大条目数的 1/2），就必须将该叶子结点 L 从树中删除。经过这一删除操作，L 中的剩余条目必须重新插入树中。此操作将一直重复直至到达根结点。同样，调整在此修改树的过程所经过的路径上的所有结点对应的矩形 MBR 大小。

函数：CondenseTree(L)
① $N \leftarrow L$
② 初始化链表 List，用于存储被删除结点包含的条目
③ if N 是根 then，转到第⑪步
④ else
⑤   令 P 为 N 的父结点，令 E_N 为 P 中指向结点 N 的条目
⑥   if N 包含的条目数少于规定的阈值 then
⑦   从 P 中删除 E_N，更新所有相关结点的 InvFile 和 AttrFile，把 N 加入链表 List
⑧   else
⑨   调整 E_N 中的 Rect 参数，使其 MBR 能够恰好覆盖 N 中所有条目对应的矩形，更新所有相关结点的 InvFile 和 AttrFile
⑩ $N \leftarrow P$，转到第③步
⑪ 链表 List 中的所有结点中的条目需要重新插入。原来属于叶子结点的条目使用 Insert 操作进行重新插入，并更新所有相关结点的 InvFile 和 AttrFile，那些属于非叶子结点的条目必须插入其删除之前所在的层次中，从而确保它们所指向的子树还处在相同的层，插入的同时更新相关结点的 InvFile 和 AttrFile

至此，AIR-Tree 索引结构的生成（插入）、查询和删除操作描述完毕。AIR-Tree 索引文件的更新可以在离线预处理阶段进行，也可以在有新数据查询、变更或删除数据时触发索引文件的动态更新。

2.6　效果与性能实验评价

2.6.1　实验环境

所有实验在 Ubuntu 18.04.1 操作系统，以及 Intel i7-8700k 3.7GHz CPU 和 32GB 内存的 GPU 服务器上运行，采用 Python 实现相关算法，使用下列真实数据评估所提算法的效果与性能。

1. 数据集

本节使用两个基于位置的社交网络数据集：Yelp 和 Foursquare 数据集。Yelp 是美国著名的商户点评网站，包含美国各地餐馆、购物中心、酒店等各个领域的商户信息以及用户评价等信息。Foursquare 是一家基于用户地理位置信息的手机服务网站，包含手机用户同他人分享的地理位置及相关描述信息。Yelp 数据集包含 174 567 个兴趣点（空间对象），每个兴趣点都有一个 ID、位置信息（以经纬度的形式表示）、文本信息和数值属性信息，其中用户评论信息和 category 作为文本信息，随机产生的 5 个 0~1 随机数作为数值属性信息。Foursquare 数据集包含 215 614 个与地理位置相关的对象，每个空间对象都包含经纬度信息、描述空间对象的文本信息，以及 4 个数值属性（包括价格、环境、服务和评级）信息。Yelp 和 Foursquare 作为测试数据集的特征统计信息如表 2.3 所示。

表 2.3　Yelp 和 Foursquare 作为测试数据集的特征统计信息

特　征	Yelp	Foursquare
POI 总数	174 567	215 614
文本信息中包含的关键字总数	4 096 593	8 966 524
所有不同关键字个数	41 502	84 716
每个 POI 的文本信息平均包含的关键字个数	55	72

2. 索引对比算法

索引对比算法有 IR-Tree 和 IRS-Tree[6]。

（1）IR-Tree 是倒排文件（Inverted File）和空间索引 R-Tree 的结合，能够同时处理文本和空间查询匹配，实现空间过滤、文本匹配、相关度计算和排序，其缺点是不能处理数值属性，如果查询条件中包含数值，那么 IR-Tree 只能将数值离散化成文本，然后以文本关键字匹配方式进行处理。

（2）IRS-Tree 是一种具有 Synopses（概要树）的倒排 R-Tree 混合索引结构，能够处理包含数值的空间关键字查询，但 IRS-Tree 需要用户指定明确的数值查询范围并进行精确的数值匹配，这可能会导致匹配不到查询结果。但在实际应用中，用户由于对数据内容不了解，可能使其无法在数值属性上给出精确的查找范围，而本节介绍的方法是要求用户在数值属性上给定一个权重，表达用户对该属性的关心程度，相当于偏好查询，这样的做法更符合实际。

3. 默认参数设置

参数的默认值如表 2.4 所示。在实验过程中，通过固定其他参数的值而仅改变一个参数的值来评价某个参数对实验效果与性能的影响。

表 2.4 参数的默认值

参 数	默 认 值	描 述 信 息
α	0.5	位置相近度与文本相似度的调节参数
β	0.7	S_1 与 S_2 的调节参数
$|o.\text{num}|$	4	空间对象包含的数值属性个数
$|q.\text{keywords}|$	5	查询关键字的个数

查询效果与性能实验的目的是，测试在相同数据集上表 2.4 中各参数的变化分别对 AIR-Tree、IR-Tree 及 IRS-Tree 索引结构在查询效果和效率上的影响。

2.6.2 CGAN 模型的实现与效果

为了训练 CGAN 模型，从上述两个数据集的文本描述信息和用户评论信息中构建训练数据集。构建方法为：首先假设与同一个空间对象相关联的文本描述信息或用户评论信息之间的词条都具有语义关联关系，每个 POI 的文本描述信息和每条用户评论都看成一个文档，对于每个 POI 的评论，只保留最新的前 50 条评论文本；然后利用分词工具（如 jieba、CoreNLP 等）从文档中提取词条/短语，并对词条/短语进行规范化处理（例如，所有字符转换为小写、删除特殊字符等），对于每个文档，从中随机选取 3~6 个词条/短语构成序列 q，其余的作为关键字序列 k，由于 $<q, k>$ 来自同一个文档，因此具有相关性，视为判别器训练数据中的正样本，由预训练的生成器生成的关键字序列 $\tilde{k}$ 和 q 组成的 $<q, \tilde{k}>$ 视为负样本。利用上述方法，总共生成 1429 550 条正例和负例相混合的训练数据。

在 CGAN 模型训练过程中，对判别器和生成器交替进行训练，也就是对判别器和生成器的参数进行优化。在每轮迭代中，先对判别器进行优化，其参数的优化过程如下。

（1）从构造的训练数据 $p_{\text{data}}(q,k)$ 中随机抽取 m 个样本 $\{<q^1, k^1>, <q^2, k^2>, \cdots, <q^m, k^m>\}$。

（2）从随机噪声分布 $p_z(z)$ 中随机抽取 m 个噪声样本 $\{z^1, z^2, \cdots, z^m\}$。

（3）将 m 个噪声样本和训练样本中的 m 个查询关键字序列 $\{q^1, q^2, \cdots, q^m\}$（作为条件信息），共同输入生成器 G，产生 m 个假关键字序列 $\{\tilde{k}^1, \tilde{k}^2, \cdots, \tilde{k}^m\}$。

（4）在目标函数 $V(G, D)$ 中以均值作为期望，计算函数为

$$\tilde{V}(\theta_d) = \frac{1}{m}\sum_{i=1}^{m} \log_2 D(k^i \mid z^i, q^i; \theta_d) + \frac{1}{m}\sum_{i=1}^{m} \log_2(1 - D(\tilde{k}^i \mid z^i, q^i; \theta_d)) \quad (2.15)$$

对于判别器，需要通过调整参数 θ_d 来极大化目标函数，因此用公式 $\theta_d \leftarrow \theta_d + \nabla \tilde{V}(\theta_d) \eta$ 更新判别器的参数。

然后对生成器进行优化，参数的优化过程如下。

（1）从随机噪声分布 $p_z(z)$ 中随机抽取另外 m 个噪声样本。

（2）在目标函数 $V(G, D)$ 中以均值作为期望，计算函数为

$$\tilde{V}(\theta_g) = \frac{1}{m}\sum_{i=1}^{m} \log_2(1 - D(G(z^i \mid q^i; \theta_g))) \quad (2.16)$$

对于生成器，需要通过调整参数 θ_g 来极小化目标函数，因此用公式 $\theta_g \leftarrow \theta_g - \nabla \tilde{V}(\theta_g)\eta$ 更新判别器的参数。

对于 CGAN 模型的参数设置，生成器编码阶段采用双层的 Bi-LSTM，其隐藏层大小设置为 256（包含 256 个结点），输入关键字的词嵌入维度为 100，dropout rate 设置为 0.1，优化器采用 Adam，学习率设置为 1×10^{-3}；解码阶段采用单层单向 LSTM，其隐藏层大小设置为 256，隐藏层连接到 V 维 softmax 全连接层，其中 V 是空间对象文本信息中包含的所有不同关键字的整体词汇量，这里用<UNK>替换出现不足 50 次的词条来削减词汇量，最终的词典大小（Vocabulary Size）为 50 000。判别器采用两个并行的单层单向 GRU，其隐藏层大小为 150，因此输出结果为两个 150 维向量之间的余弦相似度，如果相似度小于 0.5，输出为 0；否则输出为 1。为了说明基于 CGAN 的查询关键字扩展方法的合理性和优越性，将其与基于词嵌入（使用 skip-gram 模型）方法进行对比。表 2.5 列出了对于给定查询关键字分别基于 CGAN 方法和基于 Word2Vec 方法生成的语义相关关键字。

表 2.5 基于 CGAN 方法和基于 Word2Vec 方法生成的语义相关关键字

输入查询关键字	CGAN 输出的语义相关关键字	Word2Vec 输出的语义相关关键字
subset club	recreation centers, active life, active life, recreation centers, vent planning & services, venues & event spaces, playgrounds, active life, amusement parks	shopping, beauty & spas, home services, health & medical, teakwoods tavern & grill
home services	lighting fixtures & equipment, local services, electricians, window washing, home cleaning, office cleaning, carpet cleaning	health & medical, automotive, beauty & spa, home services
beauty & spas	health & medical, skin care, day spas, beauty & spas, nail salons, blow dry/out services, barbers, hair stylists	spas& las vegas, food, phoenix, home services, nightlife
tea rooms	desserts, internet cafes, food, restaurants, coffee & tea, cafes, food, coffee & tea supplies, bubble tea, juice Bars & smoothies	beauty & shopping, beauty & spas, home services, local services, active life
coffee & tea	food, restaurants, cafes, southern, breakfast & brunch, juice bars & smoothies, restaurants, bakeries, beer, wine & spirits, vegan, pizza	shopping, beauty & spas, home services, health & medical, local services
breakfast& brunch	restaurants, diners, barbeque, nightlife, bars, american (new), bars, sports bars, burgers	home services, health & medical, active life, hair salons, home&garden
shoe repair	shopping, watch repair, jewelry repair, jewelry, local services, local services	home services, social clubs, goodlife fitness
real estate agents	real estate, home services, real estate agents, commercial real estate	wine & spirits, nightlife, bars, real estate, restaurants, caterers

从表 2.5 中可以看出，对于给定的输入关键字，由 CGAN 生成的扩展关键字与给定关键字具有较高的语义相关性。例如，生成的关键字"health & medical, skin care, day spas, beauty & spas, nail salons, blow dry/out services, barbers, hair stylists"在语义上与给定的关键字"beauty & spa"非常接近。其原因是 CGAN 由于其对抗博弈的性质能够使其捕获出现次数较少的词条与其他词条之间的隐式关系。特别是，CGAN 方法对罕见查询（出现次数很少的查询）的扩展非常有效，罕见查询由于不具备统计信息而导致现有基于统计的方法无法提供扩展关键字，并且一旦训练好模型，就能够快速有效地生成语义相关关键字。

下面用例子进一步展示基于 CGAN 的查询关键字扩展方法的有效性。我们选择了 3 个不同类型的空间关键字查询条件用于测试（表 2.6），然后分别给出基于 CGAN 和 Word Embedding 方法扩展后的查询关键字（表 2.7），以及扩展后的查询条件在数据集上获得的 top-3 查询结果，如表 2.8 所示。注意，表 2.6 中的每个空间关键字查询条件包含查询位置、查询关键字和用户在数值属性上的偏好权重，表 2.8 中的每个查询结果对象包括位置信息、文本信息和数值属性信息。

表 2.6 空间关键字查询条件

编　号	查询条件（查询位置、查询关键字、数值属性偏好权重）
1	<43.63, -79.41>{mcdonald's, fast food}[0.7,0.3]
2	<33.49,-111.92>{toy stores, children's clothing fashion}[0.4,0.6]
3	<33.45,-112.28>{volkswagen, auto repair}[0.3,0.7]

表 2.7 基于 CGAN 和 Word2Vec 方法扩展后的查询关键字

关　键　字	基于 CGAN 的扩展关键字	基于 Word2Vec 的扩展关键字
mcdonald's	food, pizza, chicken wings	wendy's, burger king, taco bell
fast food	teriyaki brother, yoshi's restaurant, hot-star	hot dogsm, tex-mexm salad
toy stores	discount store, art galleries, architects	hobby shops, vinyl records, video game stores
children's clothing fashion	barnes & noble booksellers, music & video, flowers & gifts	<unk>
volkswagen	honda, property management	<unk>
auto repair	vaughan motor works, wheel & rim repair, auto sound security	auto detailing, wheel & rim repair, car wash

由表 2.7 可知，对于 3 条查询中的每个不同关键字，基于 CGAN 的方法都能够生成语义相似关键字，但基于 Word Embedding 的方法对于不常见的关键字（如 children's clothing fashion 和 volkswagen）不能生成语义相似关键字，并且总体来看，基于 CGAN 方法生成的关键字更为合理。

表 2.8 基于 CGAN 和 Word2Vec 方法扩展查询条件后的 top-3 查询结果

查询 ID	基于 CGAN 的 top-3 查询结果	基于 Word2Vec 的 top-3 查询结果
1	top-1: <43.66,-79.38> {mcdonald's, toronto fast food restaurants, burgers} [0.29, 0.21] top-2: <43.65,-79.38> {fast fresh foods, toronto restaurant, sandwich salad}[0.49, 0.29] top-3: <43.65,-79.38> {zeytouna restaurant, toronto restaurants, arabian mediterranean} [0.28, 0.11]	top-1: <43.89,-79.44> {mcdonald's, richmond hill restaurants, fast food} [0.48, 0.7] top-2: <43.89,-79.44> {starbucks, richmond hill, coffee &tea food} [0.18, 0.11] top-3: <43.89,-79.44> {afghan cuisine, richmond hill, afghan ethnic food, pakistani restaurants, halal specialty food} [0.27, 0.44]
2	top-1: <33.55,-112.25> {styles for less peoria fashion, shopping plus size fashion, women clothing accessory}[0.05,0.03] top-2: <33.55,-112.26> {justice peoria crossing, glendale shopping, children's clothing fashion} [0.4, 0.17] top-3: <33.55,-112.26> {portrait innovations, peoria event, planning & services photographers} [0.41, 0.1]	top-1: <33.49,-112.11> {truly nolen pest & termite control, phoenix pest control, local services} [0.18, 0.06] top-2: <3.49,-112.10> {k-momo phoenix, women's clothing accessories, sports wear, children's clothing, sporting goods, fashion shopping, men's clothing} [0.34, 0.84] top-3: <33.49,-112.11> {spas of arizona phoenix, home services contractors} [0.09, 0.16]

续表

查询ID	基于 CGAN 的 top-3 查询结果	基于 Word2Vec 的 top-3 查询结果
3	**top-1:** <33.65,-111.92> {volkswagen, north scottsdale, phoenix car dealers, auto repair, automotive} [0.49, 0.51] **top-2:** <33.64,-112.25> {peoria kia, wheel & rim repair } [0.82, 0.48] **top-3:** <33.64,-111.91> {auto sound security, automative, vaughan motor works, auto glass services} [0.5, 0.08]	**top-1:** <33.64,-112.24> {pride auto glass, llc peoria, automotive, auto glass services} [0.4, 0.44] **top-2:** <33.65,-112.23> {t-mobile, glendale mobile, phones Shopping} [0.25, 0.03] **top-3:** <33.64,-112.23> { verizon authorized retailer, home services, electronics mobile phones, internet service providers } [0.09, 0.1]

从表 2.8 中可以看出，基于 CGAN 的方法扩展后的空间关键字查询条件获得的 top-3 查询结果，在位置相近度、文本语义相似度和数值属性对用户偏好的满意度等方面的综合相关度比基于 Word2Vec 方法得到的结果更贴近查询需求。综上，可见基于 CGAN 的方法扩展后的空间关键字查询扩展方法具有更好的查询扩展效果。

2.6.3 查询效果实验

该组实验的目的是评估参数 β 和 k 对不同查询算法的查询准确度的影响，查询准确度采用用户调查的策略来评估。首先，从数据集中随机选取 10 个空间对象作为查询条件，空间对象的位置信息作为查询条件的空间约束，从空间对象的文本描述信息中随机抽取 3～6 个关键字作为查询关键字，参数 k、α、β 按默认值设置；然后，对于每个查询，分别使用 AIR-Tree、IR-Tree 和 IRS-Tree 索引获取前 10 个最相关的对象，这样每个查询就对应了一个包含 30 个对象的集合（如果有重复，就去掉重复并随机加入新对象）；最后，邀请 30 名研究生和 60 名本科生，从 30 个对象中标注出他们认为与对应查询相关的对象。这里用 $I(q)$ 表示用户标注的与查询 q 相关的对象集合，$R(q)$ 表示分别由 AIR-Tree、IR-Tree 和 IRS-Tree 检索到的前 10 个对象集合。基于此，查询结果的准确度（Accuracy）计算方法可定义如下。

$$\text{Accuracy} = \frac{|I(q) \cap R(q)|}{10} \tag{2.17}$$

1. β 对查询准确度的影响

该实验测试参数 β 在两个数据集上对 AIR-Tree 查询准确度的影响，参数 β 以 0.1 步长从 0 变化到 1。β 对 AIR-Tree 查询准确度的影响如图 2.10 所示。

从图 2.10 中可以看出，AIR-Tree 在两个数据集上的 top-10 结果的查询准确度均在 $\beta=0.7$ 时达到峰值（该值也可作为在其他数据集上的一个参考值），平均准确度分别为 0.78 和 0.74，这表明该方法通过考虑用户在数值属性上的关注度对于提高查询结果的准确度有较大帮助。此外，还可以观察到当 $\beta=1$ 时对应的准确度比 $\beta=0$ 时的准确度高，这表明满足位置相近和文本语义相似的查询结果要比仅在数值属性上满足用户需求更为重要。但需要指出的是，同时在位置、文本语义和数值上满足用户需求与偏好的查询结果，用户的满意度最高。

表 2.9 进一步给出了不同算法在 Yelp 和 Foursquare 两个数据集上返回的 top-10 个对象的平均准确度。其中，"F(Y)_索引结构名称"表示各索引结构分别在 Foursquare 数据集和 Yelp 数据集上进行的实验。

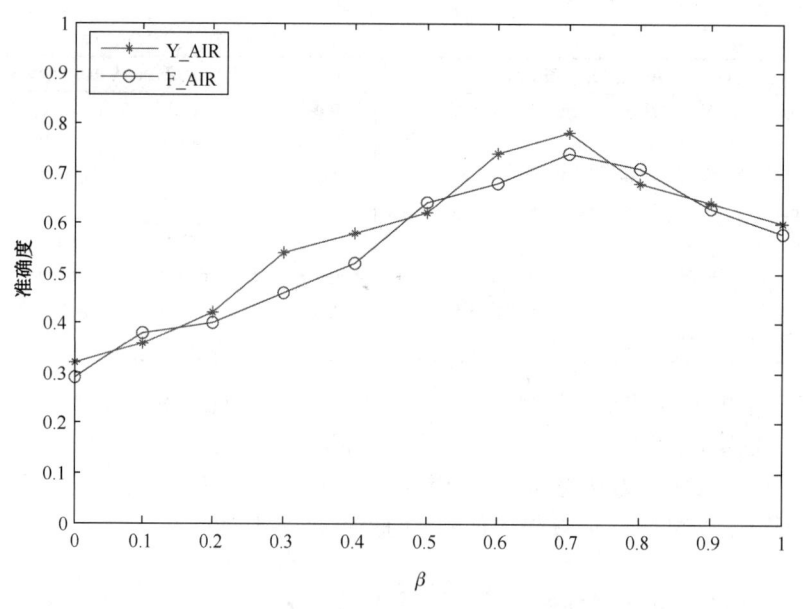

图 2.10　β 对 AIR-Tree 查询准确度的影响

表 2.9　不同算法在 Yelp 和 Foursquare 两个数据集上返回的 top-10 个对象的平均准确度

索引结构	Yelp	Foursquare
AIR-tree	0.78	0.74
IR-tree	0.52	0.53
IRS-tree	0.64	0.62

2. k 与查询准确度的关系

该组实验的目的是测试返回的查询结果个数 k 以步长 1 从 1 逐渐变化到 10 时，各算法的查询准确度变化情况。

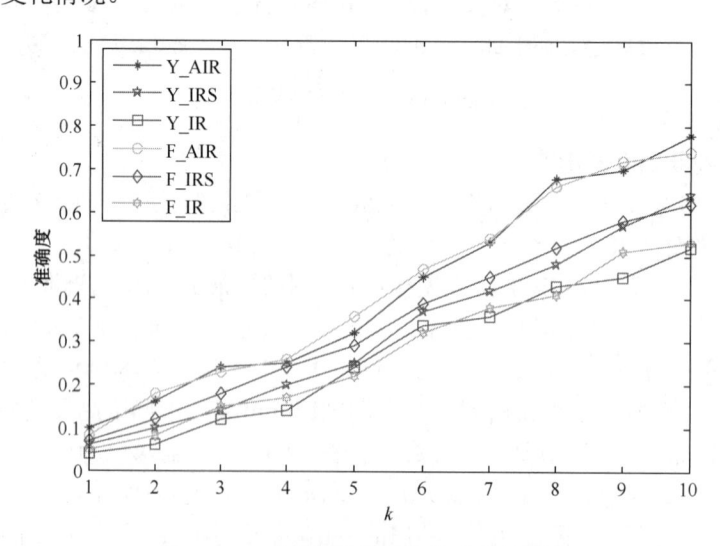

图 2.11　k 对各算法的查询准确度的影响

由图 2.11 可知，AIR-Tree 在 Yelp 和 Foursquare 两个数据集上不同 k 值下的查询准确度一直优于其他两种算法。当 k 分别取 {1, 2, ⋯, 10} 时，AIR-Tree、IRS-Tree 和 IR-Tree 在两

个数据集上的平均准确度分别为 0.4225、0.3345 和 0.2760，AIR-Tree 的平均准确度比 IR-Tree 和 IRS-Tree 分别增大了 14.65%和 8.80%。由此可知，对于一个给定的用户查询，AIR-tree 能够较好地满足用户对查询结果在文本语义相似度和数值属性关注度上的需求。此外，AIR-Tree 与 IRS-tree 相比，不仅减轻了用户在数值属性上指定精确查询范围的负担，而且提高了查询效率。IR-tree 的返回结果在用户满意度方面不如 AIR-Tree 和 IRS-tree，因为它没有考虑语义近似和用户在数值属性上的偏好。此外，尽管 IRS-Tree 可以处理数值属性值，但它没有考虑查询结果的文本语义相似度以及用户对数值属性的关注度。此外，还可以看出，随着 k 值的增大，各算法的准确度也逐渐提高，这是因为一些没有被算法排到靠前位置的相关结果将会被逐渐检索到，从而使得算法检索到的结果与用户标注的结果之间的重叠率随之增大。

2.6.4 查询效率实验

该组实验的目的是评估查询结果数量 k、数据集大小$|D|$、数值属性个数$|o.\text{num}|$和查询关键字个数$|q.\text{keywords}|$对查询执行时间的影响。

（1）k 对查询执行时间的影响：通过设置查询结果个数 k 的值从 5 到 60 以 5 为间隔来测试查询结果个数对查询执行时间的影响。实验结果如图 2.12 所示。

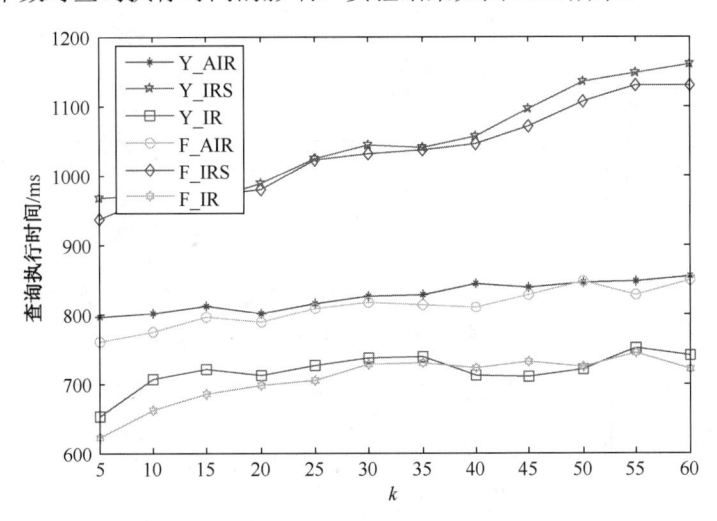

图 2.12 k 对查询执行时间的影响的实验结果

通过图 2.12 可知，无论是哪种算法，k 值越大，系统响应时间越久。这是因为随着 k 的增大，越来越多的候选对象被索引，越来越多的与查询条件相近的空间对象被返回，所以查询执行时间就越长。此外，还可以看出，IR-Tree 的查询执行时间最短，因为它没有考虑数值属性，也无须计算与查询关键字语义相似的关键字，因此缩减了查询执行时间。其次是 AIR-Tree，原因是它需要计算匹配结点 Skyline 集合中的数值属性对用户偏好的满意度，但 Skyline 集合是在离线预处理阶段计算完成的。耗时最久的是 IRS-Tree，因为它需要在线计算查询指定的数值区间与各结点对应的数值区间的匹配程度，所以增加了查询执行时间，故耗时最久。综上所述，当 k 增大时，AIR-Tree 索引的查询效率较高且查询效果最好，比 IRS-Tree 索引的查询效率提高了 12.09%。

（2）|o.num|对查询执行时间的影响：通过改变空间对象的数值属性个数（|o.num|从 1 到 10 逐渐增大）来观测其对查询执行时间的影响。实验结果如图 2.13 所示。从图 2.13 中可以看出，随着数值属性个数的增加，AIR-Tree 和 IRS-Tree 索引结构的查询执行时间也逐渐增加。需要注意的是，由于 IR-Tree 不具备处理数值属性的能力，因此该实验没有与其进行对比。在查询过程中，AIR-Tree 需要遍历和计算匹配结点 Skyline 集合中的所有数值属性值对查询条件在数值属性上的满意度，因此数值属性个数越多，越耗费时间。IRS-Tree 比 AIR-Tree 耗时更多，原因是它在处理数值属性时需要对每个分支结点进行精确的数值区间匹配和筛选，而 AIR-Tree 的 Skyline 集合是在离线预处理阶段计算完成的，因此 IRS-Tree 的匹配过程要比 AIR-Tree 耗时更多。

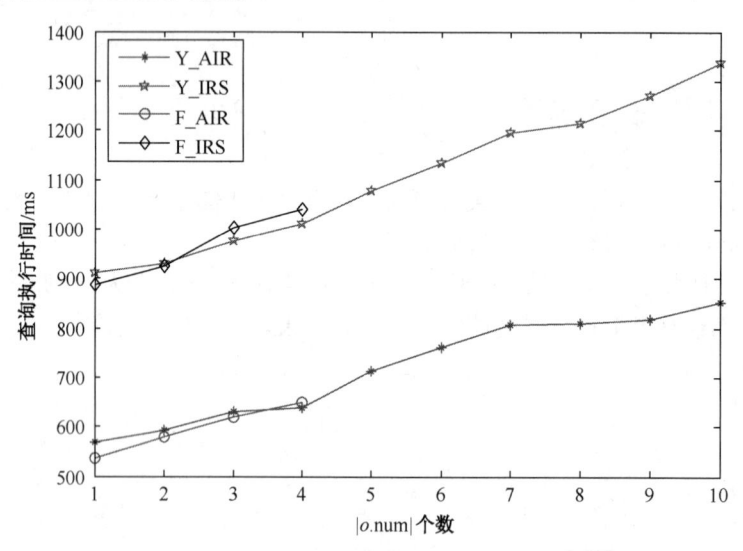

图 2.13　|o.num|对查询执行时间的影响的实验结果

（3）|q.keywords|对查询执行时间的影响：通过设置查询关键字的个数从 1 到 8 来测试其对查询执行时间的影响。实验结果如图 2.14 所示。

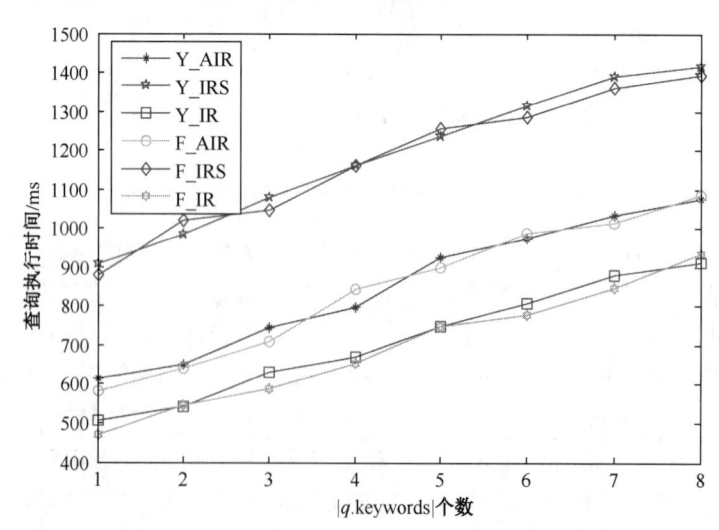

图 2.14　|q.keywords|对查询执行时间的影响的实验结果

第 2 章　基于 CGAN 的空间关键字语义近似查询

由实验测试结果可知，3 种索引结构的查询执行时间均随查询关键字个数的增加呈线性增长趋势。这是因为，查询关键字越多，在索引结构各分支结点对应的倒排文件中进行关键字匹配的数量越多，所以导致查询执行时间的增加。IR-Tree 把数值查询条件视为文本关键字，进行文本匹配处理，无须进行数值计算，使其查询执行时间优于其他两种索引。AIR-Tree 由于需要在分支结点进行文本匹配，以及在匹配结点上对 Skyline 集合中的数值与用户指定的权重进行计算，因此耗时相对较多。相比之下，IRS-Tree 在相同查询关键字个数情况下的查询执行时间均比其他两种索引结构耗时，这是因为它需要遍历每个分支结点并在结点上进行关键字和数值区间匹配，而在结点上进行数值区间匹配要比数值计算耗时更多。

（4）$|D|$ 对查询执行时间的影响：通过设置空间对象数量从 10000 到 80000（以 10000 为增长步长）来测试数据集大小对查询执行时间的影响。实验结果如图 2.15 所示。

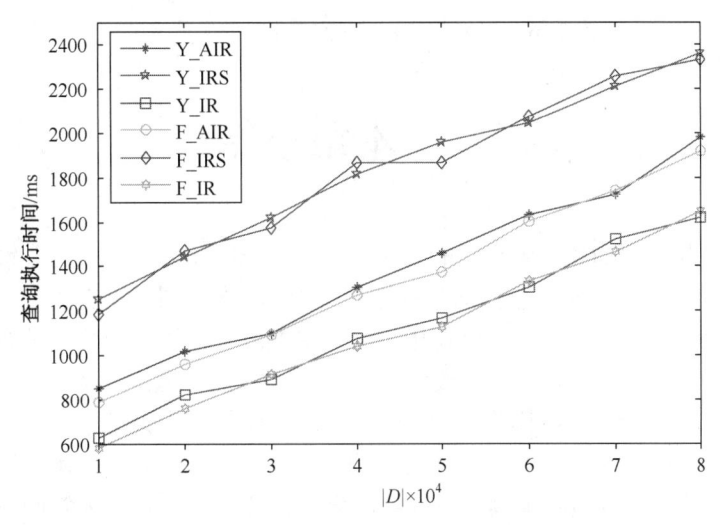

图 2.15　$|D|$ 对查询执行时间的影响的实验结果

由图 2.15 可知，3 种索引的查询执行时间随着数据集的增大而增加。这是因为数据集越大，需要索引的对象越多。还可以看出，AIR-Tree 的查询执行时间比 IRS-Tree 短，因为 IRS-Tree 需要对数值区间进行准确的查询匹配，而 AIR-Tree 中使用的 Skyline 方法仅需计算空间对象的数值属性对用户偏好的满意度而不需要对数值区间进行匹配，从而在较大程度上缩短了查询执行时间。

（5）$|D|$ 对构建索引时间的影响：该实验的目的是测试在相同类型数据集上，通过改变数据集的大小，对构建 AIR-Tree、IR-Tree 和 IRS-Tree 索引文件所需时间进行比较。实验结果如图 2.16 所示。从图 2.16 中可以看出，各索引文件的构建时间与数据集的大小成正比。IR-Tree 的构建时间最短，这是因为它不需要构建 AttrFile 文件和 Synopses。由于 AIR-Tree 需要考虑语义信息和数值属性信息，因此构建时间相对较长，但比 IRS-Tree 的构建时间要短。IRS-Tree 的构建时间最长，原因是其需要考虑如何根据数据分布和用户查询历史来有效划分数值属性的数值区间。

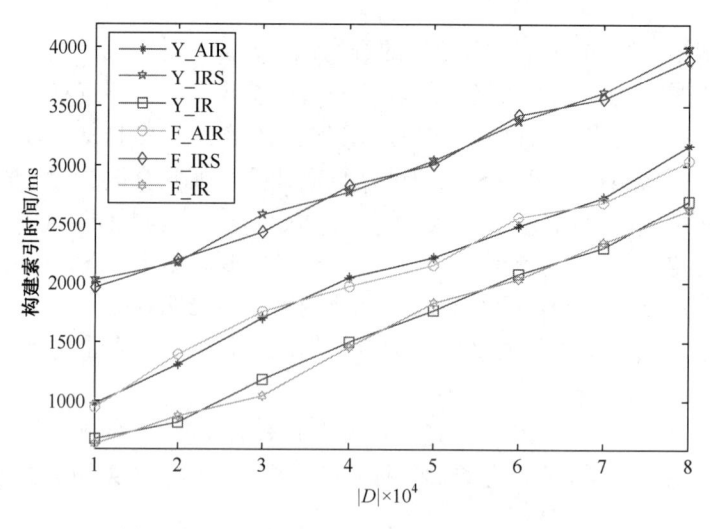

图 2.16 |D|对构建索引时间的影响的实验结果

2.7　本章小结

本章介绍了 GAN 和 CGAN 的基本原理，研究了基于 CGAN 的查询关键字语义扩展方法，提出了利用 Skyline 方法对空间对象描述信息中的数值属性信息进行处理的方法，构建了综合考虑查询条件与空间对象在位置相近度、文本语义相似度和数值满意度等方面的评分函数，并设计了相应的空间-文本-数值混合索引结构 AIR-Tree，从而实现高效的空间关键字语义近似查询。实验结果表明，提出的基于 CGAN 的查询关键字语义扩展方法能够获得较好的语义相似关键字，AIR-Tree 索引结构能够同时支持空间、文本和数值约束匹配，具有较高的执行效率，查询结果具有较好的用户满意度。第 3 章将对空间关键字查询结果的典型化分析与 top-k 选取方法进行研究，目的是在查询结果中选取少数代表性结果，从而增强用户对查询结果集合主要特征的认知。

2.8　参考文献

[1] Liu L Q, Yang M, Qu Q. Generative adversarial network for abstractive text summarization [C]. In: Proceedings of the AAAI Conference on Artificial Intelligence, 2018, 8109-8110.

[2] Goodfellow I, Pouget-Abadie J, Mirza M, et al. Generative adversarial nets[J]. Advances in Neural Information Processing Systems, 2014, 2: 2672-2680.

[3] Goodfellow I, Pouget-Abadie J, Mirza M, et al. Conditional generative adversarial nets[C]. In: Proceedings of the International Conference on Neural Information Processing Systems, 2014, 1411-1784.

[4] Lee M C, Gao B, Zhang R F. Rare query expansion through generative adversarial networks in search advertising[C]. In: Proceedings of the ACM SIGMOD International

Conference on Knowledge Discovery and Data Mining, 2018, 500-508.

[5] Sutton R S, McAllester D, Singh S, et al. Policy gradient methods for reinforcement learning with function approximation[C]. In: Proceedings of the International Conference on Neural Information Processing Systems, 1999, 1057-1063.

[6] Rocha-Junior J B, Gkorgkas O, Jonassen S, et al. Efficient processing of top-k spatial keyword queries[C]. In: Proceedings of the International Symposium on Spatial and Temporal Databases, 2011, 205-222.

第 3 章　查询结果典型程度分析与 top-k 近似选取

内容关键词
- 典型程度分析
- 概率密度估计
- top-k 近似选取

3.1　引言

　　由于 Web 上蕴含大量的空间对象，对于一个选择性不强的查询条件，匹配的候选查询结果会很多。例如，在 Yelp 网站上搜索 "706 Mission St, San Francisco" 位置附近的 "Thai Food"，会返回 500 条泰国餐馆及相关餐馆信息（如 Vietnamese Food、Hunan Food 等），这些对象按其对查询条件的位置相近度和文本语义相似度进行综合排序呈现给用户，但这种方式将会导致返回的前 k（top-k）个结果之间非常相似，并且不一定在整体查询结果中具有代表性。在实际应用中，用户可能希望了解整个匹配的查询结果集合中前 k 个最具代表性（即典型）的餐馆，如在位置、菜品、用户评分等方面都能代表大多数餐馆的餐馆。同理，用户还可能仅给定一个查询区域，目标是搜索该区域内最具代表性的 top-k 个餐馆。这种情况下，如果系统能够根据查询结果集合中的对象在位置、文本语义、用户评分等方面信息的分布情况，自动从大量候选查询结果集合中筛选出 top-k 个典型结果供用户选择，将会在很大程度上减轻用户的选择负担，并且增强用户对查询结果集合的理解。例如，图 3.1 是某区域的餐厅集合，假设用户对该区域并不了解，他想查找附近提供 "中餐" 且最好有 "WiFi" 服务的餐厅，取前 3 个结果，则查询条件表示为：q:(当前位置, {中餐, WiFi}, 3)。

　　按式（1.1）计算返回的 top-3 排序结果为 o_6、o_1 和 o_5，排序依据是根据 TF-IDF 方法计算匹配结果的排序分数。可以看出，上述 3 个对象之间非常相似，o_1 和 o_5 都是 "辽菜" 系列；相比之下，o_1、o_4 和 o_6 更适合作为查询结果，因为 o_1 和 o_5 的描述信息都是（中餐，辽菜），取其中一个代表即可，而 o_4 的描述信息是（中餐，川菜），这与 o_1 和 o_5 不同，并且 o_4 和 o_5 与查询 q 的距离又相差不大，因此 o_1 和 o_4 更具典型性。

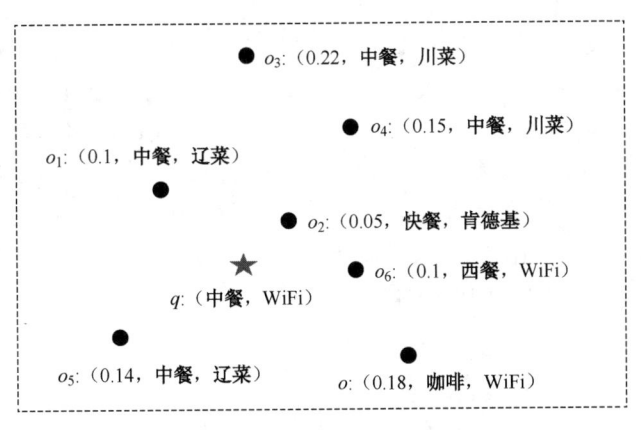

图 3.1 餐厅集合上的空间关键字查询示例

为了解决上述问题，本章提出了空间对象的典型程度评估和 top-k 典型结果近似选取方法。该方法首先计算所有空间对象在位置、文本语义和数值等属性（或维度）上的距离，然后利用基于高斯核函数的概率密度估计方法从给定集合范围内获取 top-k 个典型对象。当给定集合较大的情况下，准确选取 top-k 典型对象的时间复杂度较高，对此本章提出了两种近似算法（分别是基于淘汰策略的近似算法和基于局部邻域的近似算法），用于求解 top-k 典型对象，这两种近似算法的误差率较小，并且基于局部邻域算法的准确率具有理论保障，因此能够有效处理大规模数据情况下的 top-k 典型对象近似选取问题。

3.2 问题定义和解决方案

3.2.1 问题定义

在认知科学中，如果空间对象 o 在集合 D 中出现的可能性越大，那么 o 在 D 中的典型程度越高。概率密度是分析集合中某个对象典型程度的核心方法，基本思想是：给定一个满足独立同分布的点集合 D 和其中一个点 o，o 的典型程度与其他点在 D 中的分布情况有关，如果 o 周围的点越密集，那么 o 的概率密度越大，o 就越具有典型性。

空间对象主要包括位置信息（如经纬度）、文本信息（如名称和用户评论等）和数值属性信息（如用户评分、性价比、拥挤度等），因此描述空间对象的属性主要包括位置、文本和数值 3 类属性。下面结合本章情况，给出"典型"的定义。

定义 3.1（典型） 给定一个由 m 个属性 $(A_1, A_2, \cdots, A_m)$ 描述的空间对象集合 $D=\{o_1, o_2, \cdots, o_n\}$，该集合中的空间对象可看作是由这些属性值域的笛卡儿积（$\mathrm{Dom}(A_1) \times \mathrm{Dom}(A_2) \times \cdots \times \mathrm{Dom}(A_m)$）构成的样本空间 $\mathbb{Z}$ 中的独立同分布样本子集，每个空间对象是 $\mathbb{Z}$ 中的一个 m 维向量。一个空间对象 $o_i(o_i \in D)$ 关于 $\mathbb{Z}$ 的典型程度可表示为 $T(o_i, \mathbb{Z})=L(o_i|D)$，其中 $L(o_i|D)$ 表示 o_i 出现的可能性（o 在 $\mathbb{Z}$ 中出现的概率）。

典型分析与聚类分析具有一定关联，但也存在区别。典型分析是根据给定集合中对象的分布情况（如位置分布、文本语义分布、用户评分分布等），从中选出具有代表性的对象，也就是概率密度高的对象；而聚类分析是将给定集合中的对象按它们之间的距离（距离公式可根据实际情况定义）划分成若干类别，目的是使同一类别中对象之间的距离尽可能小，不同类别中对象之间的距离尽可能大。有些研究工作利用聚类分析方法将给定集合进行聚类划分，然后将每个聚类中的均值点（Means）或中心点（Centroids）作为该类的代表，但有些情况下，典型点并不一定是聚类的均值点或中心点。例如，图 3.2 给出了一个空间对象集合和其中的典型点、均值点和中心点。在该空间对象集合中，对象 B 和 C 分别是均值点和中心点，但分布在 A 周围的对象明显要比分布在 B 和 C 周围的对象多，因此 A 比 B 和 C 更具有代表性，是该集合中的典型点。

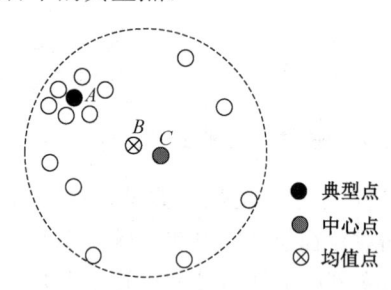

图 3.2 空间对象集合中的典型点、均值点和中心点

本章目标是要获取 top-k 个查询结果，但利用现有方法返回的 top-k 个结果之间通常比较相似，且不具有代表性，因此选取 top-k 个典型结果更有实际意义。典型化分析（Typicality Analysis）的概念最早源于认知科学领域，近年来逐渐被应用于数值数据分析、图像处理与识别和推荐系统领域中。上述领域的研究表明，选取典型样本是用户理解和分析大数据集的一种非常有效的方式。本章将认知科学中的典型化分析思想应用到空间关键字查询下的 top-k 典型结果选取中，目的是从大量查询结果中选取具有代表性的查询结果，以增强用户对查询结果集合主要特征的了解。但与图像数据和数值数据不同，空间对象包含位置和文本类型数据，并且某个对象的典型程度评估依赖于其周围对象的分布情况，因此查询结果的典型程度评估与典型对象选取的难点在于空间对象之间的位置-文本语义综合相关度评估和 top-k 近似选取算法的准确率及执行效率。

3.2.2 解决方案

空间关键字查询下的 top-k 典型结果选取解决方案如图 3.3 所示，包括离线预处理和在线查询处理两个阶段。

1. 离线预处理阶段

首先分别计算空间对象集合中所有空间对象之间的位置距离、文本语义距离和数值距离；然后统一转换成归一化的距离，存储在文件中以便在线查询处理阶段计算查询结果典型程度时使用。其中，文本语义相似度采用两种评估方法：一种是基于关键字耦合关系和核函数的相似度评估方法；另一种是基于词嵌入（Word Embedding）和卷积神经网络（Convolutional Neural Network，CNN）的相似度评估方法。这两种方法分别用于处理空间对象的描述文本和用户评论文本。

2. 在线查询处理阶段

对于一个给定的空间关键字查询条件，首先对其进行规范化处理（例如，分解查询关键字、统一大小写等)；然后利用 AIR-Tree 从空间-文本对象集合中获得候选查询结果集合。对于候选查询结果集合，利用基于高斯核函数的概率密度估计方法，以及在离线预处理阶段计算得到的空间对象之间在各个属性（包括位置、文本、数值）上的距离矩阵，利用近似算法从候选查询结果集合中获取 top-k 个近似典型结果返回给用户。

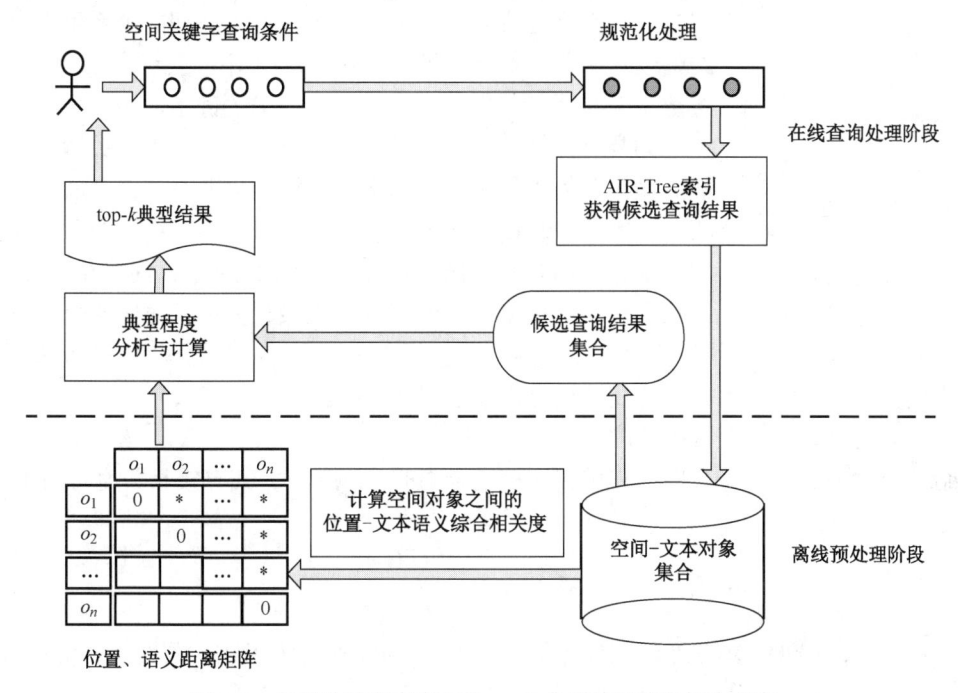

图 3.3　空间关键字查询下的 top-k 典型结果选取解决方案

3.3　空间对象之间的距离评估

空间对象主要包括位置、文本和数值 3 类属性。利用概率密度函数进行空间对象典型程度评估，需要量化任意两个对象之间在各属性上的距离。空间对象在位置和数值属性上的距离采用欧氏距离计算，并进行归一化处理。空间对象的文本信息包括描述文本和用户评论文本，对于文本距离的评估需要考虑语义因素。下面主要阐述对空间对象文本信息进行语义距离评估的两种方法。

空间对象的描述文本通常对应不同属性（如名称、类别、设施等），不同属性下关键字之间的文本相似关系不强，但关联性较强，如<类别：酒店>与<设施：停车场>之间具有较强的关联性。第一种方法主要适用于空间对象的描述文本之间的语义距离评估。空间对象的用户评论文本通常是短文本，用户评论文本的相邻关键字之间具有较强的上下文语义依赖关系。第二种方法适合对空间对象的用户评论文本之间的语义距离评估。

3.3.1　基于关键字耦合关系与核函数的文本语义距离评估

本节把每个空间对象的描述文本看成一个文档，所有空间对象的描述文本构成了一个文档集合。利用文本处理工具抽取文档集合中的所有不同关键字,并进行规范化处理(如统一大小写字母、词语时态、词语分割、去除无意义词等),可将每个文档用一组关键字表示,关键字的形式为<属性:关键字>。下面结合实例描述该方法在本节场景下的使用方法。

1. 关键字之间的耦合相关度计算方法

在一个文档集合中,所有不同关键字之间的关系可由一个图结构表示。图 3.4 给出了一个包含 3 个不同关键字{A,B,C}的关键字关系图,其中每个顶点代表一个关键字,边代表两个关键字之间具有直接关系。从图 3.4 可以看出,顶点(关键字)之间的关系可分为直接关系和间接关系,如果两个顶点之间有边直接相连,那么它们具有直接关系(如 A 和 B);如果两个顶点间接相连,那么它们具有间接关系(如 A 和 C 通过 B 间接相连);边上的权重代表关键字之间的归一化直接相关度。对于某个关键字来说,其出度和入度可能不同。例如,B 对 A 的出度是 0.5,而 A 对 B 的入度是 1。两个关键字的直接相关度和间接相关度的线性组合构成它们之间的耦合相关度。

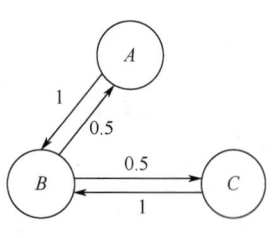

图 3.4 关键字关系图

(1)关键字之间的直接相关度。

给定一对关键字(t_i, t_j),根据它们在文档集合中的共现频率,其直接相关度可由 Jaccard 系数进行评估

$$J(t_i, t_j) = \frac{|T(t_i) \cap T(t_j)|}{|T(t_i) \cup T(t_j)|} \tag{3.1}$$

式中,T 为所有空间对象的文本信息集合;$T(t_i)$ 和 $T(t_j)$ 分别为 T 中包含关键字 t_i 和 t_j 的文本集合。基于式(3.1),关键字之间的直接相关度定义为

$$\delta_{\text{Intra}}(t_i, t_j | T) = J(t_i, t_j) \tag{3.2}$$

由于 t_i 和 t_j 还可能与其他关键字共现,因此需要对 t_i 和 t_j 之间的直接相关度进行归一化处理,计算方法为

$$\delta_{\text{Intra}}(t_i, t_j) = \begin{cases} 1, & i = j \\ \dfrac{\delta_{\text{Intra}}(t_i, t_j | T)}{\sum_{k=1, k \neq i}^{n} \delta_{\text{Intra}}(t_i, t_j | T)}, & i \neq j \end{cases} \tag{3.3}$$

式中,n 为 T 中所有不同关键字的个数,(t_i, t_j) 的归一化直接相关度是指 t_i 与 t_j 的直接相关度在 t_i 与所有关键字(不包括 t_i 本身)的直接相关度总和中所占的比例。对于任意一对关键字(t_i, t_j),都有 $\delta_{\text{Intra}}(t_i, t_j) \geq 0$ 且 $\sum_{j=1, j \neq i}^{n} \delta_{\text{Intra}}(t_i, t_j) = 1$。由于式(3.3)中的分母可能不同,所以 $\delta_{\text{Intra}}(t_i, t_j)$ 和 $\delta_{\text{Intra}}(t_j, t_i)$ 的值不一定相等,这就导致了图 3.4 中两个关键字之间边上的权重不同。

(2)关键字之间的间接相关度。

如果 t_i 和 t_j 没有直接关系,假设在文档集合 T 中至少存在一个关键字,使得 $\delta_{\text{Intra}}(t_i, t_c) > 0$ 和 $\delta_{\text{Intra}}(t_j, t_c) > 0$,则 t_i 和 t_j 具有间接关系,它们通过共同关键字 t_c 产生的间接相关度计算方法为

$$\delta_{\text{Inter}}(t_i, t_j | t_c) = \min\{\delta_{\text{Intra}}(t_i, t_c), \delta_{\text{Intra}}(t_j, t_c)\} \tag{3.4}$$

式中，$\delta_{\text{Intra}}(t_i, t_c)$ 和 $\delta_{\text{Intra}}(t_j, t_c)$ 分别为 t_i 和 t_c、t_j 和 t_c 之间的直接相关度。

由于 t_i 和 t_j 之间通常会存在多个共同关键字，并且每个共同关键字在文档集合中都会有不同重要性，本节利用传统的 IDF 权重评估方法衡量每个关键字在文档集合中的权重，并且利用最大的 IDF 值对所有其他关键字的权重进行归一化处理。然后，令 C 代表 t_i 和 t_j 的共同关键字集合，即 $C= \{t_c|(\delta_{\text{Intra}}(t_i, t_c)>0$ 和 $\delta_{\text{Intra}}(t_j, t_c)>0)\}$。关键字 t_i 和 t_j 通过 C 中所有共同关键字产生的间接相关度，计算方法为

$$\delta_{\text{Intra}}(t_i, t_j) = \begin{cases} 1, & i = j \\ \dfrac{\sum_{\forall t_c \in S} idf(t_c) \cdot \delta_{\text{Intra}}(t_i, t_j, t_c)}{|C|}, & i \neq j \end{cases} \quad (3.5)$$

（3）关键字之间的耦合相关度。

给定一个权重系数 $\theta \in [0, 1]$，两个关键字 t_i 和 t_j 之间的直接相关度与间接相关度的线性组合构成了它们之间的耦合相关度，计算方法为

$$\delta_{\text{Coupling}}(t_i, t_j) = \begin{cases} 1, & i = j \\ (1-\theta) \cdot \delta_{\text{Intra}}(t_i, t_j) + \theta \cdot \delta_{\text{Inter}}(t_i, t_j), & i \neq j \end{cases} \quad (3.6)$$

沿用表 1.3 中的空间对象实例，利用上述方法计算每对关键字之间的耦合相关度，这里将式（3.6）中的 θ 值设定为 0.5，计算结果如表 3.1 所示。其中，字母 A~G 分别代表表 1.3 中按序出现的关键字 swimming pool、wifi、breakfast、airport service、subway、conference 和 internet。

表 3.1 不同关键字之间的耦合相关度(θ=0.5)

	A	B	C	D	E	F	G
A	0.0000	0.9210	0.8421	0.8947	0.9210	0.9210	0.9605
B	0.8636	0.0000	0.6364	0.9599	0.9852	0.9852	1.0000
C	0.8334	0.7778	0.0000	0.8889	0.9852	0.9852	1.0000
D	0.7500	0.9599	0.7500	0.0000	0.9852	0.9852	1.0000
E	0.9286	0.9852	0.9852	0.9852	0.0000	0.7143	0.8571
F	0.9286	0.9852	0.9852	0.9852	0.7143	0.0000	0.8571
G	0.9605	1.0000	1.0000	1.0000	0.7500	0.7500	0.0000

2. 基于关键字耦合关系的文本语义相似度计算方法

在关键字耦合相关度基础上，使用基于核函数的 Cosine 相似度计算方法评估空间对象文本之间的语义相似度，计算方法分为如下 3 步：

（1）文档向量化。令 M 是文档集合中所有不同关键字的序列，m 是 M 中关键字的数量，即 $m=|M|$，$M[i]$ 代表 M 中的第 i 个关键字，其中 $i=\{1, 2, \cdots, m\}$。以 M 中的关键字排列为基准，如果某个空间对象的文档 d 中存在一个关键字与 $M[i]$ 对应，那么向量 $d[i]=tfidf(M[i])$；否则 $d[i]=0$。

（2）构建语义矩阵。根据关键字之间的耦合相关度，将 M 中的所有关键字构建成一个 $m \cdot m$ 的耦合相关度矩阵 S_K，其中每个元素 $S_K(i, j)$ 代表关键字 t_i 和 t_j 之间的耦合相关度。

（3）计算文档之间的语义相似度。利用步骤（2）构建的语义矩阵将每个空间对象文档对应的向量转换成一个新的向量 $d=d \cdot S_K$，该向量体现了关键字之间的耦合关系。根据文

献[9]，两个文档转换后的向量所对应的核函数可写为

$$k'(d_{i1},d_{i2}) = d_{i1}(S_K^T \times S_K)d_{i2}^T \tag{3.7}$$

核函数的内积反映了输入向量之间的相似（或相关）性，语义矩阵 S_K 保留了关键字之间的耦合关系。

最后，两个文档基于核函数的 Cosine 相似度可定义为

$$\delta_{sim}(d_{i1},d_{i2}) = \cos_{ker}(d_{i1},d_{i2}) = \frac{k'(d_{i1},d_{i2})}{\sqrt{k'(d_{i1},d_{i1})}\sqrt{k'(d_{i2},d_{i2})}} \tag{3.8}$$

通过使用上述计算方法，可以得到空间对象文档信息之间的语义相似度，进而可将其转换成语义距离。表 1.3 中所有空间对象文档信息之间的语义距离如表 3.2 所示。

表 3.2 空间对象文档信息之间的语义距离

	o_1	o_2	o_3	o_4	o_5
o_1	0.0000	0.0852	0.1575	0.5874	0.8879
o_2	0.0852	0.0000	0.3246	0.4475	0.9650
o_3	0.1575	0.3246	0.0000	0.5473	0.8852
o_4	0.5874	0.4475	0.5473	0.0000	0.1553
o_5	0.8879	0.9650	0.8852	0.1553	0.0000

3.3.2 基于 Word2Vec 和 CNN 的文本语义距离评估

Word2Vec 词嵌入模型在自然语言理解和文本语义相似度评估中起到了重要作用，卷积神经网络模型（CNN）适用于对图像和文本的深度特征提取。本节提出基于 Word2Vec 和 CNN 相结合的文本语义相似度评估方法（简称 Word2Vec-CNN）。

基于 Word2Vec-CNN 模型的文本语义相似度评估方法的处理过程分为 4 步：第 1 步将空间对象评论文本中的关键字转换成向量表示；第 2 步将评论文本转换成矩阵表示；第 3 步利用 CNN 提取评论文本的深度特征，将评论文本转换成相应的向量表示；第 4 步利用 Cosine 相似度计算两个评论文本向量之间的语义相似度，进而将其转换成语义距离。

（1）关键字的向量表示。

每个空间对象的用户评论信息保留了最新的 50 条有效评论文本，并将它们拼接到一起，构成一个集成的评论文本，每个空间对象对应一个集成的评论文本，所有空间对象对应的评论文本构成了一个评论文本集合。本节使用 Google 发布的 Word2Vec 词向量训练模型中的 Skip-gram 模型，对所有空间对象的评论文本集合中的关键字进行词向量训练，每个不同关键字都被转换成一个 k 维的稠密向量。本步骤也可直接使用训练好的 Skip-gram 或 GloVe 模型生成词向量。

（2）评论文本的矩阵表示。

一个空间对象对应的评论文本中通常包含多个关键字，其中每个关键字用一个向量表示，则评论文本可由关键字向量拼接成一个矩阵。令每个关键字的向量维度是 k，评论文本集合中包含关键字最多的评论文本的关键字个数为 n，则每个空间对象对应的评论文本都可用一个 $n \cdot k$ 的矩阵表示。需要注意的是，对于包含关键字个数小于 n 的评论文本，假设其包含的所有不同关键字个数为 l（$l<n$），则采用零向量填充法，填补 $(n-l)$ 个 k 维 0

向量，使其最终词向量的个数达到 n 个。

（3）评论文本的深度特征提取。

利用卷积神经网络提取空间对象评论文本的语义特征，可以利用不同尺寸的卷积核、池化和输出特征向量的大小来控制整体模型的拟合能力。本节构建的空间对象文档特征提取模型如图 3.5 所示。模型的输入是给定文档对应的 $n·k$ 矩阵，首先对其分别使用(3, 3)、(4, 4)、(5, 5)大小的过滤器进行卷积操作，然后使用 ReLU 激活函数进行非线性处理，得到的结果再经过最大值池化、Dropout 和 Flatten 处理，最后输出该评论文本的抽象特征向量。

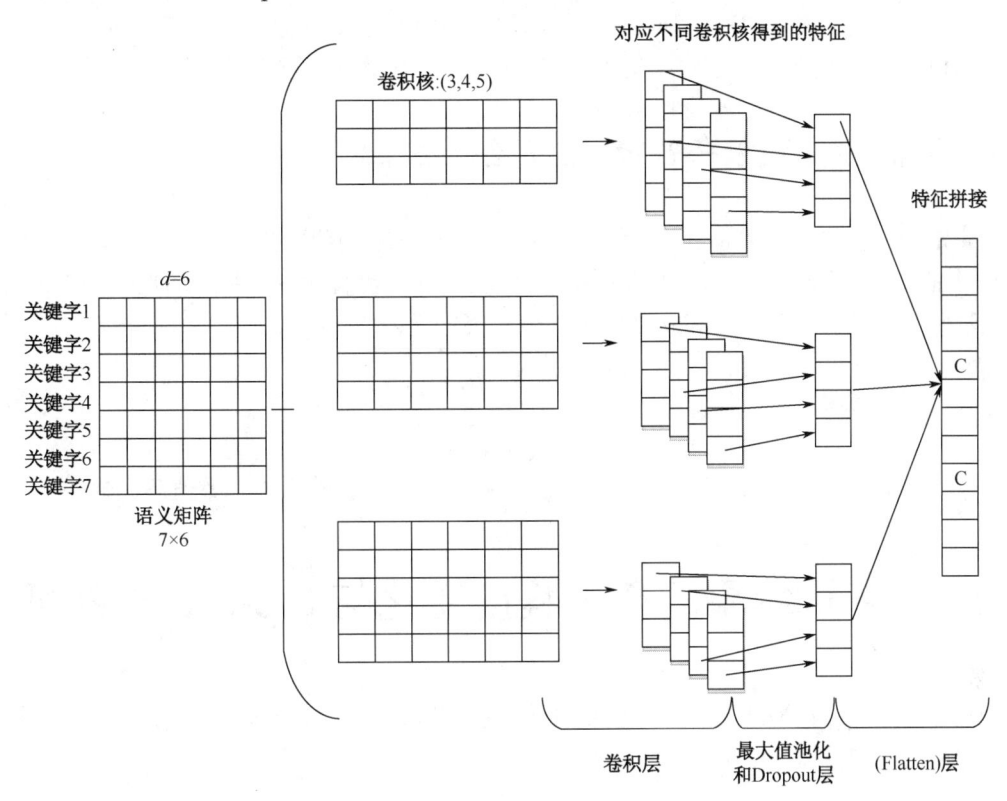

图 3.5　空间对象文档特征提取模型

在图 3.5 中，卷积层的作用是为了提取特征。在处理文本的情况下，由于每个向量代表一个关键字，并且每个关键字不能被分开训练，否则卷积后得到的数据没有意义，因此卷积核只进行垂直方向的滑动，即卷积核的宽度与词向量的维度相等。卷积核的高度（窗口值）h 表示该卷积窗口包含的关键词向量个数。h 可取不同值，通过结合不同卷积窗口所提取出的特征向量，能够更好地反映出该文档的真实语义特征。假设由关键字 $x_{i:(i+h-1)}$ 产生的特征向量为 a_i，则 $a_i = f(w·x_i + b)$，其中，w 为卷积核的权重矩阵，b 为偏置向量，$f(\ )$ 为非线性激活函数。利用上述方法，通过该卷积操作后，构成文档的关键字集合 $\{x_{1:h}, x_{2:h}, \cdots, x_{(n-h+1):n}\}$ 生成的特征向量集合为 $\{a_1, a_2, \cdots, a_{n-h+1}\}$。

池化层的目的是特征降维和聚合信息，与卷积层相连。常用的池化方式有最大值池化（Max Pooling）、平均池化（Average Pooling）和概率池化（Stochastic Pooling），本节模型选取最大值池化对文本进行处理。采用最大值池化操作获取每个卷积核生成的特征向量的最大值，将得到的最大值进行拼接，从而得到卷积结构的特征向量。最大值池化的目的是提取不同卷积核产生的最具代表性特征。

Dropout 层的目的是避免模型在训练过程中出现过拟合现象，Dropout 通过随机删除神经元的方式，即禁止部分神经元向前传播，使得这些神经元不参与当前轮次的更新。

Flatten 层的作用是对卷积层和池化层提取到的特征值进行拼接和平整处理，使其成为一个向量，该向量就是空间对象所对应评论文本的抽象特征向量。

（4）文档的语义相似度计算。

经过步骤（3）可得到空间对象所对应的评论文本的抽象特征向量表示。给定一对空间对象对应的评论文本，通过计算它们特征向量之间的 Cosine 相似度，即可得到它们之间的语义相似度，对评论文本之间的语义相似度进行归一化处理后进而可转换为语义距离。

3.3.3 空间对象在各维度上的综合距离

给定一个包含 n 个空间对象的集合 $D=\{o_1, o_2,\cdots, o_n\}$，根据上述距离评估方法，其中任意一对空间对象之间在位置、描述文本、评论文本和数值属性上的距离都是归一化距离，在此基础上可将空间对象 o_i 和 o_j 之间的综合距离定义为

$$d(o_i,o_j)=\sqrt{\frac{\sum_{k=1}^{m}d(o_i^{(k)},o_j^{(k)})^2}{m}} \qquad (3.9)$$

式中，m 为空间对象的属性个数，包括位置、描述文本、评论文本和数值等属性。

3.4 查询结果的典型程度量化与 top-k 近似选取

本节首先提出查询结果的典型程度量化方法，然后分析准确选取 top-k 典型结果的复杂性，并给出两种近似选取算法。

3.4.1 查询结果的典型程度量化方法

如前所述，概率密度是分析集合中某个对象典型程度的核心方法，其基本思想是：给定一个满足独立同分布的点集合 D 和其中一个点 o，o 的典型程度与其他点在 D 中的分布情况有关，如果 o 周围的点越密集，则 o 的概率密度越大，o 就越具有代表性。在本节解决的问题中，可将所有空间对象看成是某个高维空间中的点集合，每个点代表一个空间对象，两个空间对象之间的直线距离代表它们之间的综合距离，这样可将传统概率密度估计方法进行适当转换来评估一个空间对象的典型程度。本节采用基于高斯核函数的概率密度估计方法，能在数据分布未知情况下有效进行概率密度评估。基于上述概率密度估计方法，给定一个空间对象集合 $D=\{o_1, o_2,\cdots,o_n\}$，其中一个空间对象 $o\in D$ 的典型程度可用概率密度函数 $f(o)$ 定义为

$$f(o) = \frac{1}{n}\sum_{i=1}^{n}G_h(o, o_i) = \frac{1}{n\sqrt{2\pi}}\sum_{i=1}^{n}e^{-\frac{d(o,o_i)^2}{2h^2}} \qquad (3.10)$$

式中，$d(o,o_i)^2$ 为空间对象 o 与 o_i 之间的综合距离［计算方法如式（3.9）所示］；$G_h(o,o_i) = \frac{1}{n\sqrt{2\pi}}\sum_{i=1}^{n}e^{-\frac{d(o,o_i)^2}{2h^2}}$ 为高斯核函数（这里，$h=1.06s\cdot n^{-1/5}$，s 表示 D 中所有空间对象之间综合距离的标准差），n 代表 D 中的对象个数。图 3.6 给出了在地理位置维度上具有最高典型程度的空间对象（用五角星表示）。从图 3.6 可以看出，分布在典型点周围的点非常密集，也就是说，在给定集合中该点的概率密度越大，越具有代表性。

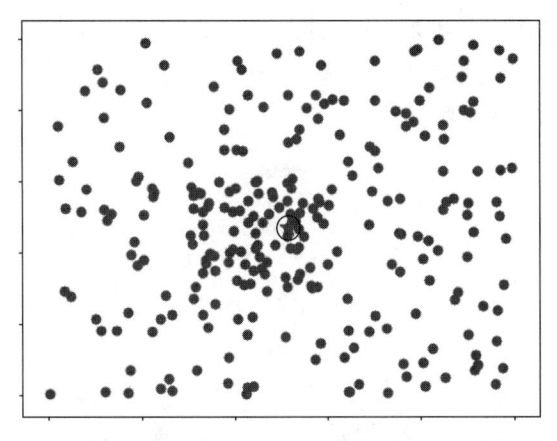

图 3.6 在地理位置维度上具有最高典型程度的空间对象

利用上述方法，对于一个空间关键字查询的候选查询结果集合，选取其中 top-k 典型对象的准确方法是逐个计算候选查询结果集合中每个空间对象在该集合中的典型程度，进而选取前 k 个具有最高典型程度的空间对象作为查询结果返回给用户。具体实现方法如算法 3.1 所示。

算法 3.1　准确选取 top-k 典型对象算法
输入：目标对象集合 $D=\{o_1, o_2, \cdots, o_n\}$，正整数 k
输出：具有最高典型程度的 k 个对象
① **for** 所有对象 $o \in D$ **do**
② 　　令 $T(o, D) = 0$
③ **for** $i=1$ to n **do**
④ 　　**for** $j=i+1$ to n **do**
⑤ 　　　　$\eta = \frac{1}{n\sqrt{2\pi}}e^{-\frac{d(o_i,o_j)^2}{2h^2}}$
⑥ 　　　　$T(o_i, D) = T(o_i, D)+\eta$
⑦ 　　　　$T(o_j, D) = T(o_j, D)+\eta$
⑧ **return** top-k 最高典型程度的空间对象

算法 3.1 的时间复杂度是 $O(n^2)$，其中 n 表示候选查询结果集合中的对象个数。然而在数据集较大情况下，该算法的响应时间是难以接受的，因此需要研究一种近似快速选取算法，使其能尽快返回精确解的最佳近似解。

3.4.2 top-k 典型结果的近似选取

由于用准确算法求 top-k 典型对象的时间复杂度较高，下面提出两种近似算法：一种是基于淘汰策略的近似算法；另一种是基于局部邻域的近似算法。

1．基于淘汰策略的近似算法

基于淘汰策略的近似算法选取典型对象的执行过程分为如下 4 步。

（1）将目标空间对象集合 D 随机划分成若干小组，每个小组都包含 u 个对象（u 是一个小整数），集合 D 被划分成 n/u 个小组，然后在每个小组中利用式（3.10）计算该组中每个对象的典型程度，在此基础上分别从每个小组中选取 1 个典型程度最高的对象构成一个新集合，并从集合 D 中去除其他对象。

（2）对于得到的新集合，重复执行步骤（1），直到集合 D 中仅包含 1 个对象，该对象作为一个候选典型对象放入候选典型对象集合 C 中。图 3.7 给出了步骤（1）和（2）的处理过程，上述过程记为一次选取过程。

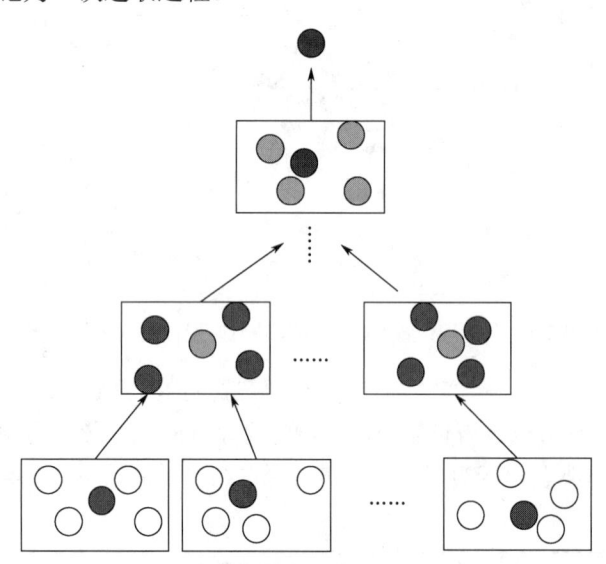

图 3.7 基于淘汰策略的典型对象选取过程

（3）为了保证典型对象选取的准确性，需要将上述选取过程重复执行 v 次进行验证，每次都需要将对象进行重新随机分组。这样候选典型对象集合中将包含 v 个对象，然后在集合 D 范围内分别计算这 v 个对象的典型程度，最后仅保留 1 个具有最高典型程度的对象，并从 D 中将该对象去除，该过程记为一轮选取过程。

（4）为了从集合 D 中获得 top-k 个典型程度最高的对象，需要将步骤（1）～（3）重复执行 k 轮，这样就能得到 k 个近似于准确解的典型对象。

上述基于淘汰策略的近似典型对象选取算法实现过程如算法 3.2 所示。

算法 3.2　基于淘汰策略的 top-k 近似典型对象选取算法
输入：目标空间对象集合 $D=\{o_1, o_2, \cdots, o_n\}$，正整数 k，小组对象个数 u 和验证次数 v
输出：top-k 个近似典型对象
① 近似典型对象集合 $S \leftarrow \varnothing$
② **for** i=1 **to** k **do**

第 3 章 查询结果典型程度分析与 top-k 近似选取

```
③      D'=D-S, C←∅        //C 代表候选典型对象集合
④      for j= 1 to v do    //重复 v 次求典型对象
⑤         repeat
              G={gᵢ}(1≤i≤(n/u),|gᵢ|=u)  //将集合 D 随机划分成 n/u 个小组
⑥            for each g∈G do
⑦               w_g←选出每个小组 g 中具有最高典型程度的对象
⑧               D'= D'-g
⑨         until |D'|=1     //停止条件为通过层层淘汰选出 1 个全局候选典型对象
⑩         C = C∪D'         //候选典型对象集合中加入每次选出的典型对象
⑪      S = S∪{arg max_{o∈C}{T(o,D)}}  //从候选典型对象集合 C 中选取在全局范围内具有最高典型程度的对象，重复执行 k 轮
⑫ return S
```

算法 3.2 的时间复杂度分析：计算每个小组中所有对象典型程度的时间复杂度为 $O(u^2)$，每次选取过程要进行 $l=\log_u n$ 次小组划分。假设 $n=u^l$，在每次选取过程中，第一次划分可得到 n/u 个小组，第二次划分可得到 $(n/u)/u=n/u^2$ 个小组，以此类推，这样每次选取过程总共划分的小组数将有 $\sum_{1\leq i\leq \log_u n}\frac{n}{u^i}=\frac{n}{u-1}(1-\frac{n}{u^l})=O(\frac{n}{u})$ 个，所以每次选取过程找到具有最高典型程度对象的复杂度是 $O(u^2\cdot\frac{n}{u})=O(un)$。又因为每次淘汰有 v 次验证，并且整个淘汰过程重复执行 k 轮，所以算法的时间复杂度是 $O(kvun)$，其中 k、v 和 u 都是很小的正整数。由此可见，基于淘汰策略的近似算法的时间复杂度要明显低于准确选取算法的时间复杂度。

2．基于局部邻域的近似算法

（1）基于局部邻域的近似算法的基本思想。

给定一个独立同分布空间对象集合 D，假设其中每个对象都是 m 维空间中的一个点，对于 D 中的两个对象 a 和 c，根据式（3.10），点 c 对 a 的概率密度 $f(a)$ 的贡献度是 $\frac{1}{n\sqrt{2\pi}}\sum_{i=1}^{n}e^{-\frac{d(c,a)^2}{2h^2}}$，其中 n 表示集合 D 中包含的对象个数，c 对 a 的贡献度随着 c 与 a 之间的距离增加呈指数衰减。所以，如果 c 与 a 的距离越远，c 对 a 的概率密度的贡献度就越小。另外，对于集合 D 中的 a、b 和 c 3 个对象，三角不等式 $|d(a,c)-d(b,c)|<d(a,b)$ 成立。因此，如果 $d(a,c)\gg d(a,b)$，那么 $d(a,c)\approx d(b,c)$，并且与 a 和 b 距离较远的对象，对 a 和 b 的概率密度的贡献度几乎相同且很小。由此可见，给定一个空间对象集合 D 和其中一个子集 $S\subseteq D$，可采用局部对象集合来近似计算 S 中的对象在集合 D 中的全局概率密度。

定义 3.2（局部邻域）给定一个空间对象集合 D 和其中一个子集 $S\subseteq D$ 以及邻域阈值 σ，集合 S 的 σ-局部邻域可表示为 $N(S, D, \sigma)=\{o|o\in D, \min_{o'\in S}\{d(o,o')\}\leq \sigma\}$，该集合是由集合 D 中包含的对象与集合 S 中至少一个对象的距离不超过阈值 σ 的对象构成的。

在局部邻域的基础上，可计算出给定对象在局部邻域内的典型程度（简称局部典型度）。对于 S 中的一个对象 o，其局部典型程度定义为 $T_{Local}(o, S, D, \sigma)=f(o|N(S, D, \sigma))$。

根据上述思想，可以利用某个对象的局部典型程度来近似其全局典型程度。下面讨论在局部邻域基础上计算的局部典型程度与全局典型程度之间的误差范围。

定理 3.1 给定集合 D 和子集 $S\subseteq D$ 及邻域阈值 σ，令 $\tilde{o}=\arg\max_{o_i\in S}\{T_{Local}(o_i,S,D,\sigma)\}$ 代

表 S 中具有最大局部典型程度的对象，$o = \arg\max_{o_j \in C}\{T(o_j, D)\}$ 代表 S 中具有最大全局典型程度的对象，则有

$$T(o,D) - T(\tilde{o},D) \leqslant \frac{1}{\sqrt{2\pi}} e^{-\frac{\sigma^2}{2h^2}} \tag{3.11}$$

进而，对于任一对象 $p \in S$，有

$$T(p,D) - T_{\text{Local}}(p,S,D,\sigma) < \frac{1}{\sqrt{2\pi}} e^{-\frac{\sigma^2}{2h^2}} \leqslant \frac{1}{\sqrt{2\pi}} \tag{3.12}$$

下面给出该定理的证明。

证明：对于任一对象 $p \in S$，其中 $S \subseteq D$，有

$$T(p,D) = \frac{1}{|D|}\left(\sum_{q \in N(S,D,\sigma)} G_h(p,q) + \sum_{z \in (D-N(S,D,\sigma))} G_h(p,z)\right)$$

由于 $T_{\text{Local}}(p,S,D,\sigma) = \frac{1}{|N(S,D,\sigma)|} \sum_{q \in N(S,D,\sigma)} G_h(p,q)$，因此

$$T(p,D) = \frac{1}{|D|}\left(|N(S,D,\sigma)| \cdot T_{\text{Local}}(p,S,D,\sigma) + \sum_{z \in (D-N(S,D,\sigma))} G_h(p,z)\right) \tag{3.13}$$

又因为 $T_{\text{Local}}(S,D,\sigma) \subseteq D$，所以 $\frac{|T_{\text{Local}}(S,D,\sigma)|}{|D|} \leqslant 1$，则

$$T(p,D) \leqslant T_{\text{Local}}(p,S,D,\sigma) + \frac{1}{|D|} \sum_{z \in (D-N(S,D,\sigma))} G_h(p,z) \tag{3.14}$$

根据局部邻域定义，对于任何 $z \in (D-N(S,D,\sigma))$，都有 $d(p,z) > \sigma$。所以有

$$\frac{1}{|D|} \sum_{z \in (D-N(S,D,\sigma))} G_h(p,z) < \frac{1}{\sqrt{2\pi}} e^{-\frac{\sigma^2}{2h^2}} \tag{3.15}$$

在此基础上，将等式（3.13）分别应用到 o 和 $\tilde{o}$，可得

$$T(o,D) - T(\tilde{o},D) = \frac{|(N(S,D,\sigma)|}{|D|}(T_{\text{Local}}(o,S,D,\sigma) - T_{\text{Local}}(\tilde{o},S,D,\sigma)) +$$

$$\frac{1}{|D|} \sum_{z \in (D-N(S,D,\sigma))} (G_h(o,z) - G_h(\tilde{o},z))$$

再使用不等式（3.14），可有 $\frac{1}{|D|} \sum_{z \in (D-N(S,D,\sigma))} (G_h(o,z) - G_h(\tilde{o},z)) \leqslant \frac{1}{\sqrt{2\pi}} e^{-\frac{\sigma^2}{2h^2}}$

又由于 $T_{\text{Local}}(\tilde{o},S,D,\sigma) \geqslant T_{\text{Local}}(o,S,D,\sigma)$，则 $T_{\text{Local}}(o,S,D,\sigma) - T_{\text{Local}}(\tilde{o},S,D,\sigma) \leqslant 0$，所以 $T(o,D) - T(\tilde{o},D) \leqslant \frac{1}{\sqrt{2\pi}} e^{-\frac{\sigma^2}{2h^2}}$。

至此，定理 3.1 得证。

给定一个邻域阈值 σ，对于任一对象 $p \in D$，首先计算 $\{p\}$ 的 σ-局部邻域，即 $N(\{p\}, D, \sigma)$ 及局部典型程度 $T_{\text{Local}}(p, \{p\}, D, \sigma)$，然后使用局部典型程度 $T_{\text{Local}}(p, \{p\}, D, \sigma)$ 来近似对象 p 的全局典型程度 $T(p)$。在此基础上，选择 k 个具有最大局部典型程度的空间对象作为近似的 top-k 全局典型对象。根据定理 3.1，在目标空间对象集合 D 上，采用局部邻域算法得到的 top-k 近似结果典型程度与 top-k 准确结果典型程度之间的误差服从不等式（3.12）。

（2）利用 VP-Tree 加速查找某个空间对象的邻域。

对于一个给定的空间对象集合 D，为其中每个对象计算其 σ-局部邻域将非常耗时。为了提高处理效率，本节使用 VP-Tree 来加速给定对象的 σ-局部邻域搜索过程。

VP-Tree 是一种二元空间划分（Binary Space Partitioning）树形索引结构，用于支持快速的近邻搜索，基本思想是采用可度量空间中目标数据集的点与制高点（Vantage Point，VP）之间的距离对目标数据集进行划分。

给定一个空间对象集合 D，VP-Tree 中的每个结点代表 D 中的一个子集。对于一个非叶子结点 N 及其下的结点集合 D_N，需要找到一个制高点将集合 D_N 划分成两个互不相交的子集 D_{N_1} 和 D_{N_2}（$D_N = D_{N_1} \cup D_{N_2}$），使得在搜索对象 $p \in N$ 的 σ-局部邻域时仅需要搜索 D_{N_1} 和 D_{N_2}。VP-Tree 从根结点以自顶向下方式构建。首先，利用最远距离优先思想选取制高点；然后以制高点作为依据，与制高点对象的综合距离不高于给定阈值的对象被划分到左子树，与制高点对象的综合距离高于给定阈值的对象被划分到右子树；左、右子树以递归方式再进行划分，直到划分成的结点仅包含一个对象（包含一个对象的结点是叶子结点）。VP-Tree 的构造时间复杂度是 $O(|D|\log_2|D|)$。

给定空间对象集合 D 中一个对象，利用 VP-Tree 搜索该对象的 σ-局部邻域的过程为：自顶向下比较 VP-Tree 中各结点与给定对象之间的综合距离，如果 VP-Tree 中某个中间结点在该对象的 σ-局部邻域中，那么该结点的所有后继对象都在该对象的邻域当中。在理想情况下，VP-Tree 搜索的时间复杂度是 $O(\log_2|D|)$。

计算对象 p 的局部典型程度代价是 $O(|N(p, \sigma)|)$，进而计算集合 D 中所有对象的局部典型程度代价是 $O\left(\sum_{p \in D} |N(\{p\}, D, \sigma)|\right)$。如果邻域阈值设置较小，那么该算法的响应时间会较快。在最坏情况下，如果邻域阈值设置为集合 D 中所有对象之间的最大综合距离，将使得给定对象的邻域包含了集合 D 中所有对象，那么该算法将退化为用准确方法计算对象的全局典型程度，算法的复杂度为 $O(|D|^2)$。实验部分将进一步讨论和测试邻域阈值的设置对近似典型结果误差率的影响。

3.5 效果与性能实验评价

3.5.1 实验环境

所有实验在 Windows 10 操作系统，Intel i5 2.30-GHz CPU 和 8GB 内存的计算机上运行，采用 Python 语言实现算法。测试数据使用 Yelp 数据集，包含空间对象的位置信息、描述信息、用户评论信息等数据。实验截取经度为 $-115.0°\sim-110.9°$，纬度为 $32.3°\sim35.6°$ 的 53516 个空间对象作为测试数据集。每个空间对象都包含位置信息和描述信息及相关的用户评论信息。位置信息用经纬度表示；描述信息是由空间对象的文本信息，如 name（名称）、city（城市）、categories（类别）、postal_code（邮编）、facilities（设施），以及随机产生的 5 个（0~1）随机数作为数值属性信息而构成；每个空间对象的用户评论信息保留了最新的 50 条有效评论文本，并将它们整合到一起，整合后的评论文本不超过 200 个关键字，如果超出则进行截断处理。测试数据集的特点如表 3.3 所示。

表 3.3 测试数据集的特点

特　　点	Yelp
空间对象总数	53516
空间对象文本描述信息集合中包含的所有不同关键字个数	89648
每个空间对象文本描述信息中平均包含的关键字个数	7
每个空间对象评论文本中包含的关键字个数上限	200

3.5.2　空间对象文本信息的语义相似度评估准确性测试

该实验的目的是测试本章提出的空间对象文本信息语义相似度评估方法的准确性。如前所述，对于本章提出的两种文本语义相似度评估方法：第一种方法应用于空间对象描述文本的语义相似度评估；第二种方法应用于空间对象用户评论文本的语义相似度评估。

1. 基于关键字耦合关系的描述文本语义相似度评估方法测试

本节使用用户调查策略测试基于关键字耦合关系的空间对象文本语义相似度评估方法的准确性。实验方式为：邀请 10 个用户（博士生、硕士生和年轻教师）从数据集中选取 10 个空间对象；对于每个空间对象的描述文本 t_i，利用本章提出的基于关键字耦合关系的文本相似度计算方法（简称 K-COS）、传统的基于向量空间模型的 Cosine 文本相似度计算方法（简称 V-COS）和随机方法（简称 Random）从空间对象描述文本集合中各获得前 10 个相关文本，最终合成一个包含 30 个与给定文本 t_i 相关和不相关的文本集合 T_i，如果 T_i 中存在重叠文本则去掉重叠文本，并从 K-COS 和 V-COS 获得的后续相关文本中选取文本进行补充。然后，把 T_i 和 t_i 提供给用户，让他们从 T_i 中标出前 10 个与 t_i 语义相关的文本。至此，对于一个给定文本，可以采用算法返回的前 10 个相关文本与用户标注的 10 个相关文本的重叠率作为各算法准确性的评价标准，其中每个测试文本的准确性取 10 个用户标注的平均值。图 3.8 给出了 K-COS、V-COS 和 Random 方法的准确性对比。为了不失一般性，该实验将式（3.6）中的 θ 设定为 0.5，也就是指关键字之间的直接关系和间接关系在耦合相关度中占相同比重。

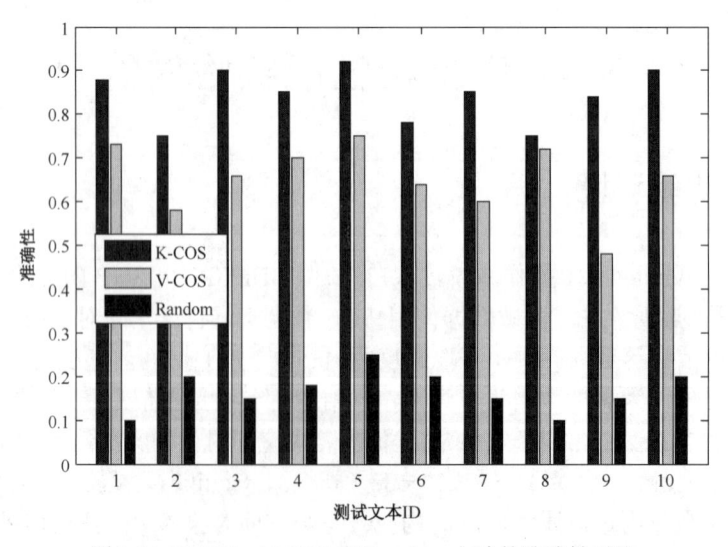

图 3.8　K-COS、V-COS 和 Random 方法的准确性对比

由图 3.8 可知，K-COS 方法的准确性最高，平均准确性为 0.84，V-COS 方法的平均准确性为 0.65，原因是 K-COS 方法考虑了不同关键字在文档集合中的直接关系和间接关系，并且在文本相似度计算中保留了关键字之间的耦合关系，因此得到的文本语义相似度更为准确合理；而 V-COS 是在传统向量空间模型上计算两个文本之间的语义相似度，仅考虑了对比文本中形式上相同的关键字，没有考虑关键字之间的耦合关系，因此缺失了语义信息。

2. 基于 Word2Vec-CNN 的用户评论文本语义相似度评估方法测试

对于 Word2Vec-CNN 方法，其参数设置为：用户评论文本中的每个关键字被训练成一个 128 维的词向量，对于超出词典的符号或文本，将其转化为具有随机值的词向量，并对其赋予[-0.5, 0.5]的随机值；将每个空间对象的用户评论文本设置为相同长度，即最长文档包含的关键字个数；在卷积神经网络模型中，使用宽度为[3, 4, 5]的卷积核各 64 个进行卷积操作，滑动步长为 1，激活函数为 ReLU；经过测试，Dropout 的参数设置为 0.2 时模型效果最佳。

该实验以调查问卷方式测试基于 Word2Vec-CNN 的用户评论文本语义相似度评估方法的准确性。在 Yelp 数据集上，随机选取 31 个空间对象的 31 条用户评论文本，选取其中一条用户评论文本作为测试文本，分别利用 Word2Vec-CNN、TF-IDF、LDA（Latent Dirichlet Allocation，隐含狄利克雷分布）主题模型计算该测试文本与其余 30 条用户评论文本的语义相似度，并选出与该测试文本相似度最高的前 10 条用户评论文本。然后邀请 3 个班级本科生（共 93 人）参与调查，让他们从 30 条用户评论文本中选出与测试文本最相似的前 10 条用户评论文本。在此基础上，评估 3 种文本语义相似度计算方法得到的结果与用户标注结果之间的重叠度，重叠度越高说明用户满意度越高。由于篇幅限制，表 3.4 给出了其中一个班级的同学（共 30 名）选择的前 10 条用户评论文本与 3 种文本语义相似度计算方法返回结果的重叠度。

表 3.4 用户标注结果与文本语义相似度计算方法返回结果的重叠度

	TF-IDF	LDA	Word2Vec-CNN		TF-IDF	LDA	Word2Vec-CNN
Stu_1	0.6	0.7	0.8	Stu_{16}	0.7	0.8	0.8
Stu_2	0.8	0.9	1.0	Stu_{17}	0.3	0.8	0.9
Stu_3	0.7	0.8	0.8	Stu_{18}	0.7	0.9	0.9
Stu_4	0.6	0.6	0.8	Stu_{19}	0.7	0.8	0.8
Stu_5	0.8	0.9	1.0	Stu_{20}	0.8	0.6	1.0
Stu_6	0.8	0.6	0.9	Stu_{21}	0.7	0.8	0.9
Stu_7	0.7	0.8	0.9	Stu_{22}	0.6	0.5	0.4
Stu_8	0.6	0.6	0.8	Stu_{23}	0.7	0.8	0.8
Stu_9	0.7	0.9	1.0	Stu_{24}	0.8	0.8	0.9
Stu_{10}	0.8	0.6	0.7	Stu_{25}	0.8	0.7	0.6
Stu_{11}	0.7	0.7	0.6	Stu_{26}	0.6	0.8	0.9
Stu_{12}	0.8	0.7	0.8	Stu_{27}	0.7	0.8	0.8
Stu_{13}	0.7	0.9	0.9	Stu_{28}	0.8	0.6	0.9
Stu_{14}	0.7	0.7	1.0	Stu_{29}	0.7	0.7	0.9
Stu_{15}	0.6	0.9	0.9	Stu_{30}	0.7	0.8	0.8

通过对所有用户的满意度取平均值，可以得出 TF-IDF、LDA 和 Word2Vec-CNN 计算方法与用户标注结果的重叠度分别为 69.9%、76.3%和 87.6%。由此可见，本章提出的

Word2Vec-CNN 方法具有较高的用户满意度，相似度计算结果更符合人的评价标准。

为了进一步测试提出的用户评论文本语义相似度评估方法与人类认知的相关程度，从空间对象用户评论文本数据中随机整理出 300 对用户评论文本，对这 300 对用户评论文本的相似度值进行人工标注，在此基础上，计算人工标注的相似度值与 TF-IDF、LDA 和 Word2Vec-CNN 三种方法得到的相似度值之间的相关系数。相关系数的计算公式为

$$\text{Correlation}(x, y) = \frac{\text{cov}(x, y)}{\sqrt{D(x)D(y)}} \quad (3.16)$$

式中，$\text{Cov}(x, y) = E((x-E(x))(y-E(y)))$ 表示两个随机变量（用户标注的相似度值和算法计算得到的相似度值）的协方差，$E(x)$、$E(y)$ 均表示期望，$D(x)$、$D(y)$ 均表示方差，Correlation 的值越大表示相关性越高。表 3.5 给出了用户标注的用户评论文本相似度结果与各算法计算得到的用户评论文本相似度结果之间的相关系数，实验分别取 {50, 100, 150, 200, 250, 300} 对用户评论文本。

表 3.5 用户标注的用户评论文本相似度结果与各算法计算得到的用户评论文本相似结果之间的相关系数

评论文本对的数量	TF-IDF	LDA	Word2Vec-CNN
50	0.5545	0.7218	0.8855
100	0.7053	0.7516	0.8971
150	0.6238	0.6870	0.8661
200	0.6340	0.7074	0.8884
250	0.6353	0.7257	0.9104
300	0.5839	0.7249	0.9055
平均值	0.6228	0.7197	0.8922

从表 3.5 可以看出，Word2Vec-CNN 计算结果与人工标注结果之间的相关系数最高，从而进一步说明了所提方法的合理性。

3.5.3 空间对象典型程度评估与 top-k 近似选取算法的效果测试

1. 中心点、均值点和典型点的典型程度对比

该实验的目的是测试同一数据集上的中心点（Centroids）、均值点（Means）和典型点之间的典型程度差别。在 Yelp 数据集上，随机选取 500、1000、5000、10000、15000、20000、25000 和 30000 大小的数据集，先求出每个数据集上的中心点和均值点，然后根据空间对象之间的综合距离和式（3.10）计算中心点和均值点的典型程度，并求出每个数据集上具有最高典型程度的典型点。表 3.6 给出了不同大小数据集上的中心点、均值点和典型点的典型程度对比。

表 3.6 不同大小数据集上的中心点、均值点和典型点的典型程度对比

数据集 点类型	500	1000	5000	10000	15000	20000	25000	30000
中心点	0.0179	0.0162	0.0097	0.1117	0.0993	0.0910	0.0843	0.0801
均值点	0.0174	0.0164	0.0104	0.1103	0.0989	0.0906	0.0838	0.0796
典型点	0.0360	0.0279	0.0196	0.1140	0.1022	0.0927	0.0862	0.0822

第 3 章　查询结果典型程度分析与 top-k 近似选取

从表 3.6 中可以看出,在每个数据集上,典型点、均值点和中心点都不是同一个对象,并且典型点的典型程度都大于均值点和中心点的典型程度。由此可见,数据集上的均值点和中心点不能有效代表整个数据集的特征分布,而典型点能够反映出其所在数据集在各个维度上的主要特征,能够代表数据集中的大多数对象特征,因此对于用户了解数据集特点具有重要作用。

2. Top-k 典型结果近似算法的效果实验

该实验的目的是评估本章提出的两种 top-k 典型结果近似算法(基于淘汰策略和基于局部邻域的近似算法)得到的典型对象与准确算法(算法 3.1)得到的典型对象,两者之间在典型程度上的误差率。令 A 代表准确算法得到的 top-k 个典型对象,$\tilde{A}$ 代表由近似算法得到的 top-k 个典型对象,$\sum_{o \in A} T(o)$ 和 $\sum_{o \in \tilde{A}} T(o)$ 分别表示由准确算法和近似算法得到的典型对象集合中所有对象的典型程度之和,再根据下式计算近似算法的误差率

$$E(A, \tilde{A}) = \frac{\sum_{o \in A} T(o) - \sum_{o \in \tilde{A}} T(o)}{\sum_{o \in A} T(o)} \times 100\% \qquad (3.17)$$

接下来,分别讨论在不同参数设置情况下,两种近似算法的误差率。

(1)基于局部邻域的近似算法中,σ-邻域大小的变化对误差率的影响。

由于基于局部邻域的近似算法的误差率与 σ-邻域阈值的大小有关,因此需要测试参数 σ 取不同值情况下,基于局部领域的近似算法的 top-10 结果的误差率变化情况,以及 σ-邻域中包含的对象个数。实验将原始数据集划分成 5 个子数据集,每个数据集大小包含 10000 个对象,实验结果取 5 个测试数据集上的平均值。表 3.7 给出了参数 σ 在[0,1]区间内以 0.1 为步长情况下基于局部邻域的近似算法的误差率。

表 3.7　基于局部邻域的近似算法的误差率

邻域阈值σ	0.1h	0.2h	0.3h	0.4h	0.5h	0.6h	0.7h	0.8h	0.9h	1h
误差率%	69.7	2.76	2.76	2.76	2.76	2.76	2.76	2.76	2.76	2.76
邻域中包含的对象个数	3	12	25	53	71	122	188	241	300	367

从表 3.7 可以看出,当阈值 σ 取值在 0.2h 及其以上时,基于局部领域的近似算法的误差率始终保持为 2.76%,这在很大程度上低于定理 3.1 分析的误差率的理论上限,说明基于局部邻域的近似算法在实际应用中具有更好的效果。后续实验将把基于局部邻域的近似算法的邻域阈值设置为 0.2h。

(2)k 值变化对各算法误差率的影响。

该实验的目的是测试从给定数据上取 top-k 个典型对象,在 k 值取{5、10、15、20、25、30、35、40、45、50}情况下,基于淘汰策略和基于局部邻域的近似算法的误差率变化情况。该实验中默认数据集大小包含 10000 个空间对象,基于淘汰策略的近似算法的小组对象个数 u 设置为 10,每轮验证次数 v 设置为 5(因为通过实验测试,如果每轮选取超过 5 次验证,算法的误差率改变非常小),实验结果取 5 个测试数据集上的平均值。图 3.9 给出了不同 k 值下两种近似算法的误差率变化趋势。

从图 3.9 可以看出,基于局部邻域的近似算法的误差率明显低于基于淘汰策略的近似算法的误差率。另外,基于淘汰策略的近似算法的误差率虽然在 k 值变化时会产生一定波

动,但其与 k 值的变化没有呈现相关性,并且对应不同 k 值的误差率的变化率不大,这是因为该算法的本质是在数据集上重复执行 k 轮,选取获得 top-k 个结果,每轮选取都以淘汰策略从数据集中选取具有最高典型程度的对象,因此对参数 k 的变化不敏感。对于基于局部邻域的近似算法,其误差率随着 k 值的增加而逐渐增加,原因是选取的典型对象个数越多,导致更多近似典型(接近但不是准确典型)的对象被选取到,从而使得近似算法得到的典型对象集合与准确算法得到的典型对象集合相重叠的概率会逐渐变低,导致误差率逐渐增大。

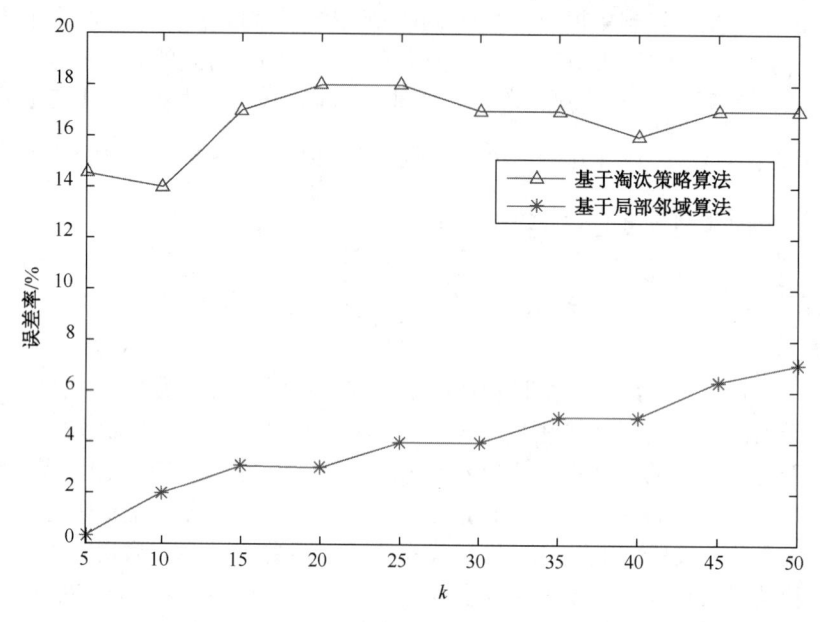

图 3.9 不同 k 值下两种近似算法的误差率变化趋势

(3) 数据集大小变化对各近似算法误差率的影响。

该实验的目的是测试在数据集包含的空间对象个数发展变化情况下各近似算法的误差率变化情况。实验将数据集大小分别划分为包含{5000, 10000, 15000, 20000, 25000, 30000}个对象,然后分别利用基于淘汰策略和基于局部邻域的近似算法获得 top-10 个典型对象,在此基础上计算两种近似算法的误差率,如图 3.10 所示。

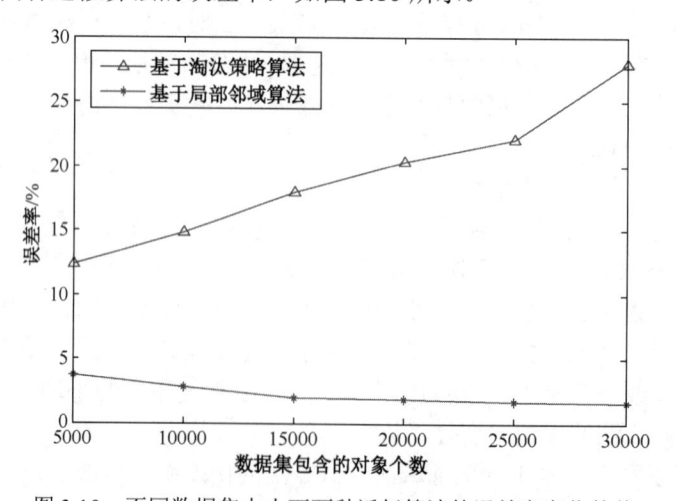

图 3.10 不同数据集大小下两种近似算法的误差率变化趋势

从图 3.10 可以看出，随着数据集的增大，基于淘汰策略的近似算法的误差率逐步上升，其原因是在每个小组包含的对象个数固定情况下，随着数据集的增大每个小组包含的对象个数与数据集基数的比例差距变大，小组内选出的局部典型对象与全局典型对象的偏差也会增大，因此误差率逐渐增大，相反，基于局部邻域的近似算法的误差率随着数据集的增大而逐渐减小，原因是随着数据集的增大，数据分布变得更加稠密，相同邻域阈值下每个对象邻域中包含的对象个数将会逐渐增多，使得利用局部邻域计算出的对象典型程度越接近其在全局中的典型程度，因此误差率随着数据集增大而降低，这也说明该方法能够适用于大数据集的 top-k 典型对象选取。

3.5.4　top-k 近似算法的性能测试

1. 基于局部邻域的近似算法中 σ-邻域大小对算法执行效率的影响

该实验的目的是测试基于局部邻域的近似算法中 σ-邻域取值大小与算法执行效率的关系，默认数据集大小包含 10000 个对象。表 3.8 给出了参数 $\sigma=\{0.1h, 0.2h, \cdots, 1h\}$ 情况下基于局部邻域的近似算法选取 top-10 对象的执行时间，其中 h 的取值参见式（3.13）的说明。

表 3.8　基于局部邻域的近似算法在不同邻域阈值 σ 下的执行时间

邻域阈值 σ	0.1h	0.2h	0.3h	0.4h	0.5h	0.6h	0.7h	0.8h	0.9h	1h
执行时间/ms	0.7	1.1	1.7	2.0	2.9	3.8	5.0	6.2	7.0	8.8

从表 3.8 可以看出，随着邻域阈值 σ 的增大，基于局部邻域的近似算法的执行时间逐渐增大，其原因是随着 σ 的增大，每个对象邻域内的对象个数将会增加，从而导致计算每个对象典型程度的时间增加，进而从整个数据集上选取 top-10 典型对象的执行时间增加。

2. k 值变化对两种近似算法的执行效率影响的测试

该实验的目的是测试基于淘汰策略和基于局部邻域的近似算法在 top-k 结果中的 k 值变化下各近似算法执行时间的变化情况。默认数据集大小包含 10000 个对象，两个近似算法其他参数的取值与前述相同。表 3.9 给出了 $k=\{5, 10, 15, 20, 25\}$ 下两种近似算法的执行时间。

表 3.9　不同 k 值下两种近似算法的执行时间

k	5	10	15	20	25
基于淘汰策略的近似算法/ms	2650.2	5300.1	8033.7	10690.1	13483.7
基于局部邻域的近似算法/ms	2.8	2.8	2.7	2.8	2.7

从表 3.9 可以看出，基于局部邻域的近似算法的执行时间远远小于基于淘汰策略的近似算法的执行时间，其原因是当邻域阈值设置为 0.2h 情况下，每个对象邻域中包含的对象个数较少，因此计算每个对象典型程度的时间较快。对于基于淘汰策略的近似算法，其执行时间随着参数 k 值的增大而明显增加，这是因为 k 值每增加 1 个，该算法需要增加一轮在整个数据集上的淘汰计算；相比之下，基于局部邻域的近似算法的执行时间随着 k 值的增加几乎没有发生变化，其原因是无论 k 取何值，该算法都要计算数据集中所有对象在局部邻域中的典型程度，再根据 k 值进行 top-k 选取。

3. 数据集大小变化情况下各近似算法的执行效率测试

该实验的目的是测试基于淘汰策略和基于局部邻域的近似算法在数据集大小变化情况

下各近似算法的执行时间变化情况,默认从每个数据集中取 k=10 个典型。表 3.10 给出了数据集大小为{5000,10000,15000,20000,25000,30000}情况下两种近似算法的执行时间。

表 3.10 不同数据集大小情况下两种近似算法的执行时间

数据集大小	5000	10000	15000	20000	25000	30000
基于淘汰策略的近似算法	2630.4	5300.1	8616.5	11477.2	16800.2	19091.7
基于局部邻域的近似算法	1.7	2.8	3.4	3.8	4.8	5.6

从表 3.10 可以看出,在所有不同大小数据集上基于局部邻域的近似算法的执行时间都明显低于基于淘汰策略的近似算法,其原因是当邻域阈值设置为 $0.2h$ 情况下,每个对象邻域中包含的对象个数较少,因此计算每个对象典型程度的时间较快。随着数据集的增大,基于淘汰策略的近似算法的执行时间明显增加,这是因为数据集的增大会导致该算法每轮淘汰计算时间的增加;基于局部邻域的近似算法的执行时间也会随着数据集的增大而呈线性增长趋势,因为数据集的增大会导致基于局部邻域的近似算法中每个对象邻域中包含的对象个数增加,并且需要计算典型程度的对象个数也与数据集大小成正比。

3.6　本章小结

本章针对空间关键字查询结果的典型程度分析问题,提出了查询结果典型程度评估和 top-k 近似选取方法。为了评估查询结果对象的典型程度,提出了空间对象在位置、文本语义、数值属性等维度上的综合距离评估方法,特别是对于空间对象文本语义相似度的评估,提出了两种互为补充的相似度评估方法;在空间对象综合距离基础上,提出了基于概率密度估计的空间对象典型程度评估方法,为了加快典型对象的检索效率和精度,分别提出了基于淘汰策略和基于局部邻域的 top-k 典型结果近似算法,并且证明了基于局部邻域的近似算法的误差率理论上限。实验测试结果表明,所提文本语义相似度评估方法具有较高准确性,基于局部邻域的近似算法具有较低误差率和较快执行效率。

需要进一步说明的是,本章提出的查询结果典型程度评估方法通过与聚类等方法相结合,还可适用于不同应用场景的典型化分析。例如,可以使用聚类或查询方法将目标集合进一步划分若干子集,然后求出不同子集中的典型对象,多个子集中的典型对象构成了多样性典型对象集合,从而使得查询结果能够代表数据集中各类不同对象的主要特征。另外,还可根据目标对象集合的维度,取不同维度下的典型对象,多个不同维度下的典型对象集合能够综合反映目标对象集合的总体特征。

3.7　参考文献

[1] Zhang B. Regional enterprise economic development dimensions based on k-means cluster analysis and nearest neighbor discriminant[J]. Journal of Intelligent Fuzzy Systems, 2020, 38(6): 7365-7375.

[2] Chen J W, Qi X M, Chen L. Quantum-inspired ant lion optimized hybrid k-means for cluster analysis and intrusion detection[J]. Knowledge Based Systems, 2020, 203: 106-117.

[3] Wang T X, Li Q W, Bucci D J. K-Medoids clustering of data sequences with composite distributions[J]. IEEE Transactions on Signal Processing, 2019, 67(8): 2093-2106.

[4] Dubois D, Prade H, Rossazza J. Vagueness, typicality, and uncertainty in class hierarchies[J]. International Journal of Intelligence and Systems, 1991, 6: 167-183.

[5] Plamen A. Typicality distribution function - a new density-based data analytics tool[C]. In: Proceedings of the International Joint Conference on Neural Networks, 2015, 1-8.

[6] Gonçalves S V, Nicoletti M C. Using the concept of instance typicality in instance-based learning environments involving nominal attributes[J]. International Journal of Hybrid Intelligent Systems, 2020, 16(2): 67-79.

[7] Jawadul H B, Sujoy P, Ertem T. Exploiting typicality for selecting informative and anomalous samples in videos[J]. IEEE Transactions on Image Processing, 2019, 28(10): 5214-5226.

[8] Jawadul H B, Ertem T, Amit K R. The impact of typicality for informative representative selection[C]. In: Proceedings of the IEEE Conference on Computer Vision and Pattern Recognition, 2017, 771-780.

[9] 孟祥福，毕崇春，张霄雁，等. Web 数据库 top-k 多样性关键字查询推荐方法[J]. 计算机研究与发展，2017，54（7）：1577-1591.

[10] Gunopoulos D, Kollios G, Tsotras V. Selectivity estimators for multi-dimensional range queries over real attributes[J]. VLDB Journal, 2005, 14(2): 137-154.

[11] Yianilos P N. Data structures and algorithms for nearest neighbor search in general metric spaces[C]. In: Proceedings of the ACM-SIAM Symposium on Discrete Algorithms, 1993, 311-321.

第 4 章　多样性与个性化兴趣点推荐方法

内容关键词
- 兴趣点推荐
- 位置-社会关系模型
- 谱聚类
- 概率因子模型

4.1　引言

　　用户利用空间关键字查询方法可以得到位置相近和语义相关的查询结果，用户除了对这些结果感兴趣，可能还希望进一步了解查询结果区域内其潜在感兴趣的其他类型兴趣点。例如，某个用户到一个陌生城市出差，当他通过空间关键字查询方式确定入住酒店之后，通常会希望了解该酒店周边区域内其可能感兴趣的一些其他类型兴趣点，如餐馆、旅游景点、娱乐场所等，这在本质上属于兴趣点推荐（注意，在本章中，兴趣点与地点是同一个概念，在不同语境下会交替使用）。本章将主要解决查询结果区域内的多样性与个性化兴趣点推荐问题。

　　现有兴趣点推荐模型主要考虑兴趣点的描述信息（如兴趣点的位置信息、文本类别描述等）与用户偏好之间的契合程度，然后通过拟合实际的用户-兴趣点评分矩阵来推测用户对未评分兴趣点的偏好程度，从而在当前兴趣点集合中获取与当前用户偏好最为相关的兴趣点子集。但需要指出的是，一方面，这种方法注重推荐的准确性，容易导致推荐的兴趣点之间在名称、位置、类别、设施描述等方面具有较大相似性，使得推荐结果在内容方面比较单一，不足以拓展用户视野；另一方面，位置临近的不同类型兴趣点之间通常具有密切的社会关系，这种社会关系主要是通过访问兴趣点的用户之间的社会关系（如朋友关系、亲属关系、合作关系）而间接体现的，之所以通过位置关系和社会关系评估不同类型兴趣点之间的联系，是因为与同类兴趣点相比，不同类型兴趣点的描述信息通常没有交集，但在一定区域范围内它们之间具有较为密切的社会关系。例如，旅游景点与其周边的宾馆和餐厅经常共同被社会关系密切的用户群体所访问。如果系统能够根据用户所处区域内兴趣点之间的位置关系、社会关系及当前用户偏好，自动为其推荐一些具有多样性和个性化的兴趣点，将会在很大程度上提升空间关键字查询与推荐系统的分析功能，并且增强用户对兴趣点之间隐含社会关系的深入洞察。

4.2 兴趣点推荐的国内外研究现状分析

兴趣点推荐是近年来随着空间-文本数据在 Web 上的大量涌现而出现的一种新兴技术，它与商品推荐的重要区别是要考虑位置因素。兴趣点推荐研究工作总体可分为基于协同过滤的大众化兴趣点推荐和基于用户偏好的个性化兴趣点推荐两大类。

1. 基于协同过滤的大众化兴趣点推荐

基于协同过滤的大众化兴趣点推荐分为基于内容和基于模型的协同过滤推荐。对于前者，Ye 等认为相似用户对兴趣点具有类似的偏好，因此根据相似用户对兴趣点的偏好进行兴趣点推荐。当兴趣点很少被用户访问，或者用户访问兴趣点次数较少及朋友较少的情况下，基于内容的协同过滤推荐会面临数据稀疏和扩展性差的问题。基于模型的协同过滤推荐是目前主要的兴趣点推荐方法，可进一步分为以下 3 类。

（1）基于隐语义模型（Latent Factor Model）。该类方法根据已有的用户对兴趣点的评分，构建用户-兴趣点评分矩阵，然后利用矩阵分解方法将其分解为用户-隐因子矩阵和兴趣点-隐因子矩阵，再分别评估用户对隐因子的偏好程度和兴趣点特征对隐因子的接近程度，最后通过最小化损失函数逐渐拟合用户-兴趣点的实际评分矩阵，从而预测用户对于未访问兴趣点的可能性。当前在推荐系统中被广泛采用的矩阵分解系列算法是隐语义模型的典型应用。

（2）基于聚类模型。空间聚类模型可分为基于划分的聚类、基于层次的聚类和基于密度的聚类。其中，基于划分的聚类算法主要有 k-means、k-medoids、Clarans 等；基于层次的聚类算法主要有 BIRCH、Chameleon、CURE 等；基于密度的聚类算法主要有 DBSCAN 和 OPTICS。基于密度的聚类适用于将大量空间对象划分为几个密度较大的区域，传统的 DBSCAN 模型仅考虑空间对象的位置特征，没有考虑它们之间的社会关系，因此只能得到位置上密度较大的聚集区域。

（3）基于贝叶斯模型。该类方法主要通过统计用户-兴趣点评分矩阵，根据贝叶斯公式原理，运用条件概率预测用户对兴趣点的评分。

上述 3 类方法都是以大多数用户的偏好作为推测当前用户偏好的依据，适用于旅游景点推荐等大众化推荐情况。

2. 基于用户偏好的个性化兴趣点推荐

基于用户偏好的个性化兴趣点推荐主要依据当前用户的历史签到记录等序列数据对其行为进行建模和分析，下一个兴趣点推荐/预测（Next POI Recommend/Prediction）是个性化兴趣点推荐的典型应用。对于个性化兴趣点推荐，现有的研究工作大致可分为以下 3 类。

（1）从用户签到记录（Check-Ins）、访问历史、个人信息等数据中分析和学习用户偏好，据此对用户进行个性化兴趣点推荐。

（2）根据兴趣点的时空属性和用户行为规律进行推荐，该类方法通过分析兴趣点在各个时段被用户访问的频率，可以得到兴趣点的时间属性与用户偏好之间的关联。

（3）协同过滤和用户行为分析相融合的个性化兴趣点推荐方法。

综上可见，兴趣点推荐方法的研究已经从多方面展开，然而上述兴趣点推荐方法研究的重点在于如何推荐给用户满意度最高的兴趣点（追求推荐的准确性）和推荐算法的执行效率，但忽略了推荐列表本身的多样性，这将导致推荐的兴趣点之间在本质上比较相似而不能扩大用户视野。

4.3 问题定义和解决方案

4.3.1 问题定义

根据上述现实需求，可将本章要解决的兴趣点推荐问题归结为两个方面：①推荐列表中包含的兴趣点具有较高的多样性，这里的"多样性"主要体现在推荐列表包含的兴趣点之间具有较大差异性，也就是具有较大的位置-社会关系距离；②在保证多样性的前提下，兼顾用户偏好，使推荐结果具有一定的准确性。

4.3.2 解决方案

为了解决上述问题，本节提出了多样性与个性化兴趣点推荐问题的总体解决方案（图 4.1），共分为构建模型、兴趣点聚类和兴趣点选取与排序 3 个步骤。

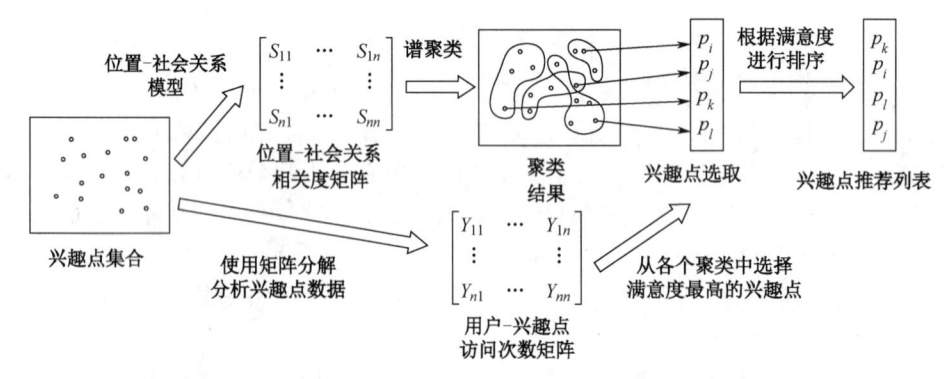

图 4.1 多样性与个性化兴趣点推荐问题的总体解决方案

（1）构建模型。根据兴趣点的位置关系和访问空间对象用户之间的社会关系，构建兴趣点之间的位置-社会关系模型，评估兴趣点之间的位置-社会关系相关度。

（2）兴趣点聚类。采用谱聚类方法对兴趣点集合进行划分，将位置-社会关系相关度较高的兴趣点聚成一类，不同聚类之间具有较大差异性。

（3）兴趣点选取与排序。利用概率因子模型、非负矩阵分解、奇异值分解等类矩阵分解算法为每个用户对兴趣点的可能访问次数进行预测，在此基础上为该用户对各兴趣点的偏好程度做出评估，构建用户满意度矩阵；从步骤（2）获得的每个聚类中分别选出一个当前用户最满意的兴趣点，按用户对其的满意度进行降序排列，进而获得多样性与个性化相融合的兴趣点推荐列表。

4.4 位置-社会关系模型

4.4.1 相关定义

定义 4.1（兴趣点集合） 令 $p_i=(p_{i.\text{loc}}, p_{i.\text{doc}})$ 表示一个兴趣点，其中 $p_{i.\text{loc}}$ 代表 p_i 的位置信息，$p_{i.\text{doc}}$ 表示 p_i 的描述信息，n 个不同的兴趣点构成了集合 $P=\{p_1, p_2, \cdots, p_n\}$。

定义 4.2（用户社会关系图） 令 $G=(U,E)$ 代表用户社会关系图，其中 U 为用户集合，每个用户就是图中的一个顶点，E 为边集合，边 $(u_i, u_j)\in E$ 表示用户 u_i 和 u_j 具有直接朋友关系，其中 $u_i, u_j \in U$。这里的直接朋友关系是指用户双方为亲属、同事、会员等关系，或者互相在对方的社交软件好友列表中。

定义 4.3（用户签到记录） 用户集合 U 内所有用户的签到记录用 $\text{CK}=\{<u_i, p_k, t_r>|u_i\in U, p_k\in D\}$ 表示，其中 D 表示空间对象集合，$<u_i, p_k, t_r>$ 表示用户 u_i 在时刻 t_r 访问过兴趣点 p_k；给定一个兴趣点 p_k，访问过 p_k 的用户集合表示为 $U_{o_k}=\{u_i|<u_i, p_k, *>\in \text{CK}\}$，其中，*表示任意时间。

4.4.2 位置-社会关系距离

根据兴趣点之间的位置距离和社会关系，定义兴趣点 p_i 和 p_j 之间的位置-社会关系距离计算方法为

$$D_{\text{LS}}(p_i, p_j) = \omega \cdot D_{\text{loc}}(p_i, p_j) + (1-\omega) \cdot D_{\text{Social}}(p_i, p_j) \tag{4.1}$$

式中，$\omega\in[0,1]$ 为一个权重系数；$D_{\text{Loc}}(p_i, p_j)$ 为 p_i 和 p_j 之间的欧氏距离；$D_{\text{Social}}(p_i, p_j)$ 为 p_i 和 p_j 之间的社会关系距离，计算方法如下

$$D_{\text{Social}}(p_i, p_j) = 1 - \frac{CU_{ij}}{|U_{p_i} \cup U_{p_j}|} \tag{4.2}$$

式中，U_{p_i} 和 U_{p_j} 分别表示访问过地点 p_i 和 p_j 的用户集合；CU_{ij} 为地点 p_i 和 p_j 之间的社会关系紧密度，计算方法如下

$$CU_{ij} = \begin{cases} \sum_{u_a\in u_a} \dfrac{\sum_{u_b\in U_b} S_{u_b\in U_b}}{|U_b|}, & U_b \neq \varnothing \\ 0, & U_b = \varnothing \end{cases} \tag{4.3}$$

其中，

$$U_a = \left\{u_a \mid u_a \in \left\{U_{o_i} \cup U_{o_j}\right\}\right\} \tag{4.4}$$

$$U_b = \begin{cases} u_a, u_a\in U_{p_i} \text{ 且 } u_a\in U_{p_j} \\ \{u_b\in U_{p_j} \mid (u_a, u_b)\in E\}, u_a\in U_{p_i} \text{ 且 } u_a\notin U_{p_j} \\ \{u_b\in U_{p_i} \mid (u_a, u_b)\in E\}, u_a\in U_{p_j} \text{ 且 } u_a\notin U_{p_i} \end{cases} \tag{4.5}$$

其中，$(u_a,u_b)\in E$ 表示 u_a 与 u_b 之间存在直接朋友关系。

在现实应用中，如果一对朋友共同访问过的兴趣点个数越多，反映出该对朋友的兴趣偏好越相似，那么他们之间的社会关系就应该越紧密。因此，用户 u_a 与 u_b 之间的社会关系紧密度 S_{u_a,u_b} 可定义为

$$S_{u_a,u_b}=\frac{|P_{u_a}\cap P_{u_b}|}{|P_{u_a}\cup P_{u_b}|} \tag{4.6}$$

式中，P_{u_a} 和 P_{u_b} 分别为用户 u_a 和 u_b 访问过的兴趣点集合。

图 4.2（a）和（b）分别给出了具有直接朋友关系的 5 个用户及其在 5 个兴趣点上的签到记录。

（a）用户直接朋友关系图　　　　（b）用户在地点上的签到记录

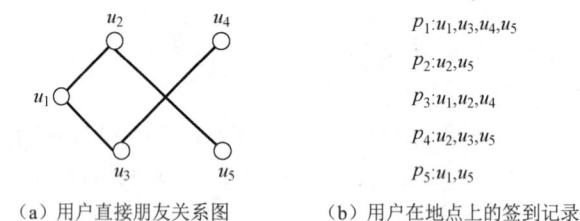

图 4.2　用户直接朋友关系图和签到记录

根据式（4.4）可得，$U_a=U_{p_1}\cup U_{p_2}=\{u_1,u_2,u_3,u_4,u_5\}$；又由图 4.2（b）可知，$u_1$、$u_2$、$u_3$、$u_4$、$u_5$ 分别访问过的地点集合为 $u_1=\{p_1,p_3,p_5\}$、$u_2=\{p_2,p_3,p_4\}$、$u_3=\{p_1,p_4\}$、$u_4=\{p_1,p_3\}$ 和 $u_5=\{p_1,p_2,p_4,p_5\}$。下面根据式（4.6）计算这些用户两两之间的社会关系紧密度，结果如表 4.1 所示。

表 4.1　用户两两之间的社会关系紧密度

	u_1	u_2	u_3	u_4	u_5
u_1	1	1/5	1/4	2/3	2/5
u_2	1/5	1	1/4	1/4	2/5
u_3	1/4	1/4	1	1/3	1/2
u_4	2/3	1/4	1/3	1	1/5
u_5	2/5	2/5	1/2	1/5	1

根据表 4.1 和式（4.5）可知，当 $u_a=u_1$ 时，$U_b=\{u_2\}$；当 $u_a=u_2$ 时，$U_b=\{u_1,u_5\}$；当 $u_a=u_3$ 时，$U_b=\varnothing$；当 $u_a=u_4$ 时，$U_b=\varnothing$；当 $u_a=u_5$ 时，$U_b=\{u_5\}$。因此，结合表 4.1 中用户两两之间的社会关系紧密度，可得 $CU_{12}=1/5+(1/5+2/5)/2+1=3/2$。进而，地点 p_1 和 p_2 的社会关系距离为 $D_{\text{Social}}(p_1,p_2)=1-\dfrac{3/2}{5}=0.7$。

根据 p_i 和 p_j 的位置-社会关系距离，可将其进一步转换为位置-社会关系相关度，即

$$S(p_i,p_j)=1-D_{gs}(p_i,p_j) \tag{4.7}$$

至此，利用上述方法可以计算得到兴趣点集合中任意一对地点之间的位置-社会关系相关度。如果有 n 个兴趣点，那么它们之间的相关度可用一个 $n\times n$ 的相关度矩阵 W 表示。该矩阵是一个对称矩阵，其中的元素 w_{ij} 表示兴趣点 o_i 和 o_j 之间的位置-社会关系相关度。

假设集合中共有 n 个兴趣点，访问过每对兴趣点的平均用户数为 m 人，每个用户具有直接朋友关系的朋友数为 l 个。整个算法的时间复杂度包括计算兴趣点位置距离和社会关系复杂度两部分，计算所有兴趣点位置距离的时间复杂度为 $O(n^2)$，计算每对用户社会关系紧密度的时间复杂度为 $O(m^2)$，计算式（4.5）中 U_b 的时间复杂度为 $O(ml)$。综上，计算 n 个兴趣点两两之间社会关系的时间复杂度为 $O((m^2+ml)n^2)$，这也是整个算法的时间复杂度。虽然算法的时间复杂度较高，但该过程可在离线预处理阶段进行计算，并不影响在线推荐算法的执行效率。

4.5　兴趣点聚类划分

4.5.1　基于谱聚类的兴趣点聚类方法

谱聚类（Spectral Clustering）是一种基于图论的聚类方法，能够将带权无向图划分为两个或两个以上的最优子图，使得子图内部结点尽量相似，而各个子图之间差异性较大。根据 4.4 节阐述的兴趣点之间的位置-社会关系相关度矩阵，我们可以将兴趣点集合中的所有对象构建成一个带权无向图，图的顶点集合就是兴趣点集合，边集合对应兴趣点之间的位置-社会关系集合，边上的权重就是兴趣点之间的位置-社会关系相关度。由于谱聚类仅需图的顶点之间的相似度矩阵，且适合高维空间数据的划分，而 4.4 节已经得到兴趣点之间的位置-社会关系相关度矩阵，因此采用谱聚类算法对兴趣点进行聚类划分。

谱聚类算法包括二路谱聚类和多路谱聚类，重复使用二路谱聚类可实现多个聚类的划分，且相对简单，因此这里使用二路谱聚类划分算法。二路谱聚类的划分准则包括最小割集（Minimum Cut）和规范割集（Normalized Cut）准则等。下面结合图 4.3 所示的兴趣点的位置-社会关系网络图来描述利用二路谱聚类对图进行最优划分的过程。

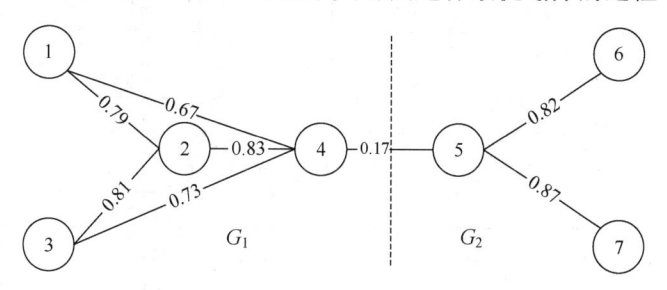

图 4.3　兴趣点的位置-社会关系网络图

划分目标是将图 4.3 所示的带权无向图分为两个最优子图 G_1 和 G_2，划分结果用 N 维向量 $q=[q_1,q_2,\cdots,q_N]$ 表示，在本示例中 $N=7$。假设 $\{c_1,c_2\}$ 表示顶点所属的类别标签集合（因为采用二路谱聚类，所以类别标签只有两种形式），图 4.3 所示的划分方案可表示为一个 7 维向量 $q=[c_1,c_1,c_1,c_1,c_2,c_2,c_2]$，其中标签 c_1 对应的顶点属于子图 G_1，c_2 对应的顶点属于子图 G_2。按此划分方案，划分最优子图时所截断的图中边的权重之和的函数，即二路谱聚类的损失函数，可表示为

$$\mathrm{Cut}(G_1,G_2) = \sum_{i\in G_1, j\in G_2} w_{ij} = \frac{\sum_{i=1}^{n}\sum_{j=1}^{n} w_{ij}(q_i - q_j)^2}{2(c_1 - c_2)^2} \tag{4.8}$$

又因为

$$\begin{aligned}
\sum_{i=1}^{n}\sum_{j=1}^{n} w_{ij}(q_i - q_j)^2 &= \sum_{i=1}^{n}\sum_{j=1}^{n} w_{ij}(q_i^2 - 2q_i q_j + q^2) \\
&= -\sum_{i=1}^{n}\sum_{j=1}^{n} 2w_{ij} q_i q_j + \sum_{i=1}^{n}\sum_{j=1}^{n} w_{ij}(q_i^2 + q^2) \\
&= -\sum_{i=1}^{n}\sum_{j=1}^{n} 2w_{ij} q_i q_j + \sum_{i=1}^{n} 2q_i^2 \sum_{j=1}^{n} w_{ij} \\
&= 2\boldsymbol{q}^{\mathrm{T}}(\boldsymbol{D} - \boldsymbol{W})\boldsymbol{q}
\end{aligned} \tag{4.9}$$

式中，$\boldsymbol{W}$ 为兴趣点之间的位置-社会关系相关度矩阵；$\boldsymbol{D}$ 是对角矩阵，且有 $D_{ii} = \sum_{j=1}^{n} w_{ij}$。对式（4.8）和式（4.9）进行合并可得

$$\mathrm{Cut}(G_1, G_2) = \frac{\boldsymbol{q}^{\mathrm{T}} \boldsymbol{L} \boldsymbol{q}}{(c_1 - c_2)^2} \tag{4.10}$$

其中，$\boldsymbol{L} = \boldsymbol{D} - \boldsymbol{W}$。根据式（4.10），若要使图划分的损失函数取得最小值，需要使 $\boldsymbol{q}^{\mathrm{T}} \boldsymbol{L} \boldsymbol{q}$ 取得最小值。沿用图 4.3 的例子，可以直接得出图中各顶点之间的相关度矩阵 $\boldsymbol{W}$ 和对角矩阵 $\boldsymbol{D}$，进而计算出对应的拉普拉斯矩阵 $\boldsymbol{L}$，各矩阵的元素值分别如表 4.2～表 4.4 所示。

表 4.2 相关度矩阵 $\boldsymbol{W}$

W	1	2	3	4	5	6	7
1	0	0.79	0	0.67	0	0	0
2	0.79	0	0.81	0.83	0	0	0
3	0	0.81	0	0.73	0	0	0
4	0.67	0.83	0.73	0	0.17	0	0
5	0	0	0	0.17	0	0.82	0.87
6	0	0	0	0	0.82	0	0
7	0	0	0	0	0.87	0	0

表 4.3 对角矩阵 $\boldsymbol{D}$

D	1	2	3	4	5	6	7
1	1.46	0	0	0	0	0	0
2	0	2.43	0	0	0	0	0
3	0	0	1.54	0	0	0	0
4	0	0	0	2.4	0	0	0
5	0	0	0	0	1.86	0	0
6	0	0	0	0	0	0.82	0
7	0	0	0	0	0	0	0.87

表 4.4 拉普拉斯矩阵 $\boldsymbol{L} = \boldsymbol{D} - \boldsymbol{W}$

L	1	2	3	4	5	6	7
1	1.46	-0.79	0	-0.67	0	0	0
2	-0.79	2.43	-0.81	-0.83	0	0	0

续表

L	1	2	3	4	5	6	7
3	0	-0.81	1.54	-0.73	0	0	0
4	-0.67	-0.83	-0.73	2.4	-0.17	0	0
5	0	0	0	-0.17	1.86	-0.82	-0.87
6	0	0	0	0	-0.82	0.82	0
7	0	0	0	0	-0.87	0	0.87

式（4.10）的损失函数 $Cut(G_1, G_2)$ 经推导可化为广义瑞利熵的形式。按照瑞利熵的性质可知，当 q 为矩阵 L 的最小特征值、次小特征值、…、最大特征值对应的特征向量时，可分别得到 $q^T L q$ 的最小值、次小值、…、最大值，由此可得到满足 $\min(q^T L q)$ 的最佳划分方案。根据上述原理，如果要将包含 n 个兴趣点的位置-社会关系图划分为 k 个最优子图，那么可取矩阵 L 的前 m 个最小特征值对应的特征向量，构成一个 $m \cdot n$ 矩阵。其中每个列向量都代表图中的一个顶点，进而可使用 k-means 聚类方法将 n 个兴趣点划分成 k 个聚类，从而使得每个聚类中的兴趣点都具有较高的位置-社会关系相关度，而不同类别中的兴趣点具有较低的相关度。

4.5.2 兴趣点聚类划分示例

以图 4.3 中的数据样本为例，可求出矩阵 L 的特征值和对应的特征向量（如表 4.5 所示）。根据特征值与特征向量的对应关系，每个顶点可由矩阵 L 的特征向量表示。若只取最小特征值（即 0.0000），对应的特征向量作为划分依据，此时 7 个顶点取值全为 0.3780，则无法划分聚类；若取前两个最小特征值(0, 0.0909)，对应的特征向量作为划分依据，则顶点 1 对应向量(0.3780, -0.3387)、顶点 2 对应向量(0.3780, -0.3360)、…、顶点 7 对应向量(0.3780, 0.4504)。以此类推，可用前 m 个最小特征值对应的特征向量元素组合来表示每个顶点的坐标，进而采用 k-means 算法进行聚类划分。例如，若要将图 4.3 中 7 个顶点划分为两个聚类，假设取前两个最小特征值对应的特征向量作为划分依据，根据上述算法，则聚类 1 包含顶点 {1、2、3、4}，聚类 2 包含顶点 {5、6、7}，这也与图 4.3 所示的划分结果相一致。

表 4.5 矩阵 L 的特征值和对应的特征向量

特征值	特征向量						
0.0000	0.3780	0.3780	0.3780	0.3780	0.3780	0.3780	0.3780
0.0909	-0.3387	-0.3360	-0.3369	-0.2959	0.4034	0.4537	0.4504
0.8440	-0.0016	-0.0014	-0.0014	0.0002	0.0209	-0.7153	0.6985
1.4976	0.7245	-0.0101	-0.6886	-0.0288	-0.0019	0.0023	0.0027
2.6201	0.0980	0.0393	0.1166	-0.2160	-0.7990	0.3640	0.3972
3.0436	0.4310	-0.3093	0.4841	-0.6541	0.2086	-0.0769	-0.0835
3.2838	-0.1491	0.8043	-0.1465	-0.5425	0.1101	-0.0367	-0.0397

由于采用最小割集准则的谱聚类结果容易出现偏向小区域分割现象，因此这里采用规范割集准则对兴趣点进行划分，其损失函数表示为

$$N_{Cut}(G_1, G_2) = Cut(G_1, G_2) \times \left(\frac{1}{d_1} + \frac{1}{d_2} \right) \quad (4.11)$$

划分方案表示为

$$q_i = \begin{cases} \sqrt{\dfrac{d_1}{d_2 d}}, i \in G_1 \\ -\sqrt{\dfrac{d_2}{d_1 d}}, i \in G_2 \end{cases} \quad (4.12)$$

式中，d_1、d_2、d 分别表示 G_1、G_2、G 的权值之和，$Cut(G_1, G_2)$ 的计算方法如式（4.10）所示，采用规范割集划分准则的聚类过程与上述过程相同。

下面对基于谱聚类的兴趣点聚类算法的时间复杂度进行分析。由于已经预先计算出兴趣点之间的位置-社会关系相关度矩阵 W，因此对角矩阵 D 和拉普拉斯矩阵 L 可以在 W 基础上计算得到，进而可计算出 L 的特征值和特征向量。在此基础上，兴趣点的聚类实质上可看成是在矩阵 L 上选取的 m 个最小特征值对应的特征向量矩阵上进行 k-means 聚类。假设聚类个数为 k，兴趣点个数为 n，特征值个数为 m（也是每个兴趣点的特征维度），k-means 的迭代次数为 t，则时间复杂度为 $O(kntm)$。

4.6　多样性与个性化兴趣点选取

多样性与个性化兴趣点选取的策略是从划分的每个兴趣点聚类中选取一个用户最偏好的兴趣点构成推荐列表，因此推测用户对兴趣点的偏好程度是解决该问题的关键。通常来讲，如果用户经常访问某个兴趣点，就说明用户对其感兴趣，因此可以通过拟合用户对兴趣点的访问次数矩阵来推测用户对兴趣点的偏好程度。当前的类矩阵分解算法，如奇异值分解（Singular Value Decomposition，SVD）、非负矩阵分解（Non-negative Matrix Factorization，NMF）、概率因子模型（Probabilistic Factor Model，PFM）等都可用来拟合用户对兴趣点的访问次数矩阵。在商品推荐领域，概率因子模型，以泊松分布拟合用户对电商网站的可能性的访问次数，再结合矩阵分解方法对用户访问网站的可能性进行概率分析，最终得到接近实际的用户对网站的访问次数矩阵的拟合矩阵。由于用户访问兴趣点的行为在很大程度上符合以固定平均瞬时速率随机且独立出现的特点，因此本节采用基于泊松分布的概率因子模型拟合用户在固定时间内访问兴趣点的次数矩阵。

概率因子模型的原理如图 4.4 所示。假设矩阵 $F_{m \cdot n}$ 表示用户访问兴趣点的次数矩阵，其中 m 表示用户数，n 表示兴趣点个数。例如，F 中的元素 f_{ij} 表示用户 i 访问兴趣点 j 的次数。假设 f_{ij} 满足以 y_{ij} 为均值的泊松分布，则 y_{ij} 可构成一个与 F 具有相同行列数的矩阵 $Y_{m \cdot n}$。根据矩阵分解方法，Y 可被分解为一个 $U^{m \cdot d}$ 矩阵和一个 $V^{n \cdot d}$ 矩阵相乘的形式，其中 U 中的元素 $u_{ik}(k=1, 2, \cdots, d)$ 表示用户 i 对兴趣点隐藏属性（Latent Feature）k 的偏好程度，V 中的元素 $v_{jk}(k=1, 2, \cdots, d)$ 表示兴趣点 j 对隐藏属性 k 的接近程度。假设 u_{ik}、v_{jk} 服从 Gamma 先验分布，则有

$$p(U \mid \alpha, \beta) = \prod_{i=1}^{m} \prod_{k=1}^{d} \frac{u_{ik}^{\alpha_k - 1} \exp(-u_{ik}/\beta_k)}{\beta_k^{\alpha_k} \Gamma(\alpha_k)} \quad (4.13)$$

$$p(V \mid \alpha, \beta) = \prod_{j=1}^{n} \prod_{k=1}^{d} \frac{v_{jk}^{\alpha_k - 1} \exp(-v_{jk}/\beta_k)}{\beta_k^{\alpha_k} \Gamma(\alpha_k)} \quad (4.14)$$

其中，$\alpha=\{\alpha_1, \alpha_2, \cdots, \alpha_d\}$，$\beta=\{\beta_1, \beta_2, \cdots, \beta_d\}$，$u_{ik}>0$，$v_{jk}>0$，$\alpha_k>0$，$\beta_k>0$，$\Gamma(\cdot)$为Gamma函数。在此基础上，可用式（4.15）表示 F 的泊松概率分布。

$$p(\boldsymbol{F}|\boldsymbol{Y}) = \prod_{i=1}^{m}\prod_{j=1}^{n}\frac{y_{ij}^{f_{ij}}\exp(-y_{ij})}{f_{ij}} \tag{4.15}$$

其中，$y_{ij} = \sum_{k=1}^{d} u_{ik}v_{jk}$。

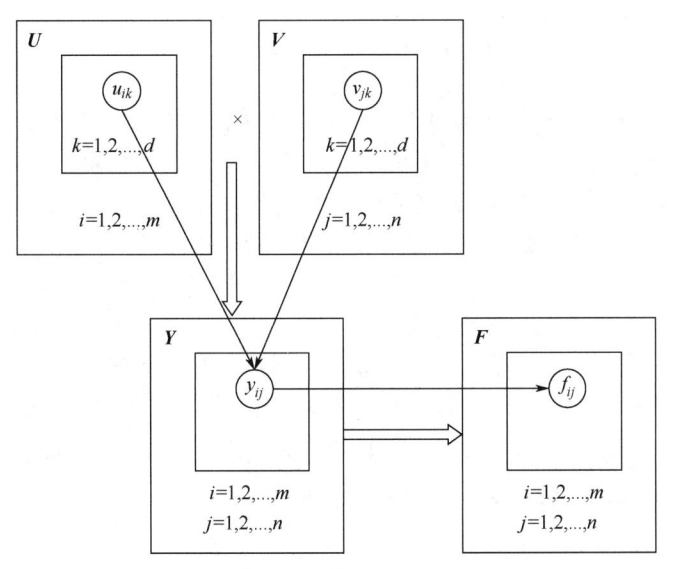

图4.4　概率因子模型的原理图

由于 Y 被分解为 U 和 V 相乘，即 $Y=UV^T$，因此在给定 F 作为条件时，矩阵 U、V 的后验概率可表示为

$$p(\boldsymbol{U},\boldsymbol{V}|\boldsymbol{F},\alpha,\beta) \propto p(\boldsymbol{F}|\boldsymbol{Y})p(\boldsymbol{U}|\alpha,\beta)p(\boldsymbol{V}|\alpha,\beta) \tag{4.16}$$

为得到拟合 F 的最佳 U 和 V，需对式（4.16）求最大值，为此先取式（4.16）的对数

$$\begin{aligned}L(\boldsymbol{U},\boldsymbol{V}|F) &= \sum_{i=1}^{m}\sum_{k=1}^{d}\left((\alpha_k-1)\ln(u_{ik}/\beta_k) - u_{ik}/\beta_k\right) + \\ &\quad \sum_{j=1}^{n}\sum_{k=1}^{d}\left((\alpha_k-1)\ln(v_{jk}/\beta_k) - v_{jk}/\beta_k\right) + \\ &\quad \sum_{i=1}^{m}\sum_{j=1}^{n}\left(f_{ij}\ln y_{ij} - y_{ij}\right)\end{aligned} \tag{4.17}$$

然后，分别对式（4.17）中的 u_{ik}、v_{jk} 求偏导，得

$$\frac{\partial \boldsymbol{L}}{\partial u_{ik}} = \sum_{j=1}^{n}\left(f_{ij}v_{jk}/y_{ij} - v_{jk}\right) + (\alpha_k-1)/u_{ik} - 1/\beta_k \tag{4.18}$$

$$\frac{\partial \boldsymbol{L}}{\partial v_{jk}} = \sum_{i=1}^{m}\left(f_{ij}u_{ik}/y_{ij} - u_{ik}\right) + (\alpha_k-1)/v_{jk} - 1/\beta_k \tag{4.19}$$

在此基础上，分别以 $\dfrac{u_{ik}}{\sum_{j=1}^{n}v_{jk} + 1/\beta_k}$、$\dfrac{v_{jk}}{\sum_{i=1}^{m}u_{ik} + 1/\beta_k}$ 为步长，采用随机梯度下降法

（Stochastic Gradient Descent），得到如下对参数 u_{ik} 和 v_{jk} 进行优化的迭代公式

$$u_{ik} \leftarrow u_{ik} \cdot \frac{\sum_{j=1}^{n}(f_{ij}v_{jk}/y_{ij})+(\alpha_k-1)/u_{ik}}{\sum_{j=1}^{n}v_{jk}+1/\beta_k} \quad (4.20)$$

$$u_{jk} \leftarrow v_{jk} \cdot \frac{\sum_{i=1}^{m}(f_{ij}u_{ik}/y_{ij})+(\alpha_k-1)/v_{jk}}{\sum_{i=1}^{m}v_{ik}+1/\beta_k} \quad (4.21)$$

通过式（4.20）和式（4.21）对参数 u_{ik} 和 v_{jk} 进行迭代优化，最终可得到最佳拟合真实用户-兴趣点访问次数矩阵 F 的矩阵 $Y=UV^T$。至此，对于一个给定用户，可根据矩阵 Y 预测用户对兴趣点的访问次数，从每个聚类中分别选取一个用户访问次数最多的兴趣点作为推荐兴趣点，并将这些兴趣点按用户访问次数进行降序排列。

下面对基于概率因子模型的兴趣点选取算法的时间复杂度进行分析。假设每个聚类平均包含 n 个兴趣点，访问过这些兴趣点的用户有 m 个，矩阵分解算法中设置的隐藏属性个数为 d。对于每个聚类，算法需要从中选取一个用户访问次数最多的兴趣点，也就是需要计算出每个聚类中用户访问兴趣点的次数矩阵 $Y^{m \cdot n}$；由于采用随机梯度下降法对参数进行迭代寻优，假设迭代次数为 t，则求矩阵 Y 的时间复杂度为 $O(mnd+mdt+ndt)$。又因为有 k 个聚类，因此总的时间复杂度为 $O(k(mnd+mdt+ndt))$。

4.7 效果与性能实验评价

4.7.1 实验数据

实验数据使用 Gowalla 数据集，Gowalla 是由美国斯坦福大学 SNAP 实验室公布的社交签到数据集，收集了从 2009 年 2 月到 2010 年 10 月的用户社会关系网络和用户-地点签到记录。用户社会关系网络包含 196591 个用户和 950327 条边（边代表用户之间的直接朋友关系）；用户-地点签到记录有 6442890 条，每条记录主要包括用户 ID、地点 ID、签到时间和签到地点的经纬度等信息。实验截取了该数据集中位于美国芝加哥市、日本东京市、美国华盛顿市和英国伦敦市范围内的 4 个部分数据作为实验数据集。为了降低数据的稀疏性，从每个截取的数据集中删除了签到次数少于 5 次的用户和被访问次数少于 5 次的地点。测试数据集的统计特征信息如表 4.6 所示。

表 4.6 测试数据集的统计特征信息

城市	经度	纬度	签到记录数	地点数	用户数
芝加哥	[-88.04325, -87.50162]	[41.68756, 41.98231]	41742	1078	739
东京	[139.43823,139.94015]	[35.63017, 35.74568]	100952	3922	1405
华盛顿	[-77.08283, -76.97228]	[38.86564, 38.96074]	23997	1236	1024
伦敦	[-0.17762, 0.00366]	[51.47948, 51.53205]	33642	2003	1468

4.7.2 兴趣点的位置-社会关系模型效果实验

1. 兴趣点的聚类效果实验

该实验的目的是测试本章提出的兴趣点的位置-社会关系相关度计算方法对聚类效果的影响。对比方法有两种：一种是根据访问兴趣点的重叠朋友数进行评估（简称 PCGS）；第二种是本章提出的根据访问兴趣点的朋友之间的社会关系紧密度评估（New POI Clustering based on Geo-Social Relationships，New-PCGS）。

为了便于将基于两种兴趣点相关度计算方法的聚类效果进行对比，实验采用了基于网格密度的聚类方法，聚类过程为：①计算地点 p_i 的位置-社会邻域，表示为 $N_\varepsilon(p_i)=\{p_j|D_{gs}(p_i,p_j)\leqslant\varepsilon,\ D_{\text{Social}}(p_i,p_j)\leqslant\tau,\ E(p_i,p_j)\leqslant D_{\max}\}$，其中 ε 是地点之间的位置-社会关系距离阈值，τ 是地点之间的社会关系距离阈值，$D_{\max}$ 是地点之间的位置距离阈值；②把待聚类的所有地点放入如图 4.5 所示的网格区域中，其中每小格的边长为 $D_{\max}/\sqrt{2}$，这样位于同一小格内的两个地点之间的最大距离不会超过 $D_{\max}$；③以每个小格为单位进行密度聚类，求出每个小格及其临近格中每个地点的 N_ε 邻域，如果某个 N_ε 邻域内的地点数目大于阈值 MinPts，就将其中的地点聚成一类。

这里以芝加哥数据集为例，实验参数设置为：$D_{\max}$ 在[0, 500]区间取值，ω、ε、τ 在[0, 1]区间取值，MinPts 在[0, 20]区间取值，各参数以取值区间的 1/10 为步长逐渐增长，通过比较不同取值下的最佳实验结果再进行下一步的细化实验。例如，通过比较实验结果发现，当 ω 在[0.6, 0.8]区间取值时效果最好，则进

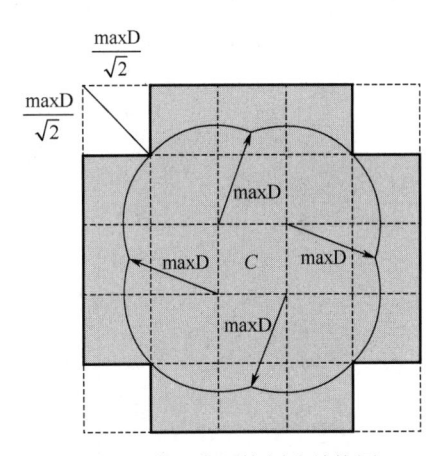

图 4.5 数据点网格划分结构图

一步将该区间进行十等分，继续试验 ω 取不同值时的效果，直到发现得到最佳效果时的参数值，其他参数值的确定也是按此方法进行。在固定参数值 $D_{\max}=350$、$\omega=0.7$、MinPts=5 的情况下，图 4.6 和图 4.7 分别给出了 New-PCGS 和 PCGS 随 ε 和 τ 以 0.01 为步长逐渐递增所得聚类结果的变化情况。

(a) $\varepsilon=0.90$，$\tau=0.91$

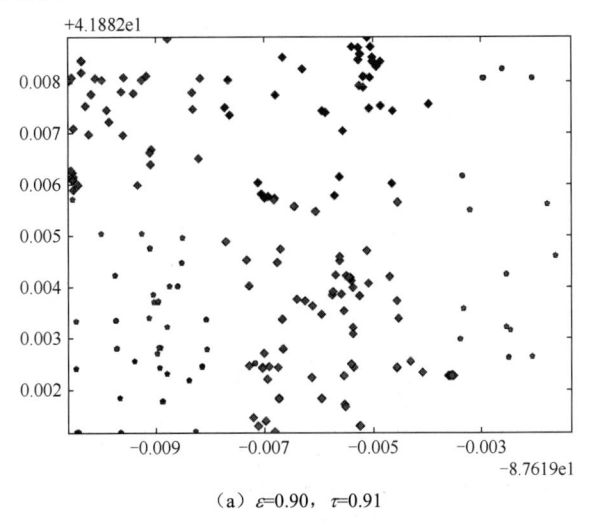

图 4.6 PCGS 的聚类结果随参数 ε 和 τ 的变化图

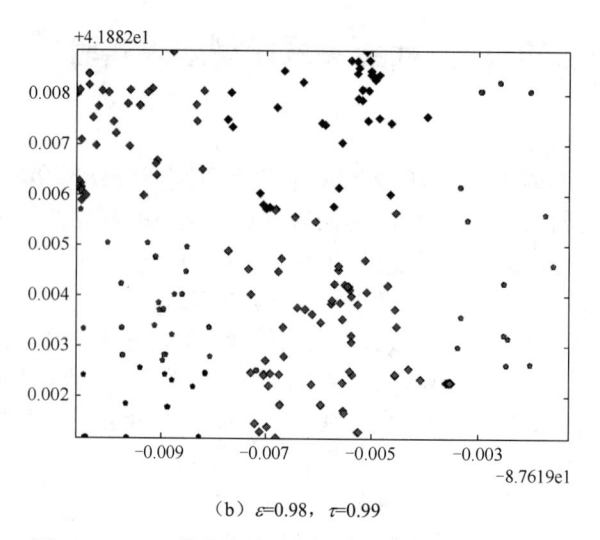

（b）$\varepsilon=0.98$，$\tau=0.99$

图 4.6 PCGS 的聚类结果随参数 ε 和 τ 的变化图（续）

（a）$\varepsilon=0.90$，$\tau=0.91$

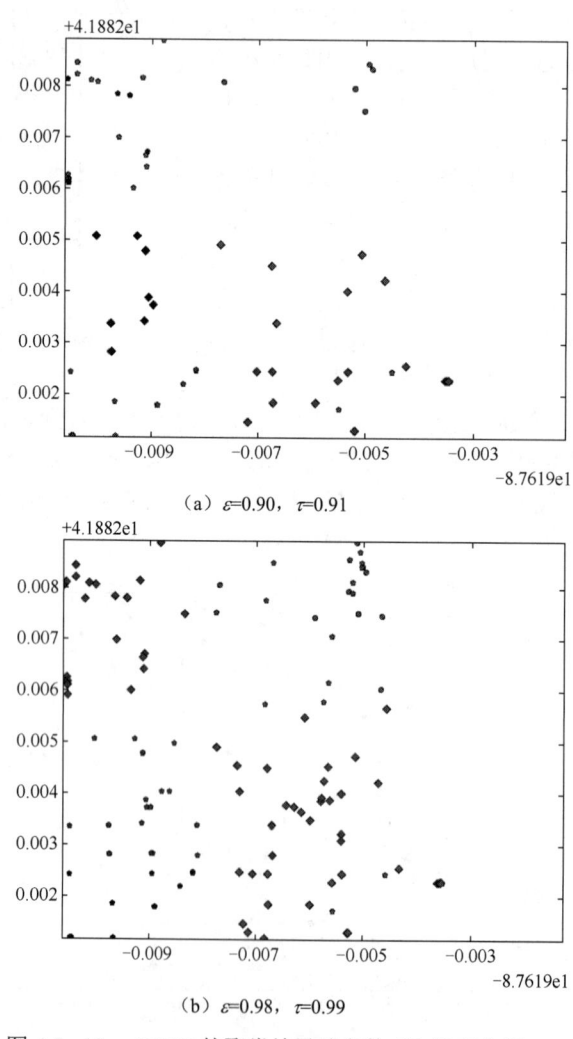

（b）$\varepsilon=0.98$，$\tau=0.99$

图 4.7 New-PCGS 的聚类结果随参数 ε 和 τ 的变化图

从以上实验结果可以看出，New-PCGS 的聚类结果随着参数 ε 和 τ 的改变发生了明显变化，而 PCGS 的聚类结果几乎不受参数变化的影响。此外，利用上述实验方法，在其他 3 个数据集上进行测试也得到了类似结论。这是因为，New-PCGS 的位置-社会关系模型考虑了访问兴趣点的用户之间社会关系紧密度，能够更加细致地区分出不同用户之间的社会关系紧密度对兴趣点之间社会关系距离的影响，而不仅仅是依据访问兴趣点的用户群体重叠度来评估兴趣点之间的社会关系距离。因此，New-PCGS 的聚类结果对参数变化较为敏感，使得聚类结果更为细致可控。

2. 聚类内部兴趣点之间的社会关系效果评估

该实验的目的是比较基于不同的位置-社会关系相关度评估方法得到的聚类结果，其内部兴趣点之间的社会关系效果。对比算法包括 DBSCAN 聚类（作为对比的基准）、PCGS 聚类和 New-PCGS 聚类。为了对比公平，聚类方法仍都采用基于网格密度的聚类方法。评价标准采用内密度和传导率对聚类内部兴趣点之间的社会关系紧密度进行评估。

内密度定义为

$$I = 1 - \frac{m_{U_{pc}}}{|U_{pc}|(|U_{pc}|-1)/2} \tag{4.22}$$

式中，U_{pc} 表示访问过聚类 pc 中兴趣点的用户集合，$m_{U_{pc}} = |\{(u,v) | u \in U_{pc}, v \in U_{pc}\}|$，$(u,v)$ 表示用户 u、v 之间具有直接朋友关系。内密度表明，如果访问过聚类 pc 中的兴趣点的用户集合之间的社会关系越紧密，那么 $m_{U_{pc}}$ 的值越大，内密度的值就越小。

传导率定义为

$$T = \frac{OU_{pc}}{2m_{U_{pc}} + OU_{pc}} \tag{4.23}$$

式中，$OU_{pc} = |\{(u,v) | u \in U_{pc}, v \notin U_{pc}\}|$。传导率表明，访问过聚类 pc 中兴趣点的用户集合之间的社会关系不紧密，则 OU_{pc} 的值越大。

根据内密度和传导率的评价标准，聚类结果的内密度和传导率越低，属于同一聚类的兴趣点之间的社会关系越紧密，反映出聚类结果的社会性越好。图 4.8 给出了在 $D_{max}=350$、$\omega=0.7$、$\varepsilon=0.90$、$\tau=0.91$、MinPts=5 情况下，在芝加哥数据集上各算法聚类结果的内密度和传导率随聚类个数的增大而发生变化的情况。从图 4.8 可以看出，New-PCGS 的内密度最低，PCGS 次之，DBSCAN 最高。图 4.8 还给出了在相同参数设置情况下，各算法聚类结果的传导率随聚类个数的增长而发生变化的情况。可以看出，New-PCGS 的传导率最低，PCGS 次之，DBSCAN 最高。综上可见，New-PCGS 的聚类结果社会性最好，PCGS 的聚类结果社会性稍弱，DBSCAN 的聚类结果社会性最弱，这也反映出本章提出的位置-社会关系模型更为有效。

进一步在华盛顿和伦敦数据集上对本章方法得到的聚类结果的社会性进行测试。对于 PCGS，设置其参数为 $D_{max}=350$、$\omega=0.7$、$\varepsilon=0.90$、$\tau=0.91$、MinPts=5，然后以得到的聚类个数作为 DBSCAN 和本章谱聚类 New-PCGS 方法设置聚类个数的标准，即在华盛顿数据集上得到 68 类，在伦敦数据集上得到 106 类，分别在聚类个数相同（但每个聚类包含的对象可能不同）情况下，对比不同聚类方法在两个数据集上的社会性对比结果（如表 4.7 所示）。

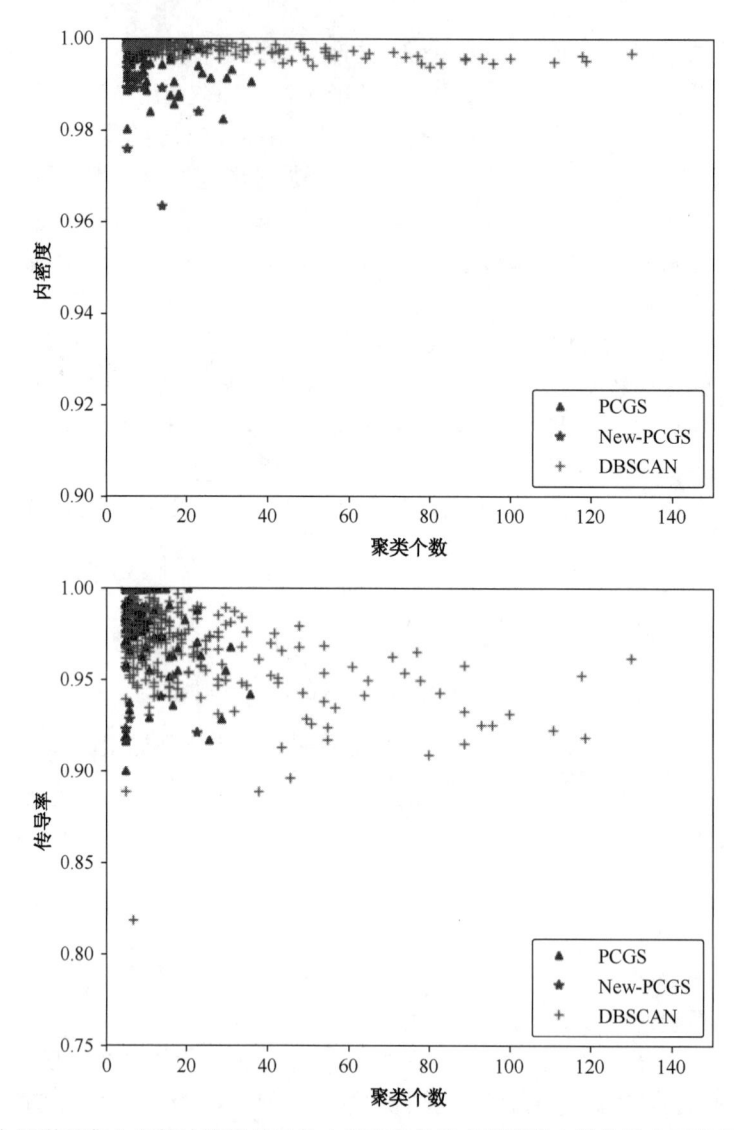

图 4.8　芝加哥数据集上各算法聚类结果的内密度和传导率随聚类个数的增大而发生变化的情况

表 4.7　伦敦和华盛顿数据集上不同聚类方法的聚类结果社会性对比

	DBSCAN		PCGS		New-PCGS	
	内密度	传导率	内密度	传导率	内密度	传导率
伦敦	0.999877775	0.996400021	0.999839548	0.996121286	0.9997444824	0.985508508
华盛顿	0.999891452	0.996421399	0.999871113	0.996305584	0.993098905	0.970998947

从表 4.7 可以看出，本章提出的聚类方法得到的聚类结果的内密度和传导率均低于 DBSCAN 和 PCGS 方法。需要指出的是，3 种方法的内密度和传导率在数值上差别不大，主要是因为划分的聚类个数较多，每个聚类中的兴趣点个数较少（平均每个聚类约 18 个兴趣点），并且兴趣点之间的社会关系距离在数值上的差距不如位置距离上的差距大，所以导致社会关系距离对位置-社会关系距离的数值变化影响较小。可见，即便是不同聚类方法的社会性效果在数值上的微小差距也在较大程度上体现了本章方法的优越性。但是，若减少聚类个数，增多聚类内部兴趣点数，又会使同一聚类内部兴趣点的位置和社会关系距离较远，不

满足现实需求。

4.7.3 推荐效果实验

该实验的目的是将本章提出的推荐方法与各类主流推荐方法的推荐准确率和多样性进行对比。对比模型和策略如下：对比模型包括经典的概率因子模型（PFM）、奇异值分解模型（SVD）和非负矩阵分解模型（NMF），并进一步在 PFM、SVD、NMF 模型上引入多样性分析得到具有多样性推荐功能的 DPFM（本章提出的推荐模型）、DSVD 和 DNMF 模型。在经典推荐模型基础上加入多样性分析方法，是指先在兴趣点的位置-社会关系相关度矩阵基础上利用谱聚类方法进行兴趣点聚类划分，然后分别利用 PFM、SVD、NMF 模型拟合用户对兴趣点的访问次数矩阵，最后从每个聚类中选出一个用户偏好的兴趣点构建多样性推荐列表。本实验设定推荐结果列表中包含 10 个兴趣点，因此利用谱聚类划分的子图个数也为 10。在此基础上，对 PFM、SVD、NMF、DPFM、DSVD、DNMF 模型的推荐效果进行对比。推荐效果的评价标准包括多样性和准确率两个指标。

多样性指标的计算方法为

$$\mathrm{Div}_{L_{\mathrm{rec}}} = \frac{\sum_{p_i \in L_{\mathrm{rec}}} \sum_{p_j \in L_{\mathrm{rec}}} D_{\mathrm{gs}}(p_i, p_j)}{|L_{\mathrm{rec}}|^2} \quad (4.24)$$

式中，L_{rec} 是由各推荐模型得到的 top-10 兴趣点推荐列表，$D_{\mathrm{gs}}(p_i,p_j)$ 表示兴趣点 p_i 和 p_j 之间的位置-社会关系距离。由式（4.24）可知，如果推荐结果列表中不同兴趣点之间的位置-社会关系距离越大，那么 $\mathrm{Div}_{L_{\mathrm{rec}}}$ 的值越大，说明 L_{rec} 的多样性程度也就越高。

准确率指标的计算方法为

$$\mathrm{Precision} = \frac{|L_{\mathrm{rec}} \cap L_{\mathrm{test}}|}{10} \quad (4.25)$$

式中，L_{rec} 是由各推荐模型得到的 top-10 兴趣点列表，L_{test} 表示从测试集中选出的用户实际访问次数最多的前 10 个兴趣点。由式（4.25）可知，推荐模型得到的兴趣点集合与用户实际访问次数最多的兴趣点集合之间的重叠度越高，推荐模型的准确率就越高。本实验从各数据集中分别选取 10 个用户，得到的多样性和准确率是这 10 个用户测试结果的平均值。

1. 参数变化对各推荐模型效果的影响分析

多样性兴趣点推荐模型主要有两个参数：一个是式（4.1）中的权重系数 ω；另一个是最小特征值个数 m，也是兴趣点位置-社会关系网络图中每个顶点坐标的分量个数。按照当前主流使用的最优参数设定方法讨论的最优参数设定，将 PFM 模型中的参数值设置为 $\alpha_k=20$、$\beta_k=0.2$，该参数经在本章所用数据集上测试也取得了较好效果。另外，由于谱聚类过程需要用到 k-means 聚类，其采用随机选取方式确定初始聚类点，这可能导致每次实验得到的聚类结果不一致，为此对于每个实验都重复 10 次并取所得结果的平均值作为最终实验结果。下面以芝加哥和华盛顿数据集为例，讨论参数 ω 和 m 值的变化对推荐效果的影响。

先固定 $m=2$，从每个数据集中随机选取 50%数据作为推荐模型的训练集，剩下的作为测试集。图 4.9（a）、（b）分别给出了在芝加哥数据集上，兴趣点位置-社会关系模型中未考虑（和考虑）朋友之间社会关系紧密度下各推荐模型推荐结果的多样性和准确率随参数 ω 的变化情况。

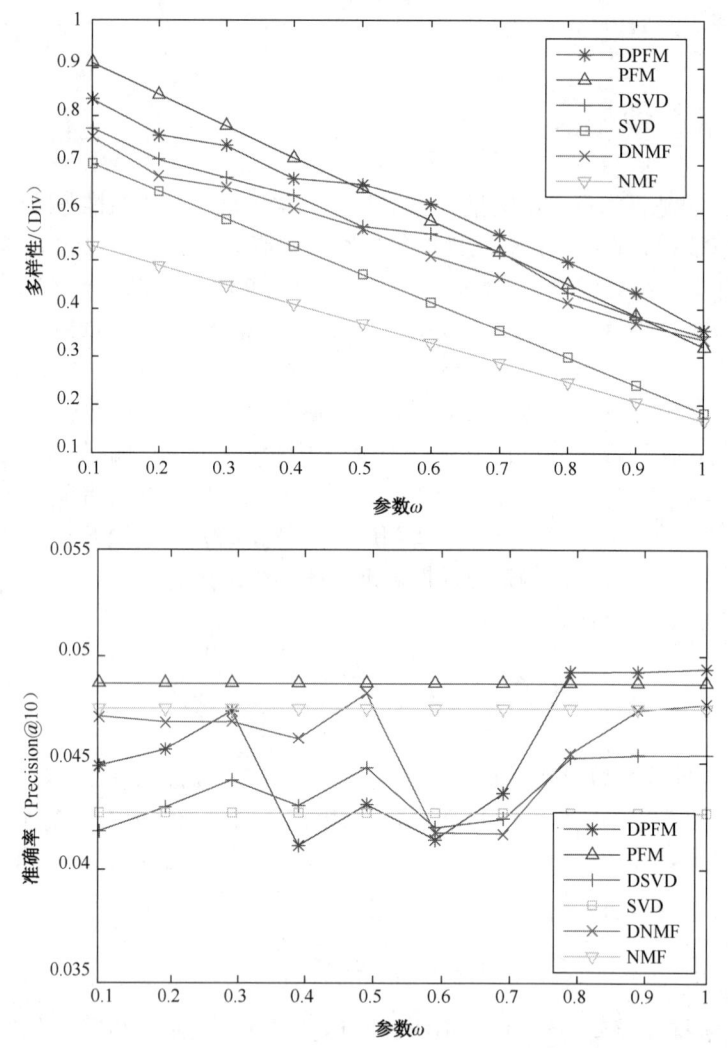

(a) 未考虑朋友之间社会关系紧密度情况下推荐结果的多样性和准确率随参数 ω 的变化情况

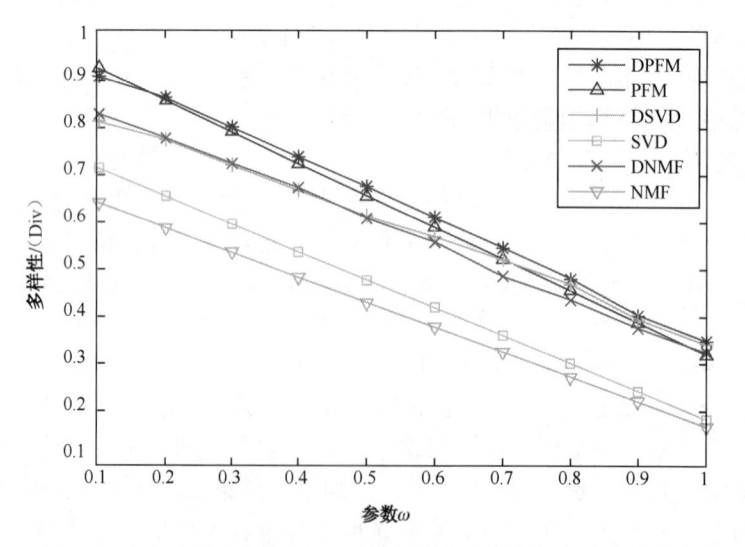

图 4.9 芝加哥数据集上参数 ω 对推荐结果多样性和准确率的影响

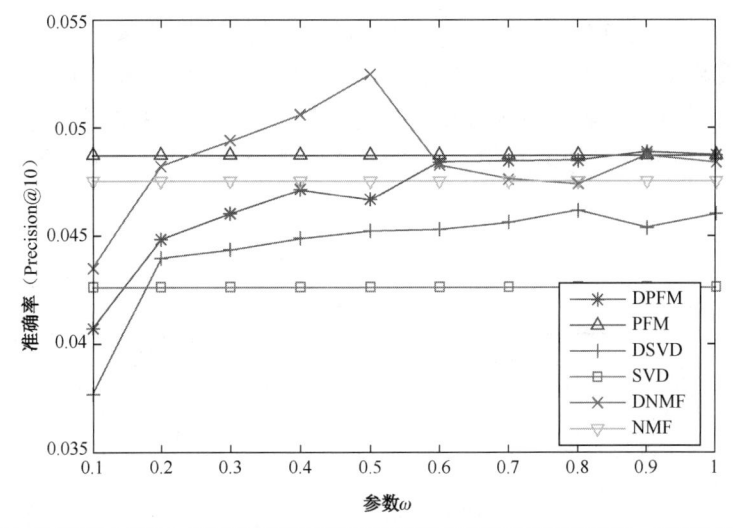

（b）考虑朋友之间社会关系紧密度情况下推荐结果的多样性和准确率随参数 ω 的变化情况

图 4.9　芝加哥数据集上参数 ω 对推荐结果多样性和准确率的影响（续）

表 4.8 给出了华盛顿数据集上各推荐模型推荐结果的多样性和准确率随参数 ω 的变化而发生改变的情况。从实验结果可以看出，在推荐结果的多样性方面，各推荐模型推荐结果的多样性随着 ω 的增大均呈下降趋势，反映出兴趣点之间的社会关系紧密度对推荐结果的多样性影响较大。在推荐结果的准确率方面，具有多样性推荐功能的模型（如 DPFM、DSVD、DNMF）的推荐结果准确率大体上随 ω 的增大而呈上升趋势，在芝加哥数据集上当 $\omega=0.9$ 时，DPFM 算法取得了最高准确率，在华盛顿数据集上当 $\omega=0.6$ 时，DPFM 模型取得了最高准确率；不具备多样性推荐功能的模型（如 PFM、SVD、NMF）的推荐结果准确率随 ω 的增大而一直保持不变，其原因是无论 ω 取何值，虽然兴趣点之间的位置-社会关系相关度的数值会发生改变，但相对大小排序不会发生改变，并且不具备多样性推荐功能的模型没有对兴趣点进行聚类划分，是在全体兴趣点集合中选取 top-10 个用户偏好的兴趣点，所以这些模型的准确率不受 ω 变化的影响。本实验在其他两个数据集上也得到了类似测试结果，这里不再赘述。

表 4.8　华盛顿数据集上各推荐模型推荐结果的多样性和准确率随参数 ω 的变化情况

ω 值	DPFM 多样性	DPFM 准确率	PFM 多样性	PFM 准确率	DSVD 多样性	DSVD 准确率	SVD 多样性	SVD 准确率	DNMF 多样性	DNMF 准确率	NMF 多样性	NMF 准确率
0.1	0.8777	0.0235	0.7354	0.0522	0.8404	0.0127	0.8059	0.0165	0.8606	0.0160	0.8302	0.0184
0.2	0.7901	0.0326	0.6724	0.0522	0.7902	0.0141	0.7370	0.0165	0.8050	0.0167	0.7617	0.0184
0.3	0.7173	0.0353	0.6095	0.0522	0.7387	0.0132	0.6681	0.0165	0.7427	0.0151	0.6931	0.0184
0.4	0.6351	0.0402	0.5466	0.0522	0.6758	0.0149	0.5992	0.0165	0.6740	0.0168	0.6246	0.0184
0.5	0.5821	0.0422	0.4837	0.0522	0.5972	0.0152	0.5303	0.0165	0.6117	0.0165	0.5560	0.0184
0.6	0.5153	0.0430	0.4208	0.0522	0.5343	0.0155	0.4614	0.0165	0.5513	0.0169	0.4874	0.0184
0.7	0.4621	0.0403	0.3579	0.0522	0.4705	0.0158	0.3925	0.0165	0.4764	0.0171	0.4189	0.0184
0.8	0.3977	0.0406	0.2949	0.0522	0.4006	0.0154	0.3236	0.0165	0.4186	0.0163	0.3503	0.0184
0.9	0.3435	0.0407	0.2320	0.0522	0.3327	0.0156	0.2547	0.0165	0.3491	0.0165	0.2818	0.0184
1.0	0.2852	0.0409	0.1691	0.0522	0.2633	0.0154	0.1858	0.0165	0.2827	0.0164	0.2132	0.0184

接下来，对于芝加哥数据集和华盛顿数据集，分别固定 $\omega=0.9$ 和 $\omega=0.6$，测试参数 m 的变化对各推荐模型在两个数据集上的推荐效果影响。图 4.10 给出了在芝加哥数据集上当 $\omega=0.9$ 时参数 m 的变化对各推荐模型推荐结果的多样性和准确率的影响，并且给出了兴趣点位置-社会关系模型中未考虑（和考虑）朋友之间社会关系紧密度下各推荐模型的多样性和准确率对比。

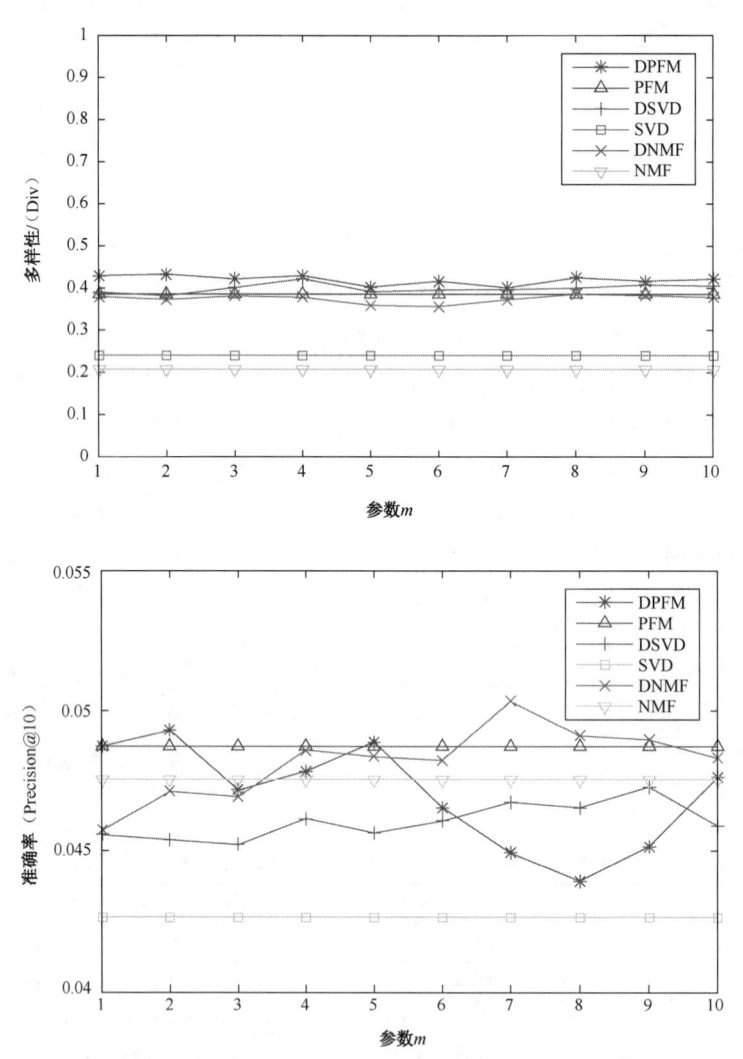

（a）未考虑朋友之间社会关系紧密度情况下推荐结果的多样性和准确率随参数 m 的变化情况

图 4.10 芝加哥数据集上参数 m 对各推荐模型推荐结果的多样性和准确率的影响

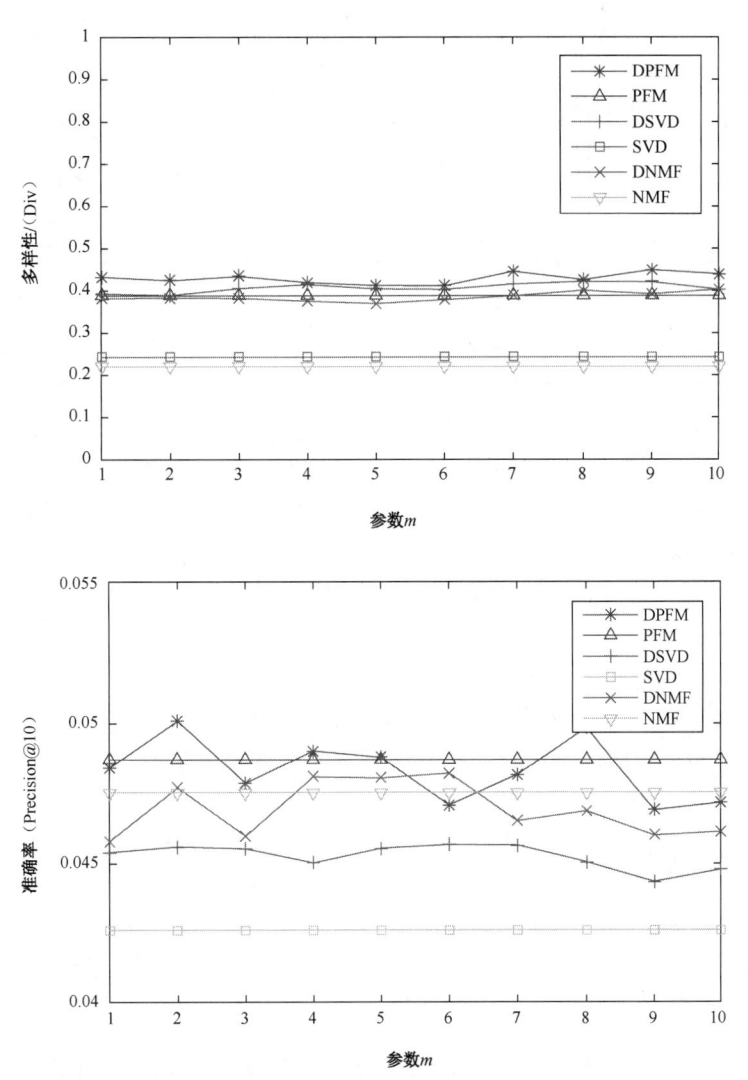

第 4 章 多样性与个性化兴趣点推荐方法

(b) 考虑朋友之间社会关系紧密度情况下推荐结果的多样性和准确率随参数 m 的变化情况

图 4.10 芝加哥数据集上参数 m 对各推荐模型推荐结果的多样性和准确率的影响（续）

表 4.9 给出了在华盛顿数据集上当 $\omega=0.6$ 时，各推荐模型推荐结果的多样性和准确率随参数 m 变化而发生的变化情况。

表 4.9 华盛顿数据集上各推荐模型推荐结果的多样性和准确率随参数 m 的变化情况

m	DPFM 多样性	DPFM 准确率	PFM 多样性	PFM 准确率	DSVD 多样性	DSVD 准确率	SVD 多样性	SVD 准确率	DNMF 多样性	DNMF 准确率	NMF 多样性	NMF 准确率
1	0.5522	0.0316	0.4208	0.0522	0.5479	0.0193	0.4614	0.0165	0.5631	0.0166	0.4874	0.0184
2	0.5153	0.0430	0.4208	0.0522	0.5343	0.0155	0.4614	0.0165	0.5513	0.0169	0.4874	0.0184
3	0.5192	0.0338	0.4208	0.0522	0.5263	0.0190	0.4614	0.0165	0.5443	0.0205	0.4874	0.0184
4	0.5308	0.0331	0.4208	0.0522	0.5414	0.0181	0.4614	0.0165	0.5489	0.0203	0.4874	0.0184
5	0.5323	0.0341	0.4208	0.0522	0.5468	0.0166	0.4614	0.0165	0.5500	0.0208	0.4874	0.0184
6	0.5374	0.0333	0.4208	0.0522	0.5507	0.0164	0.4614	0.0165	0.5518	0.0203	0.4874	0.0184
7	0.5352	0.0335	0.4208	0.0522	0.5457	0.0181	0.4614	0.0165	0.5466	0.0197	0.4874	0.0184

续表

m	DPFM 多样性	DPFM 准确率	PFM 多样性	PFM 准确率	DSVD 多样性	DSVD 准确率	SVD 多样性	SVD 准确率	DNMF 多样性	DNMF 准确率	NMF 多样性	NMF 准确率
8	0.5384	0.0312	0.4208	0.0522	0.5418	0.0163	0.4614	0.0165	0.5533	0.0166	0.4874	0.0184
9	0.5418	0.0305	0.4208	0.0522	0.5515	0.0171	0.4614	0.0165	0.5509	0.0181	0.4874	0.0184
平均	0.5460	0.0312	0.4208	0.0522	0.5428	0.0168	0.4614	0.0165	0.5540	0.0166	0.4874	0.0184

从图 4.10 和表 4.9 的实验结果可以看出，不具备多样性推荐功能的模型（如 PFM、SVD、NMF），推荐结果的多样性和准确率不受参数 m 变化的影响；具备多样性推荐功能的模型（如 DPFM、DSVD、DNMF），推荐结果的多样性和准确率随参数 m 的变化而起伏不定。需要指出的是，在考虑朋友之间社会关系紧密度情况下，基于兴趣点位置-社会关系模型的 DPFM 的推荐结果的准确率要高于未考虑朋友之间社会关系紧密度情况下的推荐结果的准确率。另外，由图 4.10（b）可知，对于芝加哥数据集，当 m=9 时，DPFM 推荐结果的多样性最高，当 m=2 时，DPFM 推荐结果的准确率最高。由表 4.9 可知，对于华盛顿数据集，当 m=1 时，DPFM 推荐结果的多样性最高，当 m=2 时，DPFM 推荐结果的准确率最高。综合来讲，当 m=2 时，DPFM 在两个数据集上的推荐结果达到了较高的多样性和准确率，可作为调参的依据。

2．DPFM 模型在不同训练集下的推荐效果评价

该实验的目的是测试本章提出的 DPFM 模型在不同数据集上和不同比例训练集下的推荐效果。实验策略为：设定推荐结果列表中包含 10 个兴趣点（k=10），分别以 10%、20%、…、90%的数据集作为 PFM、SVD、NMF 模型的训练集，相应的 90%、80%、…、10%的数据作为测试集。在此基础上，对 DPFM、PFM、DSVD、SVD、DNMF、NMF 模型的推荐结果的多样性和准确率进行测试和结果对比。

表 4.10 给出了 DPFM、PFM、DSVD、SVD、DNMF、NMF 在芝加哥数据集上不同比例训练集下推荐结果的多样性和准确率评估结果。DPFM 的参数设置为 ω=0.9 和 m=2。

表 4.10　各推荐模型在芝加哥数据集上的推荐结果的多样性和准确率

训练比例	DPFM 多样性	DPFM 准确率	PFM 多样性	PFM 准确率	DSVD 多样性	DSVD 准确率	SVD 多样性	SVD 准确率	DNMF 多样性	DNMF 准确率	NMF 多样性	NMF 准确率
10%	**0.4234**	**0.0537**	0.3922	0.0502	0.2546	0.0375	0.1655	0.0342	0.2535	0.0438	0.1395	0.0421
20%	**0.4347**	**0.0528**	0.3920	0.0502	0.3592	0.0444	0.2239	0.0401	0.3384	0.0481	0.2050	0.0489
30%	**0.4250**	**0.0533**	0.3929	0.0505	0.3607	0.0412	0.3081	0.0440	0.3623	0.0501	0.2477	0.0481
40%	**0.4220**	**0.0500**	0.3915	0.0484	0.3575	0.0474	0.3216	0.0445	0.3698	0.0478	0.1889	0.0475
50%	**0.4240**	**0.0501**	0.3878	0.0487	0.3891	0.0456	0.2421	0.0426	0.3832	0.0477	0.2198	0.0475
60%	**0.4197**	**0.0445**	0.3889	0.0451	0.3654	0.0426	0.2521	0.0394	0.3888	0.0461	0.2159	0.0455
70%	**0.4212**	**0.0446**	0.3913	0.0447	0.3555	0.0407	0.3359	0.0383	0.3759	0.0431	0.2267	0.0441
80%	**0.4251**	**0.0532**	0.3920	0.0502	0.3511	0.0441	0.2239	0.0401	0.3343	0.0481	0.2050	0.0490
90%	**0.4220**	**0.0536**	0.3922	0.0502	0.2444	0.0381	0.1655	0.0342	0.2521	0.0436	0.1395	0.0421
平均	**0.4241**	**0.0506**	0.3912	0.0487	0.3375	0.0424	0.2487	0.0397	0.3398	0.0465	0.1987	0.0461

表 4.11 给出了 DPFM、PFM、DSVD、SVD、DNMF、NMF 在东京数据集上不同比例训练集下推荐结果的多样性和准确率评估结果。DPFM 在该数据集上的参数设置为 ω=0.8 和 m=2。

表 4.11　各推荐模型在东京数据集上的推荐结果的多样性和准确率

训练比例	DPFM 多样性	DPFM 准确率	PFM 多样性	PFM 准确率	DSVD 多样性	DSVD 准确率	SVD 多样性	SVD 准确率	DNMF 多样性	DNMF 准确率	NMF 多样性	NMF 准确率
10%	**0.7569**	**0.0404**	0.7421	0.0314	0.6983	0.0234	0.6584	0.0234	0.7218	0.0344	0.6661	0.0295
20%	**0.7563**	**0.0397**	0.7428	0.0302	0.6818	0.0225	0.6368	0.0227	0.7197	0.0352	0.6710	0.0264
30%	**0.7575**	**0.0352**	0.7431	0.0226	0.6938	0.0231	0.6491	0.0229	0.6889	0.0312	0.6493	0.0241
40%	**0.7596**	**0.0324**	0.7439	0.0248	0.6694	0.0326	0.6212	0.0223	0.7006	0.0305	0.6415	0.0275
50%	**0.7555**	**0.0296**	0.7447	0.0235	0.6538	0.0155	0.6184	0.0162	0.6965	0.0263	0.6323	0.0199
60%	**0.7578**	**0.0246**	0.7439	0.0181	0.6424	0.0223	0.6010	0.0220	0.6740	0.0244	0.6125	0.0224
70%	**0.7577**	**0.0229**	0.7457	0.0165	0.6243	0.0131	0.6054	0.0125	0.6113	0.0229	0.5634	0.0174
80%	**0.7521**	**0.0159**	0.7367	0.0115	0.5767	0.0254	0.5527	0.0243	0.6116	0.0234	0.5517	0.0213
90%	**0.7654**	**0.0111**	0.7329	0.0086	0.4931	0.0122	0.4650	0.0112	0.4508	0.0118	0.4104	0.0091
平均	**0.7576**	**0.0280**	0.7417	0.0212	0.6371	0.0211	0.6009	0.0197	0.6528	0.0267	0.5998	0.0220

表 4.12 给出了 DPFM、PFM、DSVD、SVD、DNMF、NMF 在华盛顿数据集上不同比例训练集下推荐结果的多样性和准确率评估结果。DPFM 的参数设置为 $\omega=0.6$ 和 $m=2$。

表 4.12　各推荐模型在华盛顿数据集上的推荐结果的多样性和准确率

训练比例	DPFM 多样性	DPFM 准确率	PFM 多样性	PFM 准确率	DSVD 多样性	DSVD 准确率	SVD 多样性	SVD 准确率	DNMF 多样性	DNMF 准确率	NMF 多样性	NMF 准确率
10%	**0.5433**	**0.0541**	0.4256	0.0547	0.3702	0.0125	0.3037	0.0154	0.4055	0.0167	0.3442	0.0253
20%	**0.5323**	**0.0422**	0.4231	0.0479	0.4591	0.0197	0.4326	0.0189	0.477	0.0147	0.429	0.0187
30%	**0.5258**	**0.0443**	0.4099	0.056	0.5247	0.017	0.458	0.0194	0.5474	0.0243	0.4767	0.0313
40%	**0.5121**	**0.0467**	0.4142	0.0548	0.529	0.015	0.4672	0.0165	0.5361	0.0182	0.4667	0.0199
50%	**0.5228**	**0.0417**	0.4208	0.0522	0.5358	0.0155	0.4614	0.0165	0.5424	0.0166	0.477	0.0205
60%	**0.5264**	**0.0349**	0.4124	0.0415	0.5543	0.0184	0.4709	0.0187	0.5354	0.0163	0.4778	0.0174
70%	**0.5262**	**0.0296**	0.4111	0.0396	0.547	0.0137	0.4937	0.016	0.5503	0.016	0.4863	0.0181
80%	**0.5289**	**0.0235**	0.4124	0.03	0.5398	0.0085	0.4554	0.009	0.5467	0.0113	0.4816	0.0129
90%	**0.5282**	**0.0138**	0.4142	0.0163	0.5517	0.0073	0.4811	0.0075	0.5456	0.0096	0.4801	0.0101
平均	**0.5273**	**0.0368**	0.4160	0.0437	0.5124	0.0142	0.4471	0.0153	0.5207	0.0160	0.4577	0.0194

表 4.13 给出了 DPFM、PFM、DSVD、SVD、DNMF、NMF 在伦敦数据集上不同比例训练集下推荐结果的多样性和准确率评估结果。DPFM 的参数设置为 $\omega=0.4$ 和 $m=2$。

表 4.13　各推荐模型在伦敦数据集上的推荐结果的多样性和准确率

训练比例	DPFM 多样性	DPFM 准确率	PFM 多样性	PFM 准确率	DSVD 多样性	DSVD 准确率	SVD 多样性	SVD 准确率	DNMF 多样性	DNMF 准确率	NMF 多样性	NMF 准确率
10%	**0.6843**	**0.0392**	0.6274	0.0473	0.4143	0.0201	0.3802	0.0146	0.47	0.0195	0.4361	0.0210
20%	**0.6776**	**0.0378**	0.6265	0.0469	0.5505	0.0266	0.4942	0.0221	0.589	0.0321	0.5429	0.0337
30%	**0.6876**	**0.0363**	0.6253	0.0443	0.6305	0.0308	0.5625	0.0205	0.6265	0.0334	0.5841	0.0322
40%	**0.6899**	**0.0345**	0.6253	0.0399	0.6538	0.0264	0.6494	0.0185	0.6629	0.0331	0.6176	0.0332
50%	**0.6767**	**0.0314**	0.6253	0.036	0.6724	0.0264	0.6337	0.0199	0.66	0.0307	0.6179	0.0326
60%	**0.6925**	**0.0283**	0.6265	0.0323	0.6763	0.0264	0.6675	0.0217	0.6788	0.0285	0.6344	0.0289
70%	**0.6760**	**0.0237**	0.6279	0.0297	0.6916	0.0228	0.6349	0.0174	0.6852	0.0225	0.6341	0.0217
80%	**0.6845**	**0.0190**	0.6253	0.0234	0.6826	0.0143	0.6575	0.0089	0.6945	0.0198	0.6405	0.0175

续表

训练比例	DPFM 多样性	DPFM 准确率	PFM 多样性	PFM 准确率	DSVD 多样性	DSVD 准确率	SVD 多样性	SVD 准确率	DNMF 多样性	DNMF 准确率	NMF 多样性	NMF 准确率
90%	**0.6883**	**0.0118**	0.6253	0.0178	0.6829	0.011	0.6806	0.0087	0.6931	0.0136	0.6402	0.0136
平均	**0.6842**	**0.0291**	0.6261	0.0353	0.6283	0.0228	0.5956	0.0169	0.6400	0.0259	0.5942	0.0260

由表 4.8～表 4.13 的数据可知，DPFM 的推荐结果的平均多样性程度最高，在芝加哥、东京、华盛顿和伦敦数据集上的平均多样性分别为 42.41%、75.76%、52.73%和 68.42%，并且具有多样性推荐功能的模型的推荐结果多样性普遍优于不具有多样性推荐功能的模型。从实验结果还可以发现，具有多样性推荐功能的模型的平均推荐准确率在芝加哥和东京数据集上优于不具有多样性推荐功能的模型，在芝加哥和东京数据集上的平均准确率分别为 5.06%和 2.80%，但在华盛顿和伦敦数据集上的平均推荐准确率略低于不具有多样性推荐功能的模型，但除了 DPFM 与 PFM 的平均准确率有一定差距，其他两种相差不大。主要原因是芝加哥和东京数据集的用户签到数较多，使得兴趣点之间的位置-社会关系相关度较为紧密，每个聚类中包含的兴趣点与用户偏好的兴趣点重叠率相对较高；而华盛顿和伦敦数据集上的用户签到数较少，导致兴趣点之间的位置-社会关系相关度较低，聚类效果相对不如前两个数据集，因此推荐结果的准确率总体不如不具有多样性推荐功能的模型。但需要指出的是，各推荐模型在 4 个数据集上的推荐结果的准确率都普遍偏低，主要原因是数据稀疏问题导致（如有些用户访问的兴趣点个数还不足 10 个），下一步工作将结合用户和兴趣点的多种关联信息，采用图嵌入和跨领域迁移学习等技术进一步解决数据稀疏问题。

总体来讲，通过对比结果可知，①本章提出的 DPFM 模型所得到的推荐结果的多样性普遍优于 PFM、DSVD、SVD、DNMF、NMF 等模型；②具备多样性分析功能的 DPFM、DSVD、DNMF 模型的推荐结果的多样性普遍高于相应的 PFM、SVD、NMF 模型；③相对于 DSVD、DNMF 模型来讲，DPFM 的推荐结果的准确率相对较高。例如，在芝加哥和东京数据集上优于 PFM；在华盛顿和伦敦数据集上不如 PFM，但优于 SVD 和 NMF。以上结果反映出本章提出的多样性兴趣点分析解决方案在提高推荐结果的多样性方面具有明显优势，同时推荐结果具有一定的准确性。

4.8 本章小结

本章通过综合考虑兴趣点之间的位置关系和社会关系，构建了兴趣点之间的位置-社会关系模型，提出了基于谱聚类的兴趣点聚类划分方法。在现有矩阵分解模型基础上，构建了一种新型的多样性与个性化兴趣点推荐解决方案，并且给出了具体实现方法。实验结果和分析表明，提出的位置-社会关系评估模型能够更好地发现兴趣点之间的位置-社会关系，得到的聚类结果更为合理。在此基础上，推荐结果不仅比现有的矩阵分解算法具有更高的多样性程度，还能够较好地满足用户的多样性与个性化需求。本章提出的多样性与个性化兴趣点推荐方法能够很好地与空间关键字查询技术进行紧密结合，在用户进行查询的同时为用户推荐其感兴趣的多样性兴趣点。

4.9　参考文献

[1] Galán S F. Comparative evaluation of region query strategies for DBSCAN clustering[J]. Information Sciences, 2019, 502: 76-90.

[2] Hernando A, Bobadilla J, Ortega F. A non negative matrix factorization for collaborative filtering recommender systems based on a Bayesian probabilistic model[J]. Knowledge-Based Systems, 2016, 97: 188-202.

[3] He J, Li X, Liao L J. Category-aware next point-of-interest recommendation via listwise bayesian personalized Ranking[C]. In: Proceedings of the International Joint Conference on Artificial Intelligence, 2017, 1837-1843.

[4] Li H, Ge Y, Lian D F, et al. Learning user's intrinsic and extrinsic interests for point-of-interest recommendation: a unified approach[C]. In: Proceedings of the International Joint Conference on Artificial Intelligence, 2017, 2117-2123.

[5] Li X, Jiang M M, Hong H T, et al. A time-aware personalized point-of-interest recommendation via high-order tensor factorization[J]. ACM Transactions on Information Systems, 2017, 35(4): 1-23.

[6] 彭宏伟，靳远远，吕晓强，等．一种基于矩阵分解的上下文感知 POI 推荐算法[J]．计算机学报，2019，42（8）：1797-1811．

[7] Chen X F, Zeng Y F, Cong G. On information coverage for location category based point-of-interest recommendation[C]. In: Proceedings of the 29th AAAI Conference on Artificial Intelligence, 2015, 37-43.

[8] Liu Q H, Reiner A H, Frigessi A. Diverse personalized recommendations with uncertainty from implicit preference data with the Bayesian Mallows model[J]. Knowledge Based Systems, 2019, 186: 1-12.

[9] Shi J M, Mamoulis N, Wu D M. Density-based place clustering in geo-social networks[C]. In: Proceedings of the ACM SIGMOD Conference on Management of Data, 2014, 99-110.

[10] Chen X J, Hong W J, Nie F P, et al. Spectral clustering of large-scale data by directly solving normalized cut[C]. In: Proceedings of the ACM SIGKDD Conference on Knowledge Discovery and Data Mining, 2018, 1206-1215.

[11] Shi J B, Malik J. Normalized cuts and image segmentation[C]. In: Proceedings of the International Conference on Computer Vision and Pattern Recognition, 1997, 731-737.

[12] Guan X, Li C T, Guan Y. Matrix factorization with rating completion: an enhanced SVD model for collaborative filtering recommender systems[J]. IEEE Access, 2017, 5: 27668-27678.

[13] Ma H, Liu C, King I. Probabilistic factor models for web site recommendation[C]. In: Proceedings of the International ACM SIGIR Conference on Research and Development in Information Retrieval, 2011, 265-274.

第 5 章　基于图神经网络的兴趣点推荐方法

内容关键词
- 兴趣点推荐
- 图神经网络
- 基于位置的社交网络（LBSN）
- 概率因子模型

5.1　引言

　　近年来，深度学习在图形图像处理、自然语言处理等领域取得了重大突破，为兴趣点推荐的研究带来了新的机遇。目前，深度学习在兴趣点推荐中得到了深入应用，实现了对可用信息建模，如通过将用户和兴趣点的类别信息使用神经网络模型嵌入到用户和兴趣点的向量表示中，避免了使用独热（One-hot）编码表示用户和兴趣点时向量长度与用户和兴趣点数量成正比的弊端。需要指出的是，在建模用户和兴趣点之间的交互行为时，现有方法使用内积作为交互函数，不足以捕获用户和兴趣点之间复杂的交互行为。深度神经网络已经被证明有拟合任何连续函数的能力，因此本章利用深度神经网络从用户和兴趣点的评分数据中学习用户和兴趣点的交互行为函数，进而捕获用户和兴趣点之间的非线性交互行为。

　　协同过滤是兴趣点推荐中广泛使用的方法，该方法的主要范式是学习用户和兴趣点的潜在特征作为用户和兴趣点的向量表示，然后基于向量表示预测用户对兴趣点的偏好程度。矩阵分解方法直接将用户的 ID 作为用户的向量表示，但随着词嵌入技术的发展，最近的一些研究工作开始将用户和兴趣点的描述信息进行嵌入作为用户和兴趣点的向量表示，用于捕获用户偏好以及兴趣点的深层特征。但该类方法没有捕获用户-兴趣点交互行为历史中的协作信息，产生的嵌入向量不足以捕获协同过滤影响。最近，图神经网络被提出用来学习图数据中的向量表示，可以整合图中的结点信息、边信息以及拓扑结构，在向量表示学习上取得了成功，其主要思想是使用神经网络从邻居结点中迭代的转换和聚合特征信息，并在转换和聚合之后结点信息也可以在图上传播。

　　位置信息是兴趣点的基本属性，是兴趣点推荐算法必须考虑的关键因素。例如，相比

第 5 章　基于图神经网络的兴趣点推荐方法

于距离较远的兴趣点,用户更可能会选择距自己较近的兴趣点。社交关系在兴趣点推荐中也吸引了较多关注,用户可以通过其朋友、同事等获得或传播信息,这意味着用户潜在的社交关系在用户过滤信息时起着一定作用。研究发现,两个用户之间签到行为的相似性与他们在社交网络中的相关性有很强的联系,在 Gowalla 和 Foursquare 数据集上的调查结果显示,有超过 5%具有社交关系的朋友,20%具有邻居关系的朋友,以及 40%位置邻近的朋友,他们之间的相似度大于 0.2,验证了用户朋友对用户的决策行为存在一定影响。现有模型仅考虑了用户社交网络中的朋友,忽略了用户的决策行为可能受用户的朋友的朋友影响,而用户之间的信息传递不仅限于用户的朋友,并且用户之间的信息传递还存在信息扩散现象,只考虑用户社交网络中的朋友不足以捕获社交网络中传递的信息带来的影响。

图 5.1(a)所示为用户社交网络的矩阵。在图 5.1(a)中"1"代表用户与用户在社交网络中存在朋友关系,"0"代表用户与用户在社交网络中不存在朋友关系。图 5.1(b)所示为用户社交关系图,是以用户 u_1 为目标用户展开的社交关系图,相连的两个用户之间在社交网络中存在朋友关系。从图 5.1(b)可以看出,用户 u_1 与 u_2、u_3 是朋友,用户与用户之间的信息传递不仅限于朋友之间,如用户 u_1 的决策行为可能受用户 u_5 的影响,因为 u_1 和 u_5 存在共同的朋友 u_2。而相对于用户 u_4,u_1 可能与 u_5 更加亲密,因为 u_5 到达 u_1 的路径有两条,而 u_4 到达 u_1 的路径只有一条。与 u_6 相比,u_1 的行为可能更受 u_4 的影响,因为用户 u_1 到 u_4 的路径长度为 2,而 u_1 到 u_6 的路径长度为 3。由于 u_2、u_3 到达 u_1 的路径长度为 1,u_4、u_5 到达 u_1 的路径长度为 2,u_6 为 3,因此本章将 u_2、u_3 视为 u_1 的一阶朋友,u_4、u_5 视为二阶朋友,u_6 视为三阶朋友。此外,用户与朋友之间信息的传递与用户之间的亲密度有关,更亲近的朋友之间传递的信息可能会更多,从而表现出更加相似的偏好。

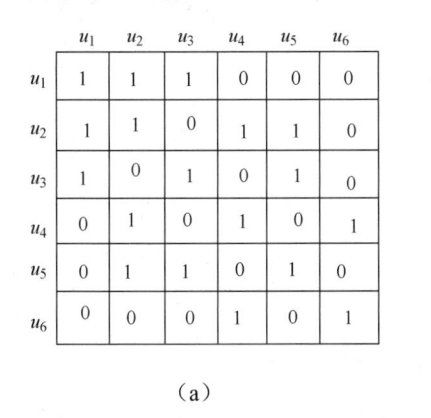

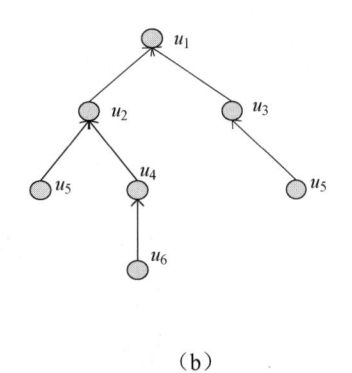

	u_1	u_2	u_3	u_4	u_5	u_6
u_1	1	1	1	0	0	0
u_2	1	1	0	1	1	0
u_3	1	0	1	0	1	0
u_4	0	1	0	1	0	1
u_5	0	1	1	0	1	0
u_6	0	0	0	1	0	1

(a)　　　　　　　　　　(b)

图 5.1　用户社交网络的矩阵及用户社交关系图

通过上述分析,可以看出用户与兴趣点的交互行为和用户之间的社交关系对兴趣点的推荐具有较大程度的影响,本章将以此为切入点,对兴趣点推荐算法展开深入研究,目标是进一步提升兴趣点推荐的准确性。图神经网络可以处理非欧氏数据,为建模用户社交网络中的信息扩散现象和学习由评分数据得到的用户-兴趣点交互图中的协作信息带来了机遇。因此,本章不仅考虑了兴趣点的位置信息和用户的社交信息,还进一步将图神经网络应用到兴趣点推荐中,提出了一种基于 LBSN 和多图融合的兴趣点推荐方法,旨在减小兴趣点推荐的误差提升兴趣点推荐的准确率,为图神经网络和兴趣点推荐的结合提供了新的思路。

5.2 图神经网络和基于位置的社交网络

5.2.1 图神经网络

深度学习适用于在欧氏数据上学习，欧氏数据最显著的特点是其空间结构是有规则的，如二维图像数据可以表示成二维矩阵形式。但是在现实生活中，存在着很多非欧氏数据，如图数据（如社交网络数据、生物基因数据等），它们的空间结构是不规则的。图数据由图中的结点集合 V 和边集合 E 组成，根据结点之间是否存在方向依赖关系分为有向图和无向图，如图 5.2（a）是无向图，图 5.2（b）是有向图。对于图数据，可以根据结点的邻居结点来判断一个结点的状态。例如，Yelp 中用户的社交网络，每个用户为图数据中的一个结点，用户 A 可在某个兴趣点上签到、评分、评论等，如果用户社交网络中的朋友 B 在相同的时间点在同一兴趣点上签到，尽管用户的朋友没有对兴趣点进行评分或评论，但是可以通过用户 A 的评分或评论信息推断出用户 B 对该兴趣点的喜爱程度。图数据的每个结点都拥有不同数量的邻居结点，深度学习的一些重要操作不适用于图数据，如卷积神经网络中的卷积操作无法在图数据上计算。此外，现有的深度学习算法假设数据样本之间是相互独立的，不存在依赖关系，但是图数据中每个结点的向量表示与该结点的邻居结点相关，因为图数据中结点与其邻居结点是相连接的，这些连接信息用于捕获图数据中的拓扑结构。因此，深度学习方法在图数据方面的应用存在巨大的挑战。

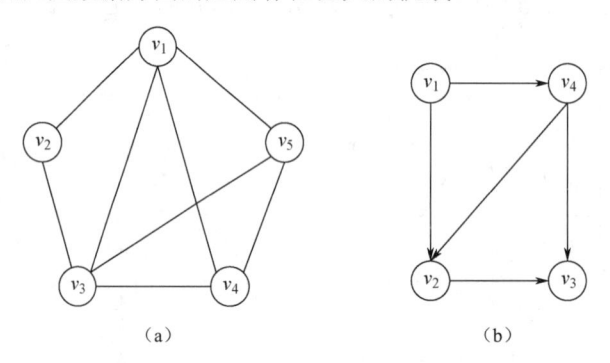

图 5.2 无向图与有向图

图神经网络是直接作用在图数据上的神经网络，基本模型如图 5.3 所示。图神经网络一般由传播模块和输出模块组成，传播模块更新结点的状态，图数据中的结点之间相互传递信息，传播模块包括信息构造操作、信息聚合操作和迭代操作。

信息构造操作用于构造结点之间传递的信息。例如，构造结点 n 和它的邻居结点 i 之间的信息，为了在结点 n 的嵌入向量中嵌入来自结点 i 的信息，对于 (n, i) 之间的信息，构造方式为

$$m_{n \leftarrow i} = f\left(x_n, x_{co[n \leftarrow i]}, e_i, x_{ne[n \leftarrow i]}, p_{ni}\right) \tag{5.1}$$

式中，x_n 为结点 n 的特征；$x_{co[n \leftarrow i]}$ 为结点 n 与结点 i 相连边的特征；e_i 为结点 n 的邻居结点 i 的初始向量表示；$x_{ne[n \leftarrow i]}$ 是结点 n 的邻居结点 i 的特征；f 为一个神经网络模型；p_{ni} 为衰减因子。p_{ni} 的常见表示形式有均值操作、图卷积算子等。

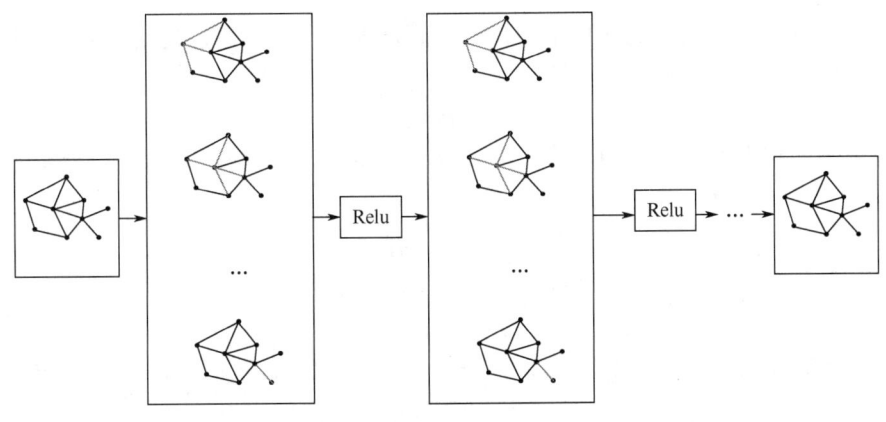

图 5.3　图神经网络的基本模型

信息聚合操作聚合了来自结点 n 的所有邻居结点的信息，聚合操作定义为

$$e_n = \sum_{i \in N_n} m_{n \leftarrow i} \tag{5.2}$$

式中，e_n 为结点 n 的嵌入向量。有些模型在信息聚合时会聚合来自自我连接的信息，以保留结点自身的原始特征。

迭代操作即模型在学习和训练过程中迭代的更新结点的嵌入向量，计算方法为

$$e_n^T = F(e_n^{T-1}, X) \tag{5.3}$$

式中，T 为迭代的次数，X 为所有的特征。

输出模块根据模型应用场景的不同，可以分为结点分类和图分类问题。对于结点分类，模型最后输出的是图中每个结点的标签，此时模型的损失函数定义为

$$\text{Loss} = \sum_n^p (t_n - e_n^T) \tag{5.4}$$

式中，p 为图中结点的数量，t_n 为结点 n 的真实标签（数据集中的标签），e_n^T 为模型预测的标签。

对于图分类问题，需要在最后一次迭代更新结点的嵌入向量之后聚合结点的特征，使用 READOUT 函数来获取整个图的表征向量 $h(G)$，进而得到模型的输出，输出定义为

$$h(G) = \text{READOUT}(\{h_v^{\{k\}} | v \in G\}) \tag{5.5}$$

其中，READOUT 函数可以是一个简单的置换不变函数，如求和函数、图级别上的池化函数等。

图神经网络模型根据划分的依据不同，存在多种划分方式。常见的图神经网络有图卷积网络（Graph Convolutional Network，GCN）、图注意力网络（Graph Attention Network，GAN）、图自编码器（Graph Auto-Encoder，GAE）等。下面对这 3 种图神经网络进行介绍。

（1）图卷积网络：卷积神经网络可以在欧氏数据上进行卷积操作，由于图数据不满足平移不变性，因此国内外学者开始研究在图数据上构建卷积算子。2013 年，研究者提出了第一个图卷积网络，在谱空间定义图卷积，该网络从图谱的理论和卷积的定义出发，这一支后来发展为图卷积领域的谱方法。最初图卷积领域的谱方法存在时空复杂度较高的缺陷，CheNet 和 GCN 针对这一问题对谱方法进行了优化，对卷积核进行参数化，从而降低时空复杂度。图卷积网络根据图卷积定义的不同，分为基于空间的图卷积网络和基于频谱的图

卷积网络。在基于频谱的图卷积网络中，图被假设为无向图，可以使用标准拉普拉斯矩阵表示无向图。拉普拉斯矩阵定义为

$$L = D - A \tag{5.6}$$

式中，D 为图的结点度矩阵，$D_{ii} = \sum_{j}(A_{i,j})$；$A$ 为邻接矩阵。标准拉普拉斯矩阵的表示为

$$L = I - D^{-\frac{1}{2}} A D^{-\frac{1}{2}} \tag{5.7}$$

标准拉普拉斯矩阵是一个实对称半正定矩阵，因此可以被特征分解为

$$L = U \Lambda U^{\mathrm{T}} \tag{5.8}$$

式中，Λ 为一个对角阵，对角线上的值为排序后的特征值；$U = [u_0, u_1, \cdots, u_{n-1}] \in R^{N \cdot N}$ 为特征值排序后的特征向量矩阵。拉普拉斯矩阵的特征向量构成了一个标准正交空间，数学表示形式为

$$U U^{\mathrm{T}} = I \tag{5.9}$$

对于图中每个结点的特征向量 x 而言，对其做图傅里叶变换，将其映射到一个标准的正交空间里。傅里叶变换为

$$F(x) = U^{\mathrm{T}} x \tag{5.10}$$

逆傅里叶变换为

$$F^{-1}(x) = U \hat{x} \tag{5.11}$$

对于输入的特征向量 x，其图卷积可以表示为

$$x \cdot Gg = F^{-1}(F(x) \otimes F(g)) = U(U^{\mathrm{T}} x \otimes U^{\mathrm{T}} g) \tag{5.12}$$

式中，$\otimes$ 为向量元素级上的乘积操作；g 为滤波器。

为了使卷积操作能够在图数据上进行运算，受传统卷积神经网络在图像上卷积运算的启发，基于空间的图卷积网络根据结点的空间关系定义图的卷积操作。首先分析图像和图形的空间结构；然后将图像看作是一种特殊形式的图形，每个像素代表一个结点；如图 5.4（a）是一个二维图像，每个结点与其相邻结点相连，对于一个 3×3 的窗口，每个结点的邻域就是与它相邻的 8 个像素；最后将窗口内每个结点的像素值进行加权平均操作。如图 5.4（b）所示，将这样的思想扩展到基于空间的图卷积中，中心结点的表示可以定义为将该结点的表示与其相邻结点的表示进行聚合。在实际的操作过程中，通常将多个图的卷积层叠加以更好地探究结点感受野的深度和宽度。

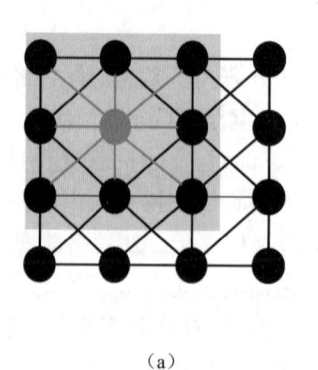

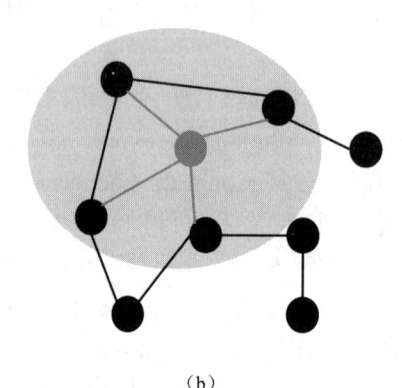

(a)

(b)

图 5.4 图像和图上的卷积操作

（2）图注意力网络：注意力机制能够聚焦于模型中最重要的部分，并且在许多模型中证明了它在多任务中的有效性，如推荐系统和自然语言处理等，因此在图神经网络中引入注意力机制。注意力机制可以将多个邻居结点的输出进行整合，赋予每个邻居结点不同的权重，根据权重的不同区分结点的重要性，权重越大表示结点越重要，并且结点之间的权重是参数化的，在端到端的模型中共同学习神经网络的参数和注意力权重。

（3）图自编码器：图自编码器作为网络嵌入的一种方法，将网络结点通过神经网络表示为低维向量。最为经典的范例是利用多层感知器作为编码器来获得结点嵌入，解码器重新构建结点的邻域统计信息，目标是通过编码器学习到低维的结点向量，然后通过解码器重构出图数据。

5.2.2 基于位置的社交网络

社交网络源自于网络社交，网络社交的起点是电子邮件，电子邮件的出现解决了远距离、点对点的邮件传输问题。随着电子邮件用户的增多，点对点的邮件传输已不能满足用户的社交需求，为了能够从点对点的交流提升到点对面的交流，出现了各种网络社交工具，如 YouTube、Twitter 等。这些网络社交工具不但降低了社交成本，而且提升了信息传输速度以及并行处理消息的能力。用户通过这些网络社交工具逐渐完善在网络上的画象，社交网络由此诞生。随着互联网和 GPS 定位技术的高速发展以及移动设备的广泛普及，基于位置的社交网络受到广泛欢迎，为社交网络的研究提供新的途径，基于位置的社交网络（Location-Based Social Networks，LBSN）也逐渐成为众多学者的热点研究对象之一。

基于位置的社交网络将位置因素和社交网络相结合，以便人们可以共享嵌入位置的信息。物理世界中位置信息可以分为两类：第一类是用户在指定时间下的即时位置信息；第二类是用户在一段时间内的历史位置信息。用户之间的相关性包括用户之间在特定时间内出现在同一位置，即具有相同的即时位置信息，或者用户之间在指定的时间段内具有相同的历史位置信息。当用户在任意位置签到时，LBSN 会记录用户签到的位置信息以及位置标记的媒体内容（包括图片、视频和文字等），通过用户和位置信息可以建立用户-位置关系图。基于位置的社交网络记录了用户的签到轨迹或行为轨迹，在行为轨迹中的位置之间建立位置关系图。用户可以匹配到在相同位置上签到过的用户，并与之建立联系，通过用户之间的相互关系及存在于 LBSN 中用户的社交朋友可以建立用户关系图。如图 5.5 所示，这 3 幅图构成了 LBSN 的重要研究依据。

在基于位置的社交网络中，典型的有 Gowalla、Foursquare、Yelp、Facebook 等。根据位置信息不同的表现形式，将其分为 3 类。

（1）位置信息的表现形式为图片、视频等媒体内容。该类网络的典型代表是 Flickr，Flickr 提供系统的图片服务，包括上传具有地理位置的图片、给图片添加标签、标题、说明、分类等。用户还可以添加自己的朋友或家人等，方便分享和交流。用户之间的社交关系是基于媒体内容本身的，因此这类网络服务的焦点仍然是媒体内容本身，位置信息只是这些媒体内容的一个属性信息。

（2）使用经纬度等位置点表示位置信息。该类网络的典型代表是 Yelp，Yelp 是美国最大的点评网站，用户可以在该网站上签到、发布评论信息、上传图片等。这类网络用户通过分享自己的即时位置,可以与处于此位置附近的朋友进行社交活动。

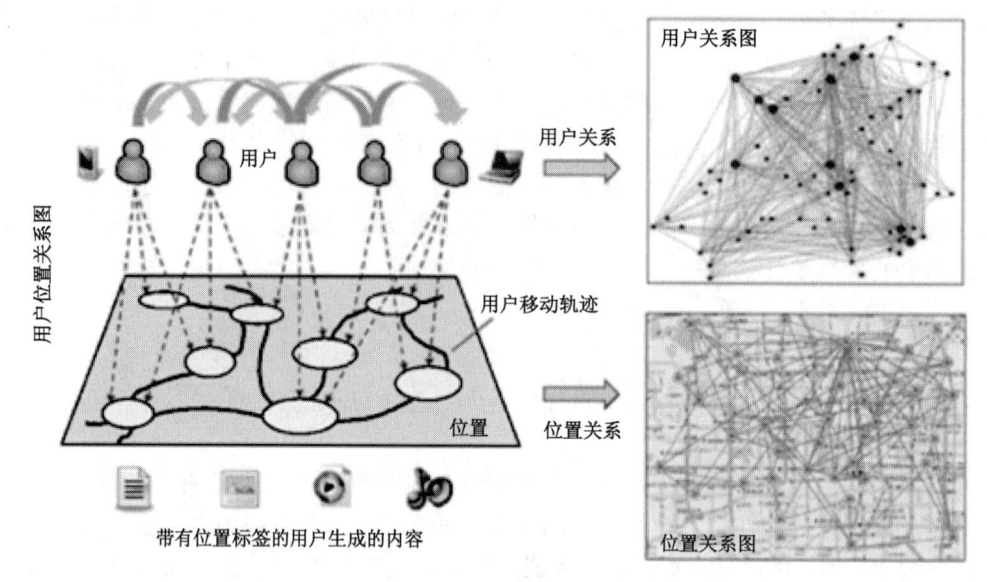

图 5.5 LBSN 的重要研究依据

（3）由经纬度和时间描述的轨迹表示位置信息。这类网络的代表是 GeoLife，通过手机和定位设备获取用户的活动轨迹，详细记录了活动轨迹的信息，包括时间、经纬度信息、运动速度等。

目前基于位置的社交网络的应用主要包括基于用户的应用与基于位置的应用。基于用户的应用对用户的社交关系、行为及用户中的专家发现进行分析。

（1）用户的社交关系。LBSN 通过用户的签到数据记录用户的兴趣偏好，并根据用户的兴趣偏好衡量用户之间的相似性，将相似度高的用户优先推荐给用户，用户可以根据推荐选择自己的好友，或者将经常在某位置签到的用户划分为同一群体，然后衡量用户与群体之间的相似性，从而进行群体的推荐。

（2）用户的行为分析。每个用户的行为方式都具有一定规律，用户的行为直观的反应出用户的生活方式以及兴趣偏好。对用户的行为进行分析可以更加全面地了解用户。

（3）用户中的专家发现。用户经常在同一地理位置签到，可以推断出用户与地理位置之间的相关性较高，用户在该地理位置上具有较高的经验值，经验值较高用户的经验和意见具有较高的参考价值。

5.3 相关定义和解决方案

5.3.1 相关定义

定义 5.1（兴趣点） 兴趣点是包含位置信息的地点，兴趣点集合用 $V=\{v_1, v_2, \cdots, v_n\}$ 表示，其中 n 表示兴趣点个数，每个兴趣点 v_i（$i \in 1, 2, \cdots, n$）都包含经度值和纬度值。

定义 5.2（用户-兴趣点交互图） 用户-兴趣点交互图用 $G(P, E)$ 表示，其中 P 表示结点的集合，每个结点表示一个用户或兴趣点，E 表示边的集合。如果用户对兴趣点有过交互行为，那么该用户和兴趣点之间存在边，并且边上的信息为该用户对该兴趣点的评价（评分或评论信息）；如果用户对兴趣点没有交互行为，那么用户和兴趣点之间不存在边。用户-兴趣点交互图可从用户对兴趣点的历史评价数据中得到。

定义 5.3（用户社交关系图） 用户社交关系图用 $A(U, S)$ 表示，其中 U 表示结点的集合，每个结点代表一个用户，S 表示边的集合。如果用户之间在社交网络中为朋友关系，那么他们之间存在边；如果用户之间不是朋友关系，那么他们之间不存在边。用户社交关系图可由用户社交网络中的信息得到。

$U=\{u_1, u_2, \cdots, u_m\}$ 和 $V=\{v_1, v_2, \cdots, v_n\}$ 分别为用户和兴趣点的集合，m 为用户的数量，n 为兴趣点的数量。表 5.1 给出了用户评分记录。

表 5.1 用户评分记录表

兴趣点	经度值	纬度值	用户	评分
v_1	33.3306902	−111.9785992	u_2	4
v_1	33.3306902	−111.9785992	u_1	3
v_2	40.2916853	−80.1048999	u_3	5
v_3	33.5249025	−112.1153098	u_4	3
v_4	41.1195346	−81.4756898	u_3	2
v_4	41.1195346	−81.4756898	u_5	1
v_5	48.7272000	9.14795000	u_2	4
v_5	48.7272000	9.14795000	u_5	3

5.3.2 解决方案模型

有些兴趣点推荐方法将用户和兴趣点使用 One-hot 编码进行表示，One-hot 编码与用户和兴趣点的数量有关，即该用户或兴趣点所在的位置为 1，其他的位置都为 0。例如，表 5.1 中共有 5 个兴趣点，因此兴趣点的 One-hot 编码长度为 5，兴趣点 v_1 的向量表示为[1, 0, 0, 0, 0]，v_2 的向量表示为[0, 1, 0, 0, 0]，v_3 的向量表示为[0, 0, 1, 0, 0]，v_4 的向量表示为[0, 0, 0, 1, 0]，v_5 的向量表示为[0, 0, 0, 0, 1]。尽管 One-hot 编码简单且易于理解，但 One-hot 编码有一定的缺陷。第一，One-hot 编码的长度与用户的数量和兴趣点的数量成正比；第二，One-hot 编码无法体现用户和兴趣点、用户和用户、兴趣点和兴趣点之间的关联关系；第三，One-hot 编码无法解决兴趣点推荐中的冷启动问题，因为 One-hot 编码无法对新用户和新兴趣点进行向量表示。

随着词嵌入技术的发展，研究者开始将用户和兴趣点的属性信息（例如，用户的年龄）等进行嵌入而得到用户和兴趣点的向量表示（见图 5.6），然后将用户和兴趣点的向量表示进行内积操作或将用户和兴趣点的嵌入向量输入到一个神经网络模型中进行评分预测。尽管词嵌入技术解决了 One-hot 编码中的长度问题，但无法学习到用户社交网络或用户-兴趣点交互数据中的拓扑结构。因此，本章提出了基于图神经网络的用户和兴趣点嵌入向量学习方法。如图 5.7 所示，本章提出的兴趣点推荐模型首先使用图神经网络学习用户和兴趣点的嵌入向量；然后将用户和兴趣点的嵌入向量输入到一个神经网络模型中进行评分预测。

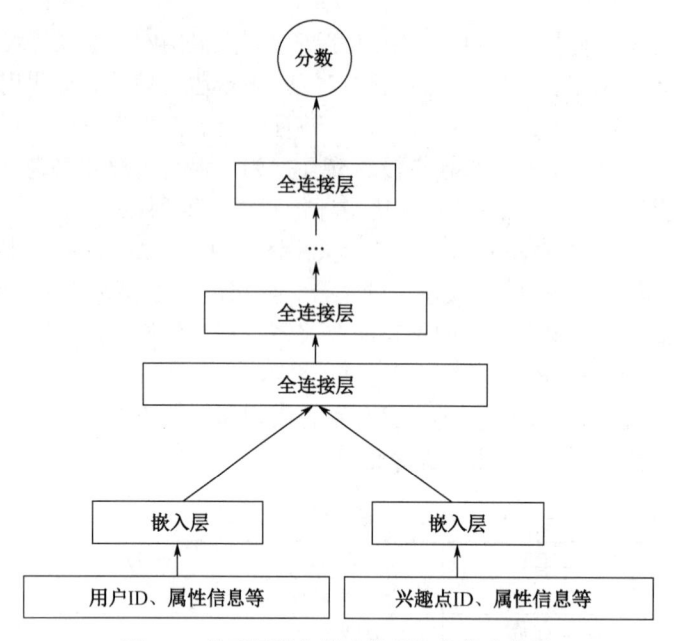

图 5.6 基于词嵌入技术的兴趣点推荐模型

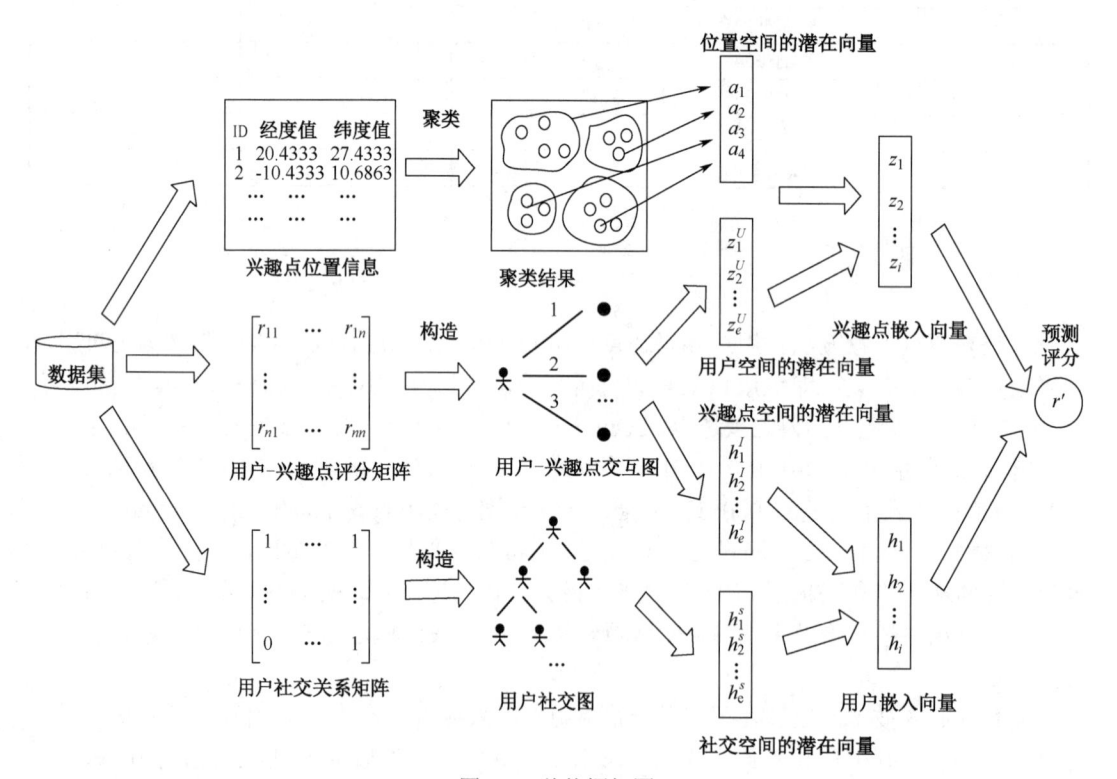

图 5.7 总体框架图

基于位置的社交网络和多图融合的兴趣点推荐方法包括 4 个部分：用户嵌入向量建模、兴趣点嵌入向量建模、评分预测、模型训练。本章分别构建用户-兴趣点交互图和用户社交关系图，然后使用交互聚合器在用户-兴趣点交互图上学习并产生兴趣点空间的潜在向量，社交聚合器在用户社交关系图上学习产生社交空间的潜在向量，最后将兴趣点空间的潜在向量和社交空间的潜在向量融合得到用户的嵌入向量，如图 5.8 左部分（图中仅展示了用户的 2 阶朋友，用户更高阶朋友的具体嵌入方式如图 5.9 所示）；图 5.8 的右部分给出了兴趣点嵌入向量建模过程，考虑了兴趣点的位置信息和存在于交互数据中的协作信息，将位置信息使用 k-means 算法或谱聚类算法进行聚类，并基于概率密度估计方法改进 k-means 算法中初始聚类中心的选取，使每个聚类中的兴趣点具有相同的位置属性标签，然后将其嵌入到向量中得到位置空间的潜在向量，用户空间的潜在向量的学习与用户嵌入向量中兴趣点空间的潜在向量的学习方法相同，最后集成位置空间的潜在向量和用户空间的潜在向量得到兴趣点的嵌入向量。评分预测部分是用户和兴趣点建模部分的集成，为了捕获用户和兴趣点之间的非线性交互，将其输入到神经网络模型中进行评分预测。模型训练部分指定一个目标函数进行优化，学习模型的参数。

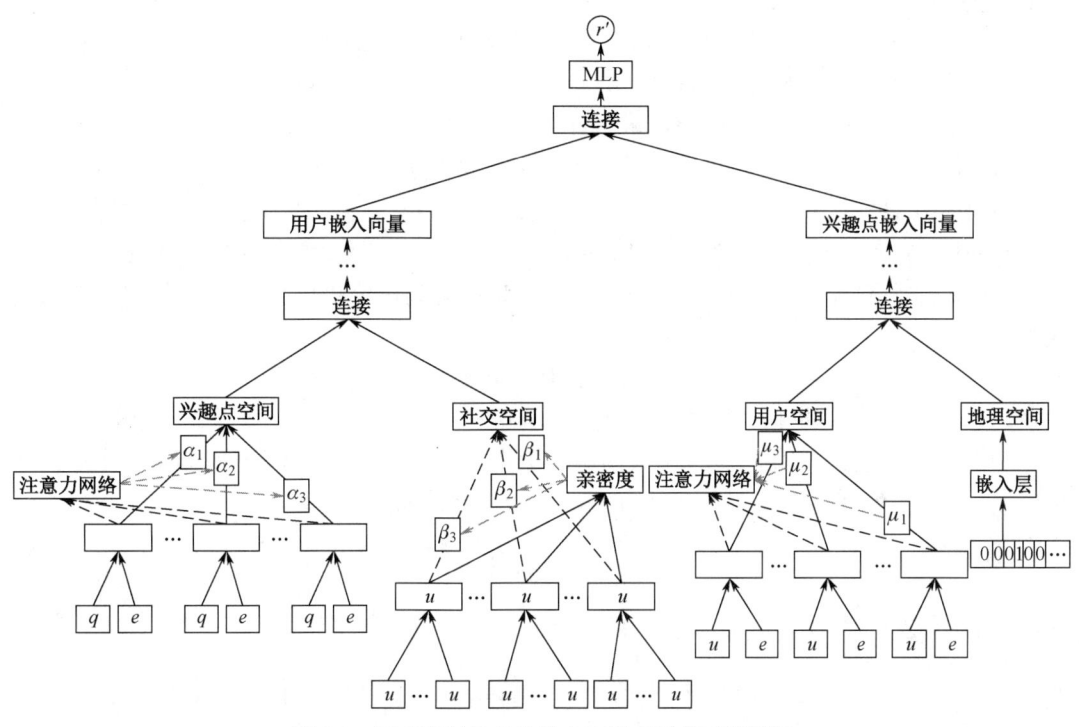

图 5.8　用户和兴趣点的嵌入向量表示学习模型图

5.4　具体实现方法

5.4.1　用户嵌入向量建模

如何结合用户-兴趣点交互图和用户社交关系图上的信息是用户嵌入向量建模的关键，本节使用交互聚合器和社交聚合器分别在用户-兴趣点交互图和用户社交关系图上学习用户在兴趣点空间的潜在向量 $h_i^I \in R^d$ 和用户在社交空间的潜在向量 $h_i^S \in R^d$，然后集成这两种向量得到用户的嵌入向量 h_i。下面分别阐述兴趣点聚合和社交信息聚合方法。

1. 兴趣点聚合

用户-兴趣点交互图中包括用户和兴趣点的交互行为（用户-兴趣点交互图中的边）以及用户对兴趣点的评价（用户-兴趣点交互图中边上的信息）。对于学习用户在兴趣点空间的潜在向量 h_i^I，本节提出了一种共同捕获用户-兴趣点交互图中的交互行为和评价的方法，考虑了用户和兴趣点交互过程中用户对兴趣点的评价，更好地捕获了用户-兴趣点交互图中的协作信息，聚合了与该用户交互过的兴趣点。聚合函数为

$$h_i^I = \sigma(W \cdot \text{Aggre}_{\text{items}}(\{X_{ia}, \forall a \in C(i)\}) + b) \tag{5.13}$$

式中，$C(i)$ 为用户 u_i 交互过的兴趣点集合（用户-兴趣点交互图中 u_i 的邻居结点）；X_{ia} 为用户 u_i 和兴趣点 v_a 之间评价感知的交互向量；$\text{Aggre}_{\text{items}}$ 为兴趣点聚合函数；此外 σ 为非线性激活函数；W 和 b 分别为神经网络的权重矩阵和偏置向量。下面详细介绍评价感知的交互向量 X_{ia} 和聚合函数 $\text{Aggre}_{\text{items}}$。

用户与兴趣点进行交互时可以表达自己对于兴趣点的评价（如评论或评分），评价信息体现了用户对于兴趣点的偏好，能够更好地捕获用户-兴趣点交互图中的协作信息。为了建模评价信息，对于每种评价信息 r，采用评价嵌入向量 $e_r \in R^d$，表示每种评价信息 r 为稠密向量。例如，在一个五级分制系统中，对于每个评分 $r \in \{1,2,3,4,5\}$，e_r 表示嵌入向量。对于用户 u_i 和兴趣点 v_a 的带有评价信息 r 的交互行为，本节通过多层感知器建模评价感知的交互向量 X_{ia} 为兴趣点初始嵌入向量 q_a 和评价嵌入向量 e_r 的结合，多层感知器将 q_a 和 e_r 的连接向量作为输入，多层感知器的输出是 u_i 和 v_a 之间评价感知的交互向量 X_{ia}，其表达式为

$$X_{ia} = g_v([q_a \oplus e_r]) \tag{5.14}$$

式中，$\oplus$ 为两个向量的连接操作；g_v 为多层感知器。

对于 $\text{Aggre}_{\text{items}}$，常用的聚合函数为均值操作，即取 $\{X_{ia}, \forall a \in C(i)\}$ 中向量元素级上的平均值。基于均值的聚合器是局部谱卷积的线性近似，即

$$h_i^I = \sigma(W \cdot \{\sum_{a \in C(i)} \alpha_i X_{ia}\} + b) \tag{5.15}$$

式中，α_i 固定为 $\dfrac{1}{|C(i)|}$，是对于所有兴趣点向量基于均值的聚合操作，其假设所有的交互行为对用户 u_i 在兴趣点空间的潜在向量的贡献都相同。然而，每个交互行为对用户在兴趣点空间的潜在向量的贡献都可能有很大的不同。因此，通过给每个交互行为分配一个权重，允许每个交互行为对用户在兴趣点空间的潜在向量做出不同的贡献。为了缓解基于均值的聚合器的局限，受到注意力机制的启发，调整 α_i 分配个性化的权重给每个 (v_a, u_i)。

$$h_i^I = \sigma(W \cdot \{\sum_{a \in C(i)} \alpha_{ia} X_{ia}\} + b) \tag{5.16}$$

式中，α_{ia} 代表 u_i 交互过的兴趣点 v_a 的注意力权重，即对 u_i 在兴趣点空间的潜在向量的贡献。本章使用两层的神经网络对 α_{ia} 进行参数化，称为注意力网络。注意力网络的输入为 X_{ia} 和目标用户 u_i 的初始嵌入向量 p_i，注意力网络定义为

$$\alpha_{ia}^* = W_2^T \cdot \sigma(W_1 \cdot [X_{ia} \oplus p_i] + b_1) + b_2 \tag{5.17}$$

最后，注意力权重是通过使用 Softmax 函数将上述注意力得分归一化来获得的，该函数可以解释为交互行为对用户 u_i 在兴趣点空间的潜在向量的贡献。

$$\alpha_{ia} = \frac{\exp(\alpha_{ia}^*)}{\sum_{a \in C(i)} \exp(\alpha_{ia}^*)} \qquad (5.18)$$

2. 社交信息聚合

用户的偏好与社交网络中朋友的偏好相似或受其影响。同时,社交网络中用户与其朋友的亲密度进一步影响用户的决策行为,更亲密的朋友之间分享更多的信息。因此,本节引入注意力网络对用户与其朋友的亲密度进行建模,然后对来自朋友的信息进行聚合,使亲密度不同的朋友对用户嵌入向量的贡献不同。社交信息的聚合分为两个部分进行说明:一阶聚合和高阶聚合。一阶聚合考虑了用户社交关系图中的邻居结点,即用户社交网络中的朋友。然而,由图 5.1 可知,用户可能不仅受社交网络中朋友的影响,朋友的朋友也可能会影响着用户的决策行为,因此在高阶聚合中考虑了用户在社交网络中朋友的朋友,称为高阶朋友。

(1) 一阶聚合。

为了从社交网络中表示用户的潜在向量,引入了社交空间的潜在向量,聚合了社交图中的邻居结点,用户 u_i 在社交空间的潜在向量 $(\boldsymbol{h}_i^S)^1$ 表达式如下

$$(\boldsymbol{h}_i^S)^1 = \sigma(\boldsymbol{W} \cdot \text{Aggre}_{\text{neigbhors}}(\{\boldsymbol{p}_o, \forall o \in N(i)\}) + \boldsymbol{b}) \qquad (5.19)$$

式中,$N(i)$ 为 u_i 的邻居结点集合;$\text{Aggre}_{\text{neigbhors}}$ 为用户邻居结点的聚合函数。$\text{Aggre}_{\text{neigbhors}}$ 常用的聚合函数为取 $\{p_o, \forall o \in N(i)\}$ 中向量的元素级上的均值,即

$$(\boldsymbol{h}_i^S)^1 = \sigma(\boldsymbol{W} \cdot \{\sum_{o \in N(i)} \beta_i \boldsymbol{p}_o\} + \boldsymbol{b}) \qquad (5.20)$$

其中,β_i 固定为 $\frac{1}{N(i)}$,是对所有邻居结点的基于均值的聚合器。该聚合器假设所有的邻居结点对于 u_i 在社交空间的潜在向量的贡献是相同的。然而,在社交网络中,用户和朋友之间的亲密度往往不同,更加亲密的朋友可能会分享更多的信息,具有更相似的偏好。因此,本节引入注意力网络 β_i 来建模用户之间的亲密度,通过给用户的每个朋友分配一个亲密度,允许每个朋友对用户在社交空间的潜在向量做出不同贡献,用户与朋友之间越亲密,对用户的嵌入向量贡献越大,即

$$(\boldsymbol{h}_i^S)^1 = \sigma(\boldsymbol{W} \cdot \{\sum_{o \in N(i)} \beta_{io} \boldsymbol{p}_o\} + \boldsymbol{b}) \qquad (5.21)$$

$$\beta_{io}^* = \boldsymbol{W}_2^{\text{T}} \cdot \sigma \boldsymbol{W}_1 \cdot [\boldsymbol{p}_o \oplus \boldsymbol{p}_i] + \boldsymbol{b}_1) + \boldsymbol{b}_2 \qquad (5.22)$$

$$\beta_{io} = \frac{\exp(\beta_{io}^*)}{\sum_{o \in N(i)} \exp(\beta_{io}^*)} \qquad (5.23)$$

式中,β_{io} 表示用户 u_o 和用户 u_i 之间的亲密度,$\boldsymbol{p}_i$ 为用户 u_i 的初始嵌入向量,$\boldsymbol{p}_o$ 为用户 u_i 邻居结点的初始嵌入向量。

(2) 高阶聚合。

为了考虑用户的高阶朋友给用户决策带来的影响,聚合了来自高阶朋友的信息。在 $l-1$ 步,用户 u_i 在社交空间的潜在向量迭代表示为

$$(\boldsymbol{h}_i^S)^{(l)} = \sigma(\boldsymbol{W}_l \cdot \{\sum_{o \in N(i)} \beta_{io} (\boldsymbol{h}_i^S)^{(l-1)}\} + \boldsymbol{b}_l) \qquad (5.24)$$

$$\boldsymbol{h}_i^S = (\boldsymbol{h}_i^S)^{(l)} \qquad (5.25)$$

由图 5.1（b）用户 u_1 的社交图可知，用户 u_1 在社交网络中的朋友有 u_2 和 u_3，u_2 在社交网络中的朋友有 u_4、u_5 和 u_1，u_3 在社交网络中的朋友有 u_1 和 u_5，u_4 和 u_6、u_2 在社交网络中同为朋友关系，用户 u_1 在社交空间的潜在向量的嵌入方式如图 5.9 所示。从图 5.9 可以看出，用户 u_1 的嵌入向量聚合了来自 u_2 和 u_3 的信息，u_2 中嵌入了来自 u_1、u_4 和 u_5 的信息，来自 u_6 的信息对 u_4 的嵌入向量也做了一定的贡献，从而 u_6 对 u_1 的嵌入向量也产生了影响。

学习用户嵌入向量。为了更好地学习用户的嵌入向量，需要考虑用户在社交空间的潜在向量 $\boldsymbol{h}_i^S$ 和用户在兴趣点空间的潜在向量 $\boldsymbol{h}_i^I$，用户-兴趣点交互图和用户社交关系图提供了不同方面的信息。将 $\boldsymbol{h}_i^S$ 和 $\boldsymbol{h}_i^I$ 输入到 MLP 中得到用户的嵌入向量，定义为

$$c_1 = [\boldsymbol{h}_i^I \oplus \boldsymbol{h}_i^S] \tag{5.26}$$

$$c_2 = \sigma(\boldsymbol{W}_2 \cdot c_1 + \boldsymbol{b}_2) \tag{5.27}$$

$$\vdots$$

$$\boldsymbol{h}_i = \sigma(\boldsymbol{W}_l \cdot c_{l-1} + \boldsymbol{b}_l) \tag{5.28}$$

式中，l 为隐藏层的索引。

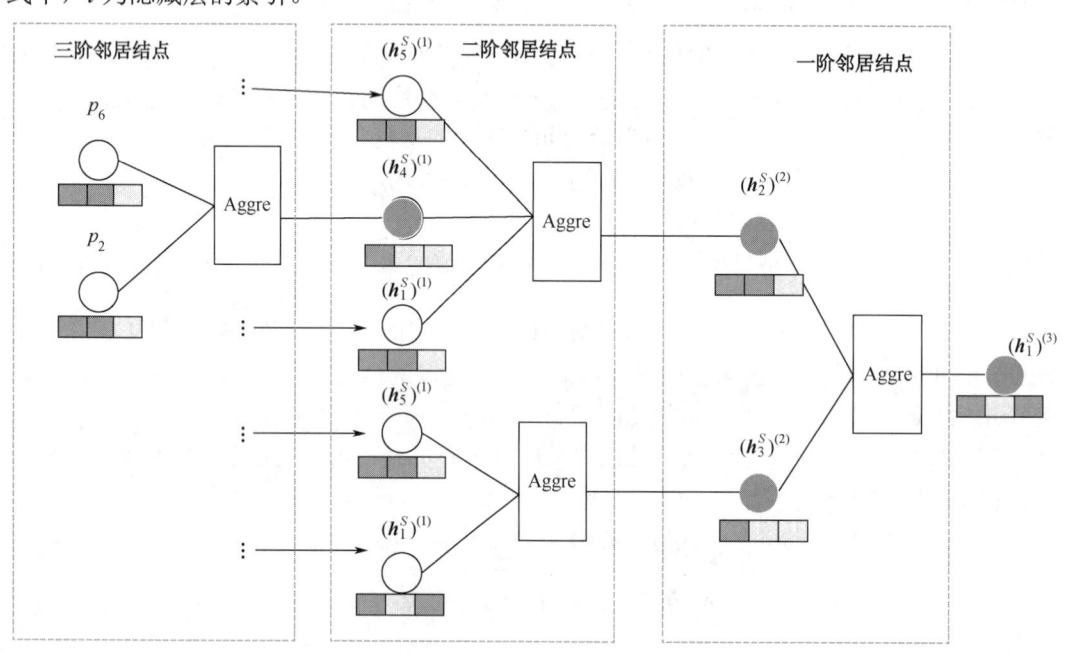

图 5.9　用户 u_1 社交空间的潜在向量的嵌入方式

5.4.2　兴趣点嵌入向量建模

兴趣点嵌入向量建模考虑了两个部分信息：用户-兴趣点交互图中的协作信息和兴趣点的位置信息。

1. 用户聚合

对于每个兴趣点 v_j，从与 v_j 交互过的用户集合 $B(j)$ 中聚合信息。在现实应用中，对于同一个兴趣点，每个用户可能在用户-兴趣点交互期间表达不同的评价，这些来自不同用户的评价可以表示兴趣点的特征，有助于对兴趣点的嵌入向量进行建模。对于具有评价信息

r 的用户 u_t 与兴趣点 v_j 的交互行为,本节引入评价感知的交互向量 f_{jt},通过将用户的初始嵌入向量 p_t 和评价信息的嵌入向量 e_r 输入到多层感知器 g_u 中得到,g_u 融合了用户对兴趣点的交互行为和评价,即

$$f_{jt} = g_u([p_t \oplus e_r]) \tag{5.29}$$

对于兴趣点 v_j,为了学习用户空间的潜在向量 z_j^U,本节提出聚合 $B(j)$ 中来自用户的评价感知的交互向量。用户的聚合函数标记为 $\text{Aggre}_{\text{users}}$,用来聚合 $\{f_{jt}, \forall t \in B(j)\}$ 中来自用户的评价感知的交互向量,即

$$z_j^U = \sigma(W \cdot \text{Aggre}_{\text{users}}(\{f_{jt}, \forall t \in B(j)\}) + b) \tag{5.30}$$

此外,为了缓解基于均值的聚合器的局限,通过对 (v_j, u_t) 分配一个个性化的权重,允许不同的交互对兴趣点在用户空间的潜在向量做出不同的贡献,即

$$z_j^U = \sigma(W \cdot \{\sum_{t \in B(j)} \mu_{jt} f_{jt}\} + b) \tag{5.31}$$

式中,μ_{jt} 代表兴趣点 v_j 交互过的用户 u_t 的注意力权重,即对 v_j 在用户空间的潜在向量的贡献。本节使用两层神经网络对 μ_{jt} 进行参数化,称为注意力网络。注意力网络的输入为 f_{jt} 和目标兴趣点 v_j 的初始嵌入向量 q_j,注意力网络定义为

$$\mu_{jt}^* = W_2^T \cdot \sigma(W_1 \cdot [f_{jt} \oplus q_j] + b_1) + b_2 \tag{5.32}$$

最后,注意力权重通过使用 Softmax 函数将上述注意力得分归一化来获得,该函数可以解释为交互行为对兴趣点 v_j 在用户空间的潜在向量的贡献。

$$\mu_{jt} = \frac{\exp(\mu_{jt}^*)}{\sum_{t \in B(j)} \exp(\mu_{jt}^*)} \tag{5.33}$$

式中,μ_{jt} 可以从用户-兴趣点交互图中捕获不同用户的不同影响。

2. 位置信息建模

位置信息建模首先根据兴趣点的地理位置对兴趣点进行聚类,给每个兴趣点分配一个聚类标签,然后将兴趣点的聚类标签嵌入到向量中,得到位置空间的潜在向量。由于无法得知数据的分布情况,而谱聚类算法对数据的适应性更强,聚类效果较优,因此本节使用谱聚类算法根据兴趣点的位置信息对兴趣点聚类。兴趣点包含位置信息(经纬度信息),而 k-means 算法非常适用于对具有位置坐标的对象进行聚类,因此本节也使用 k-means 算法根据兴趣点的位置信息对兴趣点聚类,并在实验部分对模型使用两种不同的聚类算法进行了对比。谱聚类算法最终也会用到 k-means 算法,但 k-means 算法初始聚类中心的选取是随机的,造成聚类结果的随机性和不稳定,因此本节基于概率密度估计方法改进 k-means 算法中初始聚类中心的选取。下面首先对基于 k-means 算法和谱聚类算法的兴趣点聚类进行介绍;其次对基于概率密度估计方法改进 k-means 算法中初始聚类中心的选取进行详细说明。

(1)基于 k-means 算法的兴趣点聚类。

基于 k-means 算法的兴趣点聚类的基本思想是:首先,从兴趣点集合中随机选取 k 个兴趣点作为初始的聚类中心;然后,计算每个兴趣点与各个聚类中心之间的距离,把每个兴趣点分配给距离它最近的聚类中心,聚类中心与分配给它们的兴趣点组成一个聚类,每个聚类的聚类中心根据聚类中现有的兴趣点被重新计算;重复上述过程直到满足 k-means 算法的兴趣点聚类的终止条件。k-means 算法具有原理简单、实现容易、收敛等特点。因此,

本章使用 k-means 算法根据兴趣点的位置信息进行聚类，基于 k-means 算法的兴趣点聚类的处理过程如下。

① 从数据集中随机选择 k 个兴趣点作为初始聚类中心。

② 计算剩余兴趣点到聚类中心的欧氏距离 d，将其划分到与之最近的类心所属类中形成新的类。d 的计算方法为

$$d = \sqrt{(lat_i - lat_j)^2 + (lon_i - lon_j)^2} \tag{5.34}$$

其中，v_i=（lat_i, lon_i）和 v_j=（lat_j, lon_j）为兴趣点数据集 V={v_1, v_2, …, v_n}中的两个兴趣点。

③ 取当前类的所有兴趣点的均值，作为新的聚类中心，更新距离聚类中心最近的兴趣点。

④ 直到目标函数收敛或聚类中心不变，否则将转移到②）。

⑤ 输出聚类结果。

表 5.1 给出了兴趣点 v_1、v_2、v_3、v_4、v_5 的位置信息，假设需要将这 5 个兴趣点聚为 3 类，首先随机选取 v_1、v_2、v_5 这 3 个兴趣点为聚类中心，通过计算得到 v_3 到 v_1、v_2、v_5 的欧氏距离分别为 17227.7813458m、3553977.1449m、13387365.1776m，v_4 到 v_1、v_2、v_5 的欧氏距离分别为 3385341.32216m、153131.43474m、10085102.6055m，所以将 v_1、v_3 聚为一类，v_2、v_4 聚为一类，v_5 单独成为一类；然后选取每个类的聚类中心，即（33.42779653，-112.0469545）（40.70560995，-80.79029485）、v_5，计算得到 v_1 到这 3 个新的聚类中心的距离为 8611.09374163m、3461882.26176m、13370426.0996m。v_2 为 3546225.50702m、76593.7902972m、9936164.7972m，v_3 为 8616.70478923m、3477389.38685m、13387365.1776m，v_4 为 3393095.48784m、76541.5024509m、10085102.6055m。于是，得到新的聚类，即 v_1、v_3 聚为一类，v_2、v_4 聚为一类，v_5 单独成为一类。可以看出，聚类结果没有发生变化，则聚类中心还为（33.42779653，-112.0469545）、（40.70560995，-80.79029485）、v_5。由于聚类中心未发生变化，因此得到聚类结果。根据聚类情况，每个兴趣点都可以分配一个所属聚类的类标签。

在 k-means 算法中由于初始聚类中心的随机选取造成聚类结果的随机性和不稳定性，因此本节基于概率密度估计方法对兴趣点初始聚类中心的选取进行改进。首先通过使用概率密度估计方法选取兴趣点集合中典型程度最高的兴趣点作为当前初始聚类中心；其次计算兴趣点集合中剩余兴趣点和当前初始聚类中心的欧氏距离，选择距离当前初始聚类中心的最远的兴趣点（欧氏距离最大）作为下一个初始聚类中心；最后上述过程不断重复直到选取 k 个初始聚类中心。下面首先对使用概率密度估计方法选取第一个初始聚类中心的方法进行介绍；其次对本节改进的初始聚类中心的选取方法进行介绍。

概率密度是分析集合中某个对象典型程度的核心方法，其基本思想是：给定一个满足独立同分布的点集合 D 和其中一个点 o，点 o 的典型程度与其他点在集合 D 中的分布情况有关，如果点 o 周围的点越密集，那么 o 的概率密度越大，点 o 就越具有代表性。将所有兴趣点看成是某个高维空间中的点集合，两个兴趣点之间的欧氏距离代表它们之间的综合距离，这样可将传统概率密度估计方法进行适当转换来评估一个兴趣点的典型程度。本节采用基于高斯核函数的概率密度估计方法，给定一个兴趣点集合 D={v_1, v_2, …, v_n}，其中一个兴趣点 $v \in D$ 的典型程度可用概率密度函数 $f(v)$ 定义为

$$f(v) = \frac{1}{n}\sum_{i=1}^{n} G_h(v, v_i) = \frac{1}{n\sqrt{2\pi}}\sum_{i=1}^{n} e^{-\frac{d(v,v_i)^2}{2h^2}} \tag{5.35}$$

式中，$d(v, v_i)^2$ 为兴趣点 v 与 v_i 之间的综合距离[计算方法如式（5.34）所示]，$\dfrac{1}{n\sqrt{2\pi}}\sum\limits_{i=1}^{n}e^{-\frac{d(v,v_i)^2}{2h^2}}$ 为高斯核函数（这里，$h=1.06s \cdot n^{-1/5}$，s 表示 D 中所有兴趣点之间综合距离的标准差）；n 为 D 中的兴趣点个数。

利用上述方法，对于一个兴趣点集合，选取其中典型程度最高的一个兴趣点的准确方法是逐个计算兴趣点集合中每个兴趣点在该集合中的典型程度，进而选取具有典型程度最高的兴趣点。具体实现方法如算法 5.1 所示。

算法 5.1　准确选取典型程度最高的兴趣点算法
输入：兴趣点集合 $D=\{v_1, v_2, \cdots, v_n\}$
输出：典型程度最高的一个兴趣点
① 1: **for** 所有兴趣点 $v \in D$ **do**
② 　令 $T(v, D) = 0$
③ **end for**
④ **for** $i=1$ to n **do**
⑤ 　**for** $j=i+1$ to n **do**
⑥ 　　$\eta = \dfrac{1}{n\sqrt{2\pi}}e^{-\frac{d(v_i,v_j)^2}{2h^2}}$
⑦ 　　$T(v_i, D) = T(v_i, D) + \eta$
⑧ 　　$T(v_j, D) = T(v_j, D) + \eta$
⑨ 　**end for**
⑩ **end for**
⑪ **return** 典型程度最高的一个兴趣点

通过算法 5.1，可以得到兴趣点集合中典型程度最高的一个兴趣点。首先将该兴趣点作为当前的初始聚类中心；然后计算集合中剩余兴趣点与初始聚类中心的欧氏距离，选取欧氏距离最大的兴趣点作为下一个初始聚类中心；最后上述过程不断重复，直到选取 k 个初始聚类中心，步骤如下。

① 通过算法 5.1 选取兴趣点集合中典型程度最高的一个兴趣点作为初始聚类中心，将该兴趣点从兴趣点集合中删除，并将其加入到初始聚类中心集合中。

② 根据兴趣点的位置信息（经纬度）计算兴趣点集合中剩余兴趣点到初始聚类中心的欧氏距离，计算方法如式（5.34）所示。

③ 取距离初始聚类中心最远的兴趣点作为初始聚类中心，将该兴趣点从兴趣点集合中删除，并将其加入到初始聚类中心集合中。

④ 直到选取 k 个初始聚类中心，否则将转移到步骤②）。

⑤ 输出具有 k 个初始聚类中心的初始聚类中心集合。

（2）基于谱聚类的兴趣点聚类。

图 5.10 所示为谱聚类示意图。图中的结点为数据样本，结点与结点之间存在边代表它们之间是有联系的，边上的权重是结点之间的相关度。假设图 G 被划分为 G_1、G_2 两个子图，使用向量来表示划分方案，向量 q 的长度与图中结点数相同，即

$$q_i = \begin{cases} c_1, i \in G_1 \\ c_2, i \in G_2 \end{cases} \quad (5.36)$$

则图 5.10 中 $q=[c_1, c_1, c_1, c_2, c_2, c_2]$。损失函数可表示为

$$\text{Cut}(G_1, G_2) = \sum_{i \in G_1, j \in G_2} w_{ij} = \frac{\sum_{i=1}^{n}\sum_{j=1}^{n} w_{ij}(q_i - q_j)^2}{2(c_1 - c_2)} \tag{5.37}$$

又因为

$$\begin{aligned}\sum_{i=1}^{n}\sum_{j=1}^{n} w_{ij}(q_i - q_j)^2 &= \sum_{i=1}^{n}\sum_{j=1}^{n} w_{ij}(q_i^2 - 2q_i q_j + q_j^2) \\ &= -\sum_{i=1}^{n}\sum_{j=1}^{n} 2w_{ij} q_i q_j + \sum_{i=1}^{n}\sum_{j=1}^{n} w_{ij}(q_i^2 + q_j^2) \\ &= 2\boldsymbol{q}^{\text{T}}(\boldsymbol{D} - \boldsymbol{W})\boldsymbol{q} \\ &= 2\boldsymbol{q}^{\text{T}}(\boldsymbol{D} - \boldsymbol{W})\boldsymbol{q}\end{aligned} \tag{5.38}$$

式中，$\boldsymbol{W}$ 为相似度矩阵；$\boldsymbol{D}$ 为度矩阵，是一个对角矩阵，并且 $D_{ii} = \sum_{j=1}^{n} w_{ij}$，拉普拉斯矩阵 $\boldsymbol{L}$ 为

$$\boldsymbol{L} = \boldsymbol{D} - \boldsymbol{W} \tag{5.39}$$

然后，合并式（5.37）和式（5.38），损失函数可表示为

$$\text{Cut}(G_1, G_2) = \frac{\boldsymbol{q}^{\text{T}} \boldsymbol{L} \boldsymbol{q}}{(c_1 - c_2)^2} \tag{5.40}$$

根据瑞利熵性质，当 $\boldsymbol{q}$ 为 $\boldsymbol{L}$ 最小特征值时，可以取到 $\boldsymbol{q}^{\text{T}}\boldsymbol{L}\boldsymbol{q}$ 的最小值，即 $\text{Cut}(G_1, G_2)$ 的最小值。

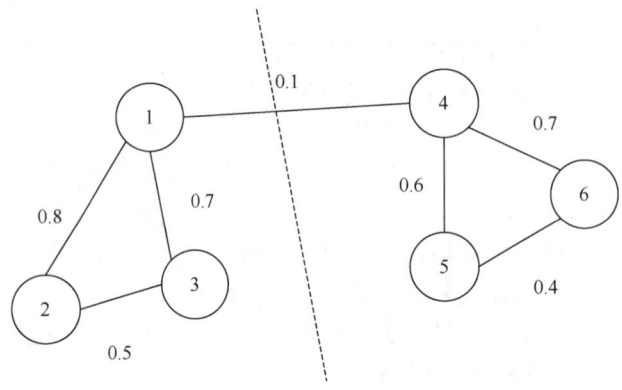

图 5.10　谱聚类示意图

以图 5.10 中的数据为例，可以求得相似度矩阵 $\boldsymbol{W}$、对角矩阵 $\boldsymbol{D}$ 和对应的拉普拉斯矩阵 $\boldsymbol{L}$，如表 5.2~表 5.4 所示。

表 5.2　相似度矩阵 $\boldsymbol{W}$

	1	2	3	4	5	6
1	0	0.8	0.7	0.1	0	0
2	0.8	0	0.5	0	0	0
3	0.7	0.5	0	0	0	0
4	0.1	0	0	0	0.6	0.7
5	0	0	0	0.6	0	0.4
6	0	0	0	0.7	0.4	0

表5.3　对角矩阵 **D**

	1	2	3	4	5	6
1	1.6	0	0	0	0	0
2	0	1.3	0	0	0	0
3	0	0	1.2	0	0	0
4	0	0	0	1.4	0	0
5	0	0	0	0	1.0	0
6	0	0	0	0	0	1.1

表5.4　拉普拉斯矩阵 **L**

	1	2	3	4	5	6
1	1.6	-0.8	-0.7	-0.1	0	0
2	-0.8	1.3	-0.5	0	0	0
3	-0.7	-0.5	1.2	0	0	0
4	-0.1	0	0	1.4	-0.6	-0.7
5	0	0	0	-0.6	1.0	-0.4
6	0	0	0	-0.7	-0.4	1.1

当需要将带权无向图划分为 k 个子图时，则可取前 m 个最小特征值对应的特征向量，组成一个 $n \cdot m$ 矩阵 **R**，第 i 个行向量代表顶点 i，进而利用 k-means 聚类划分，最终得到 k 个聚类。同样，以表5.4 中的数据样本为例，可以求得矩阵 **L** 的特征值和对应的特征向量，按其特征值的大小升序排列如表5.5 所示。

表5.5　特征值和对应的特征向量

特 征 值	特 征 向 量					
0.0000	0.4082	0.4082	0.4082	0.4082	0.4082	0.4082
0.0625	0.3845	0.4185	0.4206	-0.3807	-0.4229	-0.4199
1.4370	0.0072	-0.0053	-0.0100	0.1238	-0.7571	0.6413
1.7368	-0.1251	-0.6389	0.7582	-0.0258	0.0085	0.0230
2.0177	-0.1545	0.1395	0.0469	-0.7991	0.2794	0.4877
2.3460	-0.8037	0.4802	0.2814	0.1839	-0.0567	-0.0851

如表 5.5 所示，若取前两个最小特征值对应的特征向量作为划分依据，则结点 1 对应向量为[0.4082, 0.3845]、结点 2 对应向量为[0.4082, 0.4185]、结点 3 对应向量为[0.4082, 0.4206]、……、结点 6 对应向量为[0.4082, -0.4199]，从而可以明显划分为图 5.10 所示的两个聚类。以此类推，还可以尝试用前几个最小的特征值对应的特征向量元素组合来表示每个结点，进而进行聚类划分。显然，若要将图 5.10 中 6 个结点聚为两个聚类，则可以将结点 1、2、3 聚为一类，将结点 4、5、6 聚为另一类。当需要划分为 k 个聚类时，采用 k-means 算法针对上述结点映射的向量集合进行聚类。由于此方法中也使用到了 k-means 聚类方法，仍然存在随机选取初始聚类中心造成聚类结果存在一定的随机性的问题，因此使用基于概率密度估计方法的初始聚类中心的选取方法改进初始聚类中心的选取。

本节使用规范割集准则划分兴趣点，其损失函数表示为

$$\text{Ncut}(G_1, G_2) = \text{Cut}(G_1, G_2) \times (\frac{1}{d_1} - \frac{1}{d_2}) \tag{5.41}$$

划分方案为

$$q_1 = \begin{cases} \sqrt{\dfrac{d_1}{d_2 d}}, i \in G_1 \\ -\sqrt{\dfrac{d_2}{d_1 d}}, i \in G_2 \end{cases} \quad (5.42)$$

式中，d_1、d_2、d 分别为图 G_1、G_2、G 的权值之和，采用规范割集划分准则的聚类过程与上述过程相同。

经过基于 k-means 算法的兴趣点聚类或基于谱聚类的兴趣点聚类得到兴趣点的聚类结果，并将聚类结果嵌入到向量中。例如，聚类结果为 10 类，则 $k \in \{1,2,3,\cdots,10\}$，引入了 a_k 作为位置空间的潜在向量。

3. 学习兴趣点嵌入向量

为了更好地学习兴趣点的嵌入向量，本节集成位置空间的潜在向量 $\boldsymbol{a}_k$ 和用户空间的潜在向量 $\boldsymbol{z}_j^U$，然后将其输入到多层感知器中得到兴趣点嵌入向量，即

$$\boldsymbol{d}_1 = [\boldsymbol{z}_j^U \oplus \boldsymbol{a}_k] \quad (5.43)$$

$$\boldsymbol{d}_2 = \sigma(\boldsymbol{W}_2 \cdot \boldsymbol{d}_1 + \boldsymbol{b}_2) \quad (5.44)$$

$$\vdots$$

$$\boldsymbol{z}_j = \sigma(\boldsymbol{W}_l \cdot \boldsymbol{d}_{l-1} + \boldsymbol{b}_l) \quad (5.45)$$

5.4.3 评分预测

在本节中，将设计推荐任务来学习模型参数。推荐任务包括兴趣点排名和评分预测等多种推荐任务，本节将提出的基于 LBSN 和多图融合的兴趣点推荐方法应用到评分预测的推荐任务中。评分预测阶段需要构建用户和兴趣点的交互函数，在矩阵分解中，内积作为交互函数，而简单的内积无法捕获复杂的交互，一定程度上对推荐性能产生了阻碍。针对这一问题，（图 5.11），He 等提出使用神经网络来建模交互函数，说明了神经网络在建模交互函数方面的有效性。因此，本节拼接用户和兴趣点的嵌入向量 $\boldsymbol{h}_i$ 和 $\boldsymbol{z}_j$，然后将其输入到 MLP 中进行评分预测，即

$$\boldsymbol{g}_1 = [\boldsymbol{h}_i \oplus \boldsymbol{z}_j] \quad (5.46)$$

$$\boldsymbol{g}_2 = \sigma(\boldsymbol{W}_2 \cdot \boldsymbol{g}_1 + \boldsymbol{b}_2) \quad (5.47)$$

$$\vdots$$

$$\boldsymbol{g}_{l-1} = \sigma(\boldsymbol{W}_l \cdot \boldsymbol{g}_{l-1} + \boldsymbol{b}_l) \quad (5.48)$$

$$r'_{ij} = \boldsymbol{W}^{\mathrm{T}} \cdot \boldsymbol{g}_{l-1} \quad (5.49)$$

5.4.4 模型训练

为了学习模型的参数，需指定一个目标函数进行优化，由于本节工作中的主要任务是评分预测，因此采用一个常用的目标函数，即

第 5 章 基于图神经网络的兴趣点推荐方法

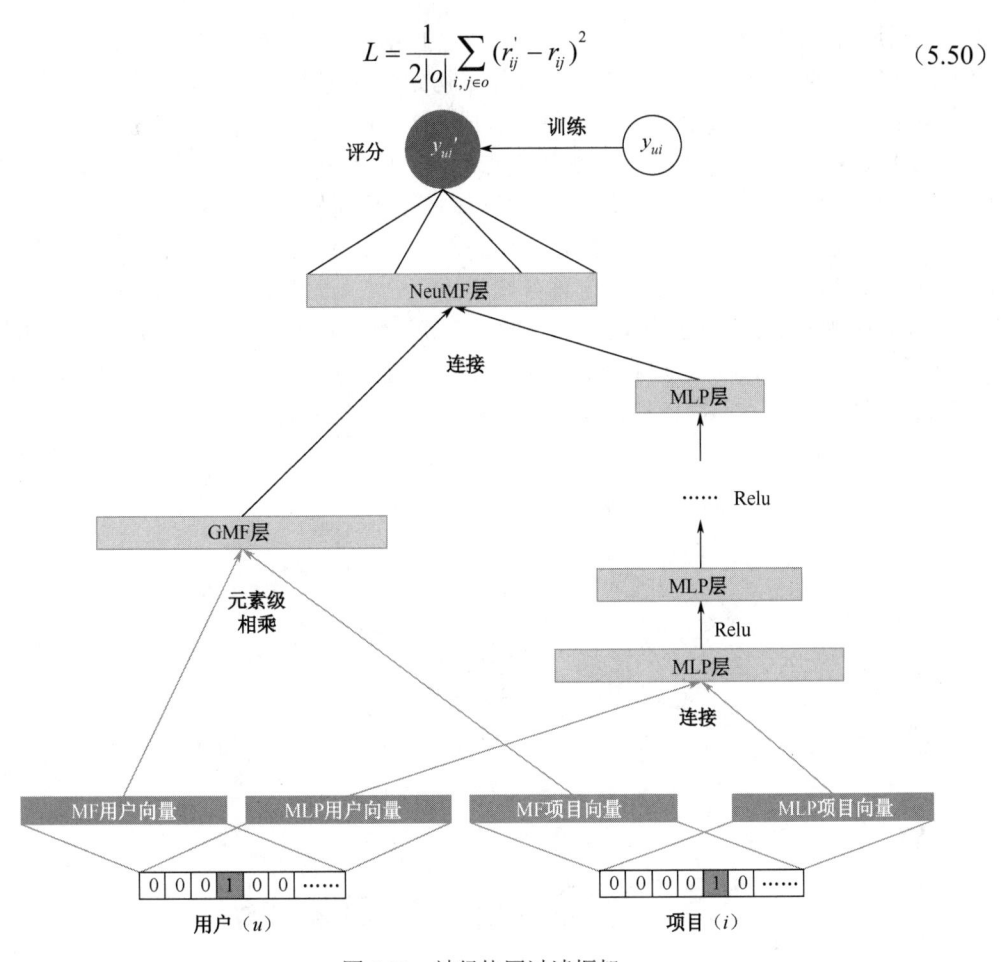

$$L = \frac{1}{2|o|} \sum_{i,j \in o} (r_{ij}' - r_{ij})^2 \tag{5.50}$$

图 5.11 神经协同过滤框架

式中，$|o|$ 为数据集中用户对兴趣点评分的数量；r_{ij} 为用户 i 对兴趣点 j 的真实评分（数据集中用户 i 对兴趣点 j 的评分）；r_{ij}' 为模型预测出的用户 i 对兴趣点 j 的评分。

算法 5.2　基于 LBSN 和多图融合的兴趣点推荐方法的训练算法

输入：用户和兴趣点的评分数据，用户社交信息，兴趣点的聚类结果，batch_size 的大小 m
输出：模型参数集合 Θ
① 根据用户和兴趣点的评分数据以及用户社交信息构造用户–兴趣点交互图和用户社交关系图
② 初始化模型参数集合 Θ
③ 将训练集分成 n 个 batch
④ **for** batch in 训练集
⑤ 　**for** (u_i, v_j) in batch **do**
⑥ 　　计算用户和兴趣点的嵌入向量 $\boldsymbol{h}_i$ 和 $\boldsymbol{z}_j$
⑦ 　　输入到神经网络中计算预测输出
⑧ 　　根据式（5.50）计算损失 L
⑨ 　**end for**
⑩ 　**for** θ in Θ **do**
⑪ 　　更新 $\theta = \theta - \eta \frac{\partial J}{\partial r_{ij}'} \frac{\partial r_{ij}'}{\partial \theta}$（其中 $J = \frac{1}{m} \sum L(r_{ij}', r_{ij})$）
⑫ 　**end for**
⑬ **end for**
⑭ **return** Θ

本节使用的评分数据为五级评分数据。基于 LBSN 和多图融合的兴趣点推荐方法的训练算法如算法 5.2 所示。首先采用高斯分布初始化模型参数集合。训练算法中输入了 batch_size 的大小，所以步骤 4 中将训练集分成 n 个 batch，每 m 个数据组成一个 batch。通过式（5.28）和式（5.45）计算用户和兴趣点的嵌入向量 h_i 和 z_j。步骤⑩中计算一个 batch 中的所有数据得到的损失并求平均值，通过后向传播更新模型中的参数。

过拟合问题是深度神经网络中的常见问题，本节使用 Dropout 策略避免过拟合问题，主要思想是在训练阶段随机删除一定百分比的神经结点，如图 5.12 中的阴影圆代表删除的神经结点，这些被删除的神经结点不参与此次更新过程。在训练阶段只有部分参数被修改，缓解了数据对神经结点的依赖性，在测试阶段不会删除任何神经结点。在实际应用中，通过调整百分比进行实验，选择最优参数，以避免过拟合问题的出现。

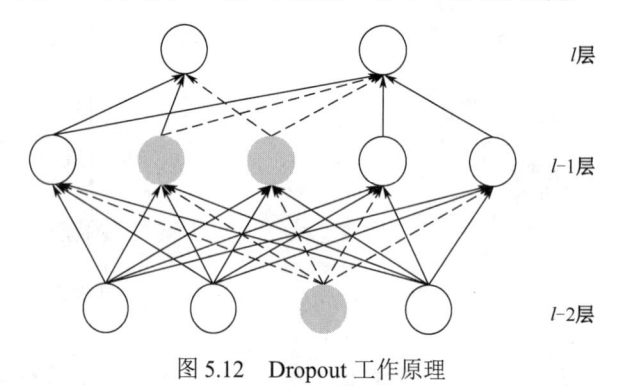

图 5.12　Dropout 工作原理

5.5　效果与实验性能分析

5.5.1　实验数据

本章使用 Yelp 数据集进行实验，Yelp 是全球最大的点评网站之一，它允许用户对商家进行评论或评分。实验数据截取经度为-112.0°～-111.9°、纬度为 33.3°～33.45°的数据作为实验数据。为了保证数据质量，过滤掉评分次数少于 5 次的用户，以及被评分次数少于 5 次的兴趣点。用户社交关系图中的结点代表用户和边代表用户和用户之间存在朋友关系。用户-兴趣点交互图中的结点由用户和兴趣点组成，边代表用户和兴趣点之间存在评分行为，边上的信息为用户对兴趣点的评分。最终数据包括 3870 名用户、2301 个兴趣点以及 57756 条评分记录，用户社交关系图中包含 78577 条边。表 5.6～表 5.8 分别给出了本节实验数据、用户社交网络信息格式以及兴趣点地理信息格式。

表 5.6　实验数据信息

项　目	Yelp
兴 趣 点	2301 个
用　户	3870 名
评分记录	57756 条
稀 疏 率	99.35%
社交图中的边	78577 条

表 5.7 用户社交网络信息格式

用户编号	Yelp
用户 ID	QGgWWhEi5R4SLAKN-xwtNQ
朋友 1	CCK6WHhMmGqxgmt0vAfRBw
朋友 2	Hnkoajgonagioagjgojjkajio878ja

表 5.8 兴趣点地理信息格式

项目	Yelp
兴趣点编号	FYWN1wneV18bWNgQjJ2GNg
纬度	33.3306902
经度	-111.9785992

5.5.2 比较方法

将基于 LBSN 和多图融合的兴趣点推荐方法（简称 Graph-POIR）分别与 5 个模型进行对比，本章提出的模型以及对比的 5 个模型介绍如下。

（1）PMF：概率矩阵分解仅使用用户-项目评级矩阵，并采用高斯分布对用户和项目的潜在因素进行建模。

（2）GraphRec：近年来新提出的图神经网络推荐模型，该模型考虑了用户社交关系图中用户和用户之间的一阶朋友关系，以及用户-项目交互图中的评分和交互信息。

（3）NeuMF：该推荐模型利用多层神经网络实现矩阵分解，是近年来新提出的经典推荐模型，该模型使用了多个隐藏层来捕获用户与项目之间的非线性交互行为，能够有效地捕获用户与项目之间的隐式/潜在关联关系。

（4）GCMC：模型采用 GCN 编码器得到用户和项目的向量表示，但仅考虑了用户-项目交互图中的一阶邻居结点。

（5）NGCF：将用户-项目交互数据构建成二部图结构，通过嵌入传播层、协作信息以高阶连接的形式被显式编码以获得用户和项目的向量表示。

（6）Graph-POIR：本章提出的模型，在用户嵌入向量、兴趣点嵌入向量中考虑了用户-兴趣点交互图中的交互信息以及评分信息。用户嵌入向量中考虑了用户的高阶朋友及亲密度，兴趣点嵌入向量中嵌入了兴趣点的位置信息，其中使用 k-means 算法或谱聚类算法根据兴趣点的位置信息对兴趣点聚类，由于 k-means 算法中初始聚类中心的随机选取，使聚类结果具有一定的随机性，因此采用基于概率密度估计方法改善 k-means 算法中初始聚类中心的选取。

5.5.3 实验设置

基于 LBSN 和多图融合的兴趣点推荐方法使用 Python 语言和 Pytorch 框架实现，计算机配置为 CPU i7-8700K 3.7GHz，操作系统为 Ubuntu 18.04.1。在实验中，学习率分别设置为 0.05、0.01、0.005 和 0.001。实验结果表明，当学习率为 0.001 时，推荐效果最佳。实验采用 RMSprop 作为优化器，参数初始化采用高斯分布（均值和标准差分别为 0 和 0.01）初始化模型参数。随机选取 80%、60%的数据作为训练集，其余 20%、40%的数据作为测试集，考虑了不同比例下的训练集和测试集对本章方法推荐结果的影响。

在 k-means 聚类算法中，分别实现了位置因素的聚类个数 k 为 10、20、30、40、50、60、70、80、90、100。嵌入层的大小分别设置为 8、16、32、64、128、256 进行实验，实验结果表明，当嵌入层大小为 64 时推荐性能最佳。在谱聚类算法中，本节分别取 m 为 1、2、3、4、5、6、7、8、9、10 进行了实验。

激活函数负责将神经元的输入映射到输出端，增加了神经网络模型的非线性表达。常用的激活函数有 Relu、Sigmoid、Tanh。

Sigmoid 函数的公式为

$$f(x) = \frac{1}{1+e^{-x}} \tag{5.51}$$

Tanh 函数的公式为

$$f(x) = \frac{e^x - e^{-x}}{e^x + e^{-x}} \tag{5.52}$$

Relu 函数的公式为

$$f(x) = \max(0, x) \tag{5.53}$$

通过 3 种激活函数的公式可知，Sigmoid、Tanh 函数运算复杂，而 Relu 函数运算简单，并且 Sigmoid 函数在梯度反向传播时，取值最大为 0.25，对于深度神经网络模型容易出现梯度消失的情况，Tanh 也存在梯度消失的问题。由式（5.53）可知，Relu 函数求导容易，与其他激活函数相比，Relu 函数计算简单，收敛速度快，能够加快模型的训练速度，但是 Relu 函数可能造成有些神经元永远不会被激活。通过对比 3 种激活函数的优缺点以及参考其他模型，本节使用 Relu 作为激活函数。

为了对本章提出的兴趣点推荐模型 Graph-POIR 的推荐效果进行评估，实验采用平均绝对误差（MAE）和均方根误差（RMSE）作为评价指标，分别定义如下

$$\text{MAE} = \frac{\sum_{i=1}^{N}|r_i' - r_i|}{N} \tag{5.54}$$

$$\text{RMSE} = \sqrt{\frac{\sum_{i=1}^{N}(r_i' - r_i)^2}{N}} \tag{5.55}$$

式中，r_i' 为预测值，r_i 为真实值。

5.5.4　实验结果分析

为了测试 Graph-POIR 在根据地理位置对兴趣点聚类时 k-means 算法中不同参数 k 下的效果，考虑到 k-means 算法中初始聚类中心是随机选取的，使得聚类结果存在不稳定性和随机性，因此本章基于概率密度估计方法改善初始聚类中心的选取。图 5.13 和图 5.14 分别给出了 Graph-POIR 以 80%的数据作为训练集和 60%的数据作为训练集时 RMSE 及 MAE 的变化情况。通过图 5.13 和图 5.14 可以看出，当 k=70 且 80%的数据作为训练集时，当 Graph-POIR 的 MAE 取得了最小值，当 k=80 时且 60%的数据作为训练集时，Graph-POIR

的 MAE 取得了最小值；当 k=40 时且 80%的数据作为训练集时，Graph-POIR 的 RMSE 取得了最小值；当 k=80 且 60%的数据作为训练集时，Graph-POIR 的 RMSE 取得了最小值。随着 k 值的变化，MAE 和 RMSE 的变化曲线没有规律，造成这种现象的原因是在使用 k-means 算法时需要指定聚类个数 k，由于不清楚给定数据集的数据分布情况，因此无法预先确定将给定的数据集聚成多少类可以达到最佳聚类结果，所以聚类个数 k 是难以估计的。针对这一问题，对 k 的取值（分别为 10、20、30、40、50、60、70、80、90、100）进行实验，以获得最好的聚类情况。从图 5.13 和图 5.14 还可以看出，当 80%的数据作为训练集时，Graph-POIR 的推荐准确率普遍优于 60%的数据作为训练集时的准确率，从而体现了数据量大小对于深度学习的重要性。

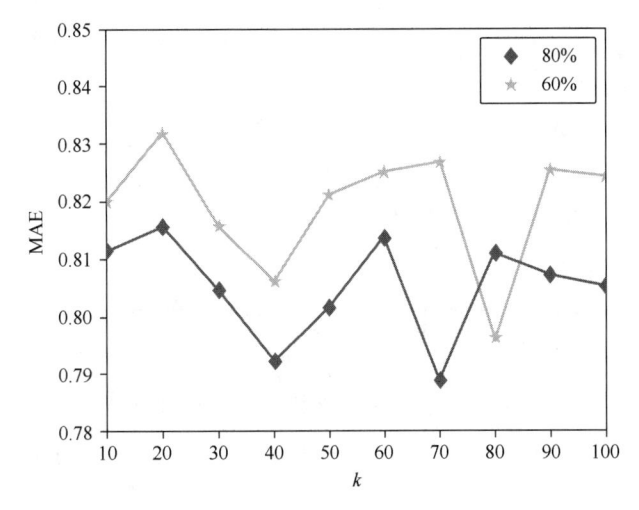

图 5.13 聚类个数 k 对 MAE 的影响

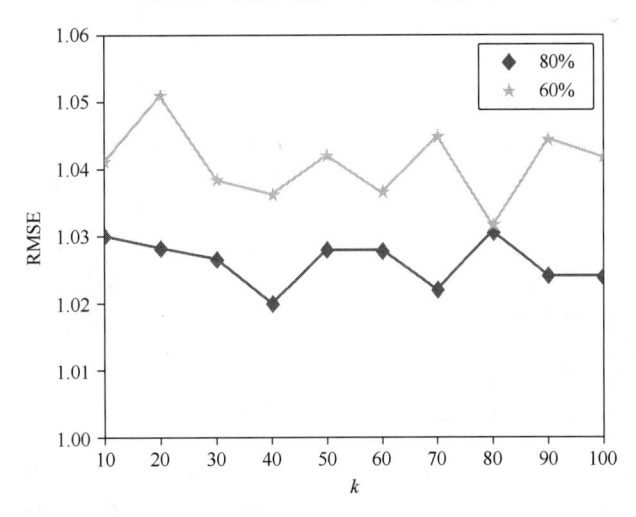

图 5.14 聚类个数 k 对 RMSE 的影响

为了测试 Graph-POIR 在兴趣点嵌入向量中根据位置信息对兴趣点使用谱聚类算法进行聚类时不同参数 m 下的性能，取 m 为 1、2、3、4、5、6、7、8、9、10 进行了实验，由于谱聚类过程也使用了 k-means 算法，因此采用概率密度估计方法改进 k-means 算法中初始聚类中心的选取。图 5.15 和图 5.16 分别给出了 Graph-POIR 以 80%的数据作为训练集和

60%的数据作为训练集且聚类个数为 10 时，RMSE 及 MAE 的变化情况。通过图 5.15 和图 5.16 可以看出，当 $m=2$ 且 80%的数据作为训练集时，Graph-POIR 的 MAE 取得了最小值；当 $m=9$ 且 60%的数据作为训练集时，Graph-POIR 的 MAE 取得了最小值。当 $m=2$ 且 80%的数据作为训练集时，Graph-POIR 的 RMSE 取得了最小值；当 $m=8$ 且 60%的数据作为训练集时，Graph-POIR 的 RMSE 取得了最小值。综合考虑 MAE 和 RMSE，当 $m=2$ 时，模型取得了最好的效果。

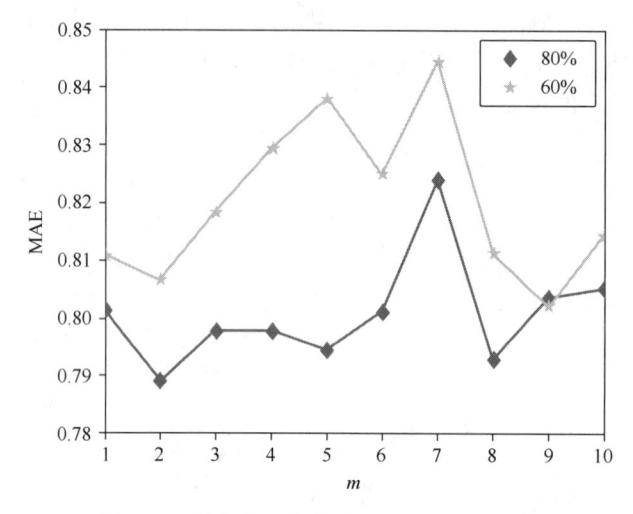

图 5.15　最小特征值个数 m 对 MAE 的影响

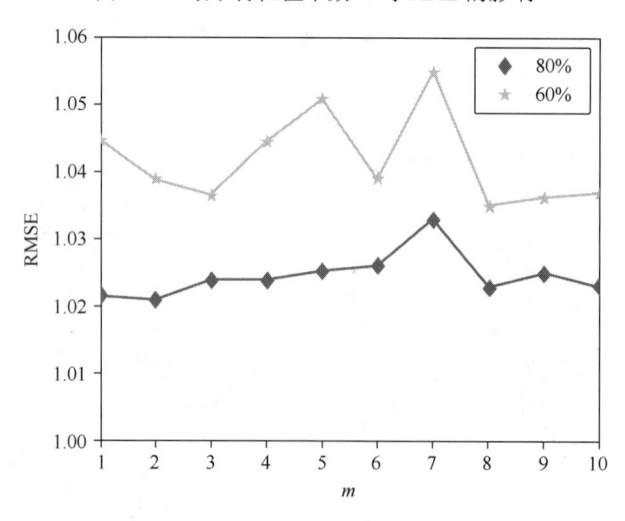

图 5.16　最小特征值个数 m 对 RMSE 的影响

表 5.9 和表 5.10 分别给出了 80%的数据作为训练集和 60%的数据作为训练集时根据位置信息对兴趣点聚类采用不同聚类算法下 Graph-POIR 的 RMSE 和 MAE 的变化情况。聚类算法包括 k-means 聚类算法和谱聚类算法，聚类个数分别取 30、60 和 90，利用概率密度估计方法改进 k-means 聚类算法中的初始聚类中心的选取。通过图 5.15 和图 5.16 可知，当聚类算法采用谱聚类算法且 $m=2$ 时，Graph-POIR 取得了最好的推荐准确率，因此本次实验中固定 $m=2$。由表 5.9 和表 5.10 可知，无论聚类算法选取谱聚类算法还是 k-means 聚类算法，Graph-POIR 都取得了较好的推荐效果，但是选取谱聚类算法时 Graph-POIR 的 MAE 和

RMSE 普遍略低于使用 k-means 聚类算法时的 MAE 和 RMSE，由此也验证了谱聚类算法的有效性。

表 5.9　80%的数据作为训练集时不同聚类算法下的模型推荐效果

Graph-POIR 聚类数	k-means 聚类算法（80%） RMSE	MAE	谱聚类算法（80%） RMSE	MAE
30	1.0254	0.8146	1.0291	0.8103
60	1.0284	0.8095	1.0280	0.8090
90	1.0274	0.8119	1.0311	0.8106

表 5.10　60%的数据作为训练集时不同聚类算法下的模型推荐效果

Graph-POIR 聚类数	k-means 聚类算法（60%） RMSE	MAE	谱聚类算法（60%） RMSE	MAE
30	1.0383	0.8157	1.0377	0.8063
60	1.0365	0.8251	1.0440	0.8223
90	1.0403	0.8188	1.0379	0.8051

表 5.11 中给出了 Graph-POIR 在用户嵌入向量建模时考虑了高阶朋友对 RMSE 和 MAE 的影响。Graph-POIR-1 代表 Graph-POIR 在用户嵌入向量中只考虑了一阶朋友（用户社交关系图中到达目标用户的路径为 1），Graph-POIR-2 代表 Graph-POIR 在用户嵌入向量中考虑了用户的二阶朋友（用户社交关系图中到达目标用户的路径为 2）。实验结果如表 5.11 所示，Graph-POIR-2 的 RMSE 和 MAE 均低于 Graph-POIR-1，体现了在用户嵌入向量建模时考虑用户高阶朋友的必要性。

表 5.11　高阶朋友对 RMSE 和 MAE 的影响

数　据	模　型	RMSE	MAE
Yelp(80%)	Graph-POIR-1	1.0239	0.8051
	Graph-POIR-2	1.0200	0.7922
Yelp(60%)	Graph-POIR-1	1.0460	0.8231
	Graph-POIR-2	1.0459	0.8222

表 5.12 和表 5.13 描述了 Graph-POIR、NGCF、GCMC、NeuMF、GraphRec、PMF 在 Yelp 数据集上 RMSE 和 MAE 的情况。表 5.12 中，80%的数据作为训练集，剩余的 20%作为测试集。表 5.13 中，60%的数据作为训练集，剩余的 40%作为为测试集。实验结果表明，Graph-POIR 减小了评分预测误差，显著提高了推荐准确率（如表 5.12 所示）。与 GraphRec 相比，Graph-POIR 的 RMSE 和 MAE 分别减少了 0.59%和 1.38%，原因是 Graph-POIR 不仅考虑了用户之间的亲密度和用户的高阶朋友，而且将兴趣点的位置信息嵌入到兴趣点的嵌入向量中；而 GraphRec 没有考虑用户的高阶朋友对用户行为产生的影响。由于 NeuMF 没有使用图神经网络去捕获用户–兴趣点交互图和用户社交关系图中的信息，因此无法学习到用户–兴趣点交互图和用户社交关系图中的拓扑结构，Graph-POIR 的 RMSE 和 MAE 比 NeuMF 分别减少了 15.11%和 13.58%。由于 NGCF、GCMC 和 NeuMF 没有考虑用户的社交信息，因此推荐效果不如 GraphRec，从而也体现了考虑用户社交信息的方法能够提高模型的推荐效果。与 PMF 和 NeuMF 相比，GraphRec、NGCF、GCMC 和 Graph-POIR 使用图神经网络技术，体现了图神经网络技术在兴趣点推荐中的有效性。PMF 和 NeuMF 只使用了用户和兴趣点之间的评分，

NeuMF 的推荐性能优于 PMF，说明神经网络在兴趣点推荐中能够提高推荐效果。

表 5.12　80%数据作为训练集时不同模型推荐的效果

Yelp(80%)	RMSE	MAE
NGCF	1.4401	1.1561
GCMC	1.3485	1.0812
NeuMF	1.1711	0.9280
GraphRec	1.0259	0.8060
PMF	1.5064	1.2245
Graph-POIR	1.0200	0.7922

表 5.13　60%数据作为训练集时不同模型推荐的效果

Yelp(60%)	RMSE	MAE
NGCF	1.1804	0.9139
GCMC	1.0563	0.8347
NeuMF	1.1850	0.9237
GraphRec	1.0461	0.8302
PMF	1.6431	1.3523
Graph-POIR	1.0362	0.8061

　　选择合适的嵌入维度，对于模型也非常关键。如果嵌入维度过小，可能导致无法很好的建模用户和兴趣点的嵌入向量；如果嵌入维度过大，可能导致过拟合的问题出现并增加模型的复杂度。图 5.17 和图 5.18 分别报告了嵌入维度为 8、16、32、64、128、256 时 Graph-POIR 的 RMSE 和 MAE 变化情况。由图 5.17 和图 5.18 可知，Graph-POIR 在嵌入维度为 64 时取得了最佳的推荐准确率。

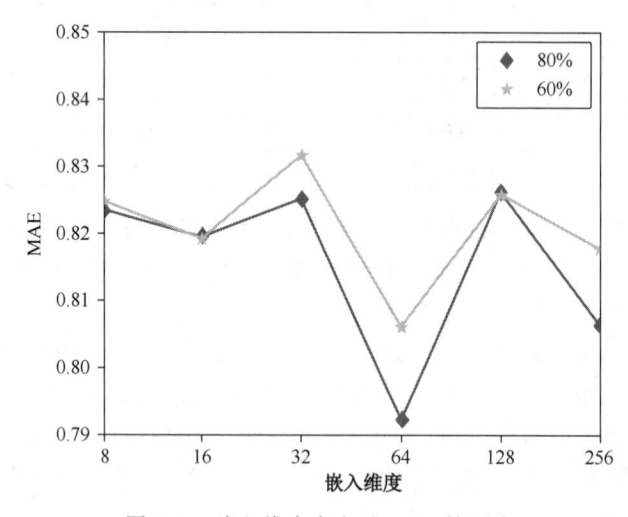

图 5.17　嵌入维度大小对 MAE 的影响

　　图 5.19 和图 5.20 考虑了不同的注意力机制时 Graph-POIR 的 RMSE 和 MAE 变化情况。其中，Graph-POIR-m 中所有的聚合器都使用均值操作，即认为用户交互过的每个兴趣点对用户在兴趣点空间的潜在向量贡献都相同，与兴趣点交互过的每个用户对兴趣点在用户空间的潜在向量贡献都相同，并且没有考虑用户的亲密度，认为用户的每个朋友对用户在社交空

间的潜在向量贡献都相同。Graph-POIR-s 考虑了用户的亲密度，使每个用户的朋友对用户在社交空间的潜在向量贡献都不同，越亲密的朋友，贡献越大，其他聚合器使用均值操作。

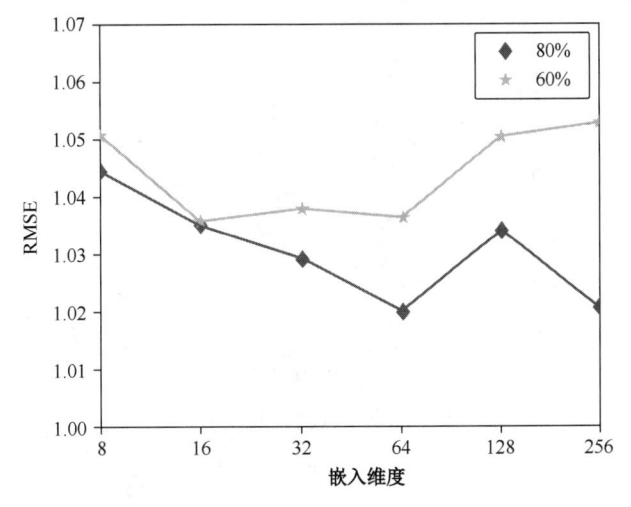

图 5.18　嵌入维度大小对 RMSE 的影响

由图 5.19 和图 5.20 可知，Graph-POIR-s 的推荐效果优于 Graph-POIR-m，验证了考虑用户和朋友之间的亲密度可以提高推荐效果。而 Graph-POIR 不仅考虑了用户和朋友之间的亲密度，还在用户和兴趣点的嵌入向量建模时使用注意力机制，从而使不同的用户（与兴趣点存在交互行为的用户）和兴趣点（与用户存在交互行为的兴趣点）对兴趣点在用户空间的潜在向量与用户在兴趣点空间的潜在向量贡献不同，因此推荐效果优于 Graph-POIR-s 和 Graph-POIR-m。

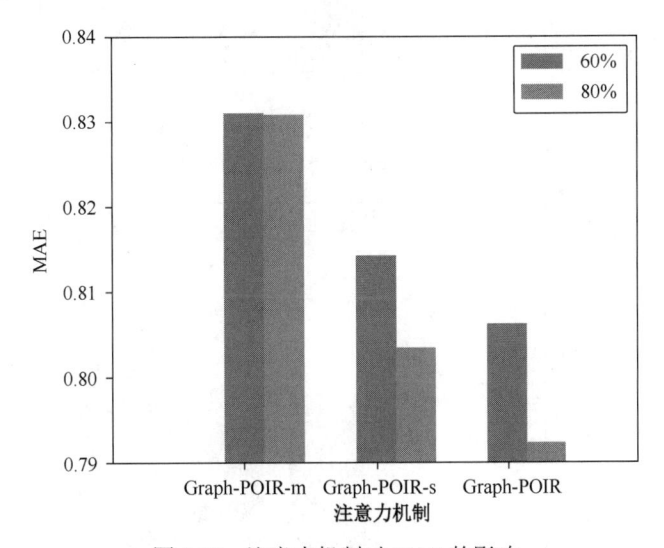

图 5.19　注意力机制对 MAE 的影响

学习率影响着模型的训练时间和模型推荐效果。学习率过小，会极大降低收敛速度，增加训练时间；学习率过大，可能导致参数在最优解两侧来回振荡。图 5.21 和图 5.22 分别报告了学习率在 0.05、0.01、0.005、0.001 时 Graph-POIR 的 RMSE 和 MAE 变化情况。由图 5.21 和图 5.22 可知，Graph-POIR 在学习率为 0.001 时取得了最佳的推荐效果。

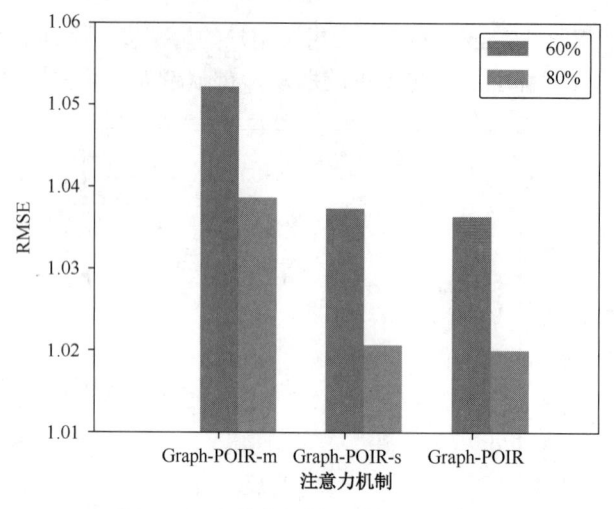

图 5.20　注意力机制对 RMSE 的影响

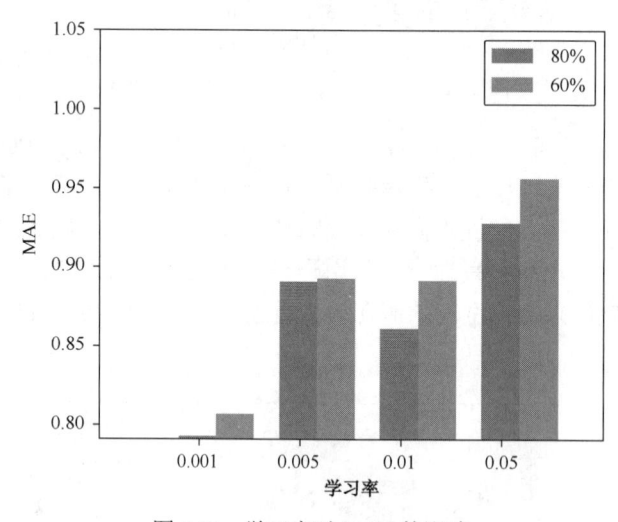

图 5.21　学习率对 MAE 的影响

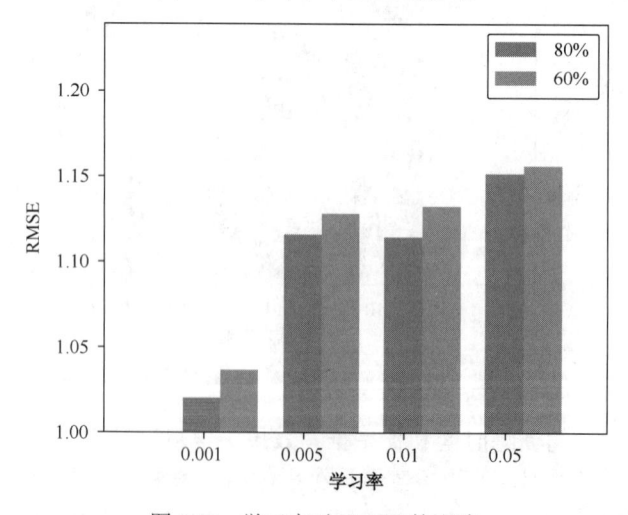

图 5.22　学习率对 RMSE 的影响

5.6　本章小结

　　本章主要研究多信息融合的兴趣点推荐方法，具体围绕如何使用图神经网络更加有效地学习基于位置的社交网络中的信息以及如何更好地挖掘用户和兴趣点之间的交互历史中的协作信息展开。在用户嵌入向量建模部分，根据用户和兴趣点的评分数据与用户的社交信息构建用户-兴趣点交互图及用户社交关系图；在兴趣点的嵌入向量中，整合了位置信息和用户-兴趣点交互图中的协作信息；构建了一个神经网络模型，模拟机器学习中的矩阵分解方法，捕获用户与兴趣点之间的非线性交互行为，将用户和兴趣点的嵌入向量输入到神经网络模型中，并根据用户的历史评分进行评分预测。实验结果表明，该模型在兴趣点推荐方面有较高的推荐准确性。本章将图神经网络应用到兴趣点推荐中，为图神经网络与兴趣点推荐的结合提供了新的思路，具有实际意义。

5.7　参考文献

[1] Defferrard M, Bresson X, Vandergheynst P. Convolutional neural networks on graphs with fast localized spectral filtering[C]. In: Proceedings of Neural Information Processing Systems, 2016, 3837-3845.

[2] Hamilton W L, Ying A T, Leskovec J. Inductive representation learning on large graphs[C]. In: Proceedings of Neural Information Processing Systems, 2017, 1024-1034.

[3] Ma Y, Wang S H, Aggarwal C C, et al. Multi-dimensional graph convolutional networks[C]. In: Proceedings of the SIAM International Conference on Data Mining, 2019, 657-665.

[4] Liu B, Xiong H. A general geographical probabilistic factor model for point-of-interest recommendation[J]. IEEE Trans on Knowledge and Data Engineering, 2015, 27(5): 1167-1179.

[5] Li H Y, Ge Y, Hong R C, et al. Point-of-Interest recommendations: learning potential check-ins from friends[C]. In: Proceedings of the ACM SIGKDD International Conference, 2016, 975-984.

[6] 李昱杭，杨艳，高静远. 地理分层结构与社会关系的兴趣点推荐[J]. 软件工程，2019，22（10）：13-18.

[7] Kipf T N, Welling M. Semi-Supervised classification with graph convolutional networks[C]. In: Proceedings of the International Conference on Learning Representations, 2017, 21-35.

[8] Wu S W, Zhang Y X, Gao C L, et al. GARG: anonymous recommendation of point-of-interest in mobile networks by graph convolution network[J]. Data Science and Engineering, 2020, 9(12): 201-211.

[9] Yang Z C, Yang D Y, Dyer C, et al. Hierarchical attention networks for document classification[C]. In: Proceedings of the North American Chapter of the Association for Computational Linguistics: Human Language Technologies, 2016, 1480-1489.

[10] Chen C, Zhang M, Liu Y Q, et al. Neural attentional rating regression with review-level explanations[C]. In: Proceedings of the International Conference on World Wide Web, 2018, 1583-1592.

[11] Fan W Q, Ma Y, Li Q, et al. Graph neural networks for social recommendation[C]. In: Proceedings of the lnternational Conference on World Wide Web 2019, 417-426.

[12] Berg R, Kipf T N, Welling M. Graph convolutional matrix completion[C]. In: Proceedings of the ACM SIGKDD International Conference on Knowledge Discovery and Data Mining, 2018, 10-21.

[13] He X N, Liao L Z, Zhang H W, et al. Neural collaborative filtering[C]. In: Proceedings of the International Conference on World Wide Web, 2017, 173-182.

[14] Salakhutdinov R, Mnih A. Probabilistic matrix factorization[C]. In: Proceedings of the Annual Conference on Neural Information Processing, 2007, 1257-1264.

[15] Wang X, He X N, Wang M, et al. Neural graph collaborative filtering[C]. In: Proceedings of the 42nd International ACM SIGIR Conference on Research and Development in Information Retrieval, 2019, 165-174.

第6章 基于用户偏好的下一个兴趣点推荐方法

内容关键词
- 下一个兴趣点推荐
- RNN、LSTM、GRU
- 用户偏好
- 用户关系

6.1 引言

下一个兴趣点推荐（Next POI Recommendation）是基于位置的社交网络中的重要任务之一。随着基于位置的社交网络软件广泛使用，如国外常用的有Gowalla、Yelp、Foursquare和Facebook等，国内常用的有滴滴、美团和饿了么等，这些数据通过签到的形式记录用户的日常生活和行为轨迹。这些软件的长期大量使用产生了海量的数据信息，真实反映出用户的行为规律。大量的签到信息使得探索用户的行为模式成为可能，因此如何从大量数据信息中探索和挖掘用户的移动行为规律正成为研究热点。

根据用户偏好为用户提供感兴趣的地点能够提高用户的使用体验，如针对用户生活习惯和规律给用户推荐满足自身不同偏好的个性化的酒店和景点，用户可以依赖模型推荐的兴趣点增加用户选择的多样性，也能提高用户对软件的黏稠度。准确的推荐下一个兴趣点也能够给一些企业带来巨大的利润，如针对性广告预投放、景点地区行人流量估计等，这样可以在一定程度上进行合理的管理，从而节约人力和时间成本。

然而，准确预测用户的下一个访问兴趣点具有较大挑战。一是由兴趣点签到数据集本身的稀疏性导致，相比于传统的商品（如电影、音乐）推荐，兴趣点签到数据更为稀疏。在兴趣点签到数据集中，每个兴趣点都是由地理位置经纬度决定的，因此兴趣点的数量要远远大于商品数量，并且由于一部分用户出于对自身隐私问题的考虑，通常不愿意公开自身的签到信息，导致能获取到的用户访问兴趣点的记录数量较少。二是用户访问下一个兴趣点通常由多种上下文信息之间复杂的交互导致。用户访问下一个兴趣点的兴趣偏好是时刻变化的，会受到自身偏好和其他上下文信息的强烈影响，即使用户处在同一时刻同一地点，也会表现出不同的兴趣点访问偏好。如在天气晴朗的时候，用户更倾向于购物或旅游；而在阴雨天，用户更倾向于去一些室内运动的场所（图书馆、健身房等），由于这些上下文信息的存在也会对用户的偏好建模存在一定的困难，同时这些上下文信息之间会产生复杂的交互作用，如周一的雨天和周日的雨天会导致用户具有不同的访问偏好，因此对于这些信息之间复杂的交互进行有效的建模也存在较大挑战。三是尽管用户在日常生活中展现出强烈的时序模式和规律性的访问行为，但用户依然对未访问过的兴趣点具有很强烈的偏好。例如，某一用户在浏览过其他用户分享的兴趣点时，在未来他更倾向于访问此兴趣点；或者用户经常在几家饭店就餐时，他们也更愿意去一些新开的饭店尝试不同的口味。

传统的商品推荐，如图书、电影和音乐推荐等，通常使用协同过滤思想给用户推荐未来将要访问的商品，基于矩阵分解的算法是协同过滤最常用的算法，其基本思想是基于"相似的用户通常有相似的品味"的思想进行推荐。与商品推荐类似，在一般兴趣点推荐中，首先用随机初始的向量表示用户和兴趣点的潜在因子，通过对用户历史访问过的兴趣点进行训练得到用户和兴趣点的潜在因子表示。在兴趣点推荐过程中，根据用户和兴趣点的潜在因子的内积形式作为用户未来访问兴趣点的概率，最终得到为用户推荐的 top-k 个兴趣点列表。在一般兴趣点推荐中，只是根据用户的访问偏好进行推荐，忽略了用户历史签到的兴趣点之间的序列关系。例如，用户按序列顺序访问 A、B 和 C 3 个景点，推荐的 3 个景点仅由用户的偏好分数得到，它们之间没有任何顺序关系。然而，在下一个兴趣点推荐中，用户的序列访问行为通常对下一个兴趣点具有很重要的影响。因此，在下一个兴趣点推荐中用户的推荐列表是随着签到信息时刻变化的，并且用户的每次移动都会导致推荐列表发生较大的变化。大多数研究工作也把下一个兴趣点推荐问题看成是序列推荐问题。

在下一个兴趣点推荐中，很多研究已经表明用户偏好、序列信息、时空上下文、社交关系、文本信息（类别、名称、评论），以及其他上下文信息（如天气等）能够提升下一个兴趣点推荐的准确性。下面简要阐述这些上下文信息的影响。

（1）用户偏好：由于用户生活习惯以及用户偏好的存在，用户对于兴趣点的访问具有不同的偏好，而且用户对兴趣点的偏好也是随时间变化的。相同偏好的人通常会访问相同的场所，如运动爱好者通常会访问体育馆、游泳馆和公园等一些有利于健身的场所；反之，偏好差异很大的用户访问相同兴趣点的数量会更少。

（2）序列信息：序列信息是下一个兴趣点推荐的重要影响因素，用户访问下一个兴趣点通常表现出强烈的序列依赖性，如用户下飞机后通常会去餐馆或者宾馆。一些研究已经表明，在下一个兴趣点推荐中，序列信息有助于提升下一个兴趣点推荐效果。

（3）时间上下文：用户在不同的签到时间通常会表现出不同的偏好。例如，早晨在家的用户更倾向去公司上班，而晚上更倾向于去酒吧等娱乐场所。

（4）空间上下文：在下一个兴趣点推荐中，用户的访问兴趣会受到空间位置强烈的约束。事实上，用户访问的大量兴趣点都位于家和工作室附近的一些地方，而且在下一个兴趣点推荐中，用户访问的下一个兴趣点也会受到用户当前所在位置的约束影响。一些模型会通过计算兴趣点与用户当前位置的距离来推测用户访问下一个兴趣点的空间偏好。

（5）朋友关系：一些研究已经表明，通过考虑朋友关系能够提升兴趣点的推荐效果。这主要包含两个方面的原因：第一，朋友关系相对于非朋友关系具有更多的共同访问兴趣点，朋友关系通常意味着他们/她们具有相似的兴趣偏好，具有相同/相似偏好的人们更有可能成为朋友；第二，朋友关系也意味着未来访问的可能性，具有朋友关系的用户未来更有可能共同出游。

（6）文本信息：文本信息也会影响用户偏好，如兴趣点的主题名、描述信息和用户评论文本等。从这些文本可以很容易地得到兴趣点的一些相关信息，如通过用户评论文本推测用户偏好（喜爱或厌恶），通过兴趣点的描述信息获得兴趣点的附加信息（服务类型和范围等）。从某种程度上来说，这些文本信息和用户偏好之间也蕴含着复杂的关联关系。

尽管现有的研究工作对多种上下文信息进行了不同程度的研究，然而现有研究工作仅考虑上述上下文信息中的一种或两种，同时考虑用户关系、用户偏好、序列信息和时空上下文信息的模型较少，并且现有模型也缺乏对用户关系和用户偏好的深入研究。为了对用户关系进行有效建模，本节将用户关系划分为两类：一类是偏好相似关系；另一类是朋友关系。对于偏好相似关系，可用两个用户共同访问过的兴趣点个数衡量，共同访问过的兴趣点越多，说明他们偏好越相似。对于朋友关系，可根据用户在社交软件的朋友信息衡量，如果两个人具有朋友关系，那么他们可能会具有相似的兴趣偏好，在未来更可能一起去旅游或聚餐。一些研究表明，通过加入朋友关系，模型推荐的准确率得到提高。受词嵌入 Word2Vec 技术在自然语言处理和文本挖掘中的应用启发，本章首次提出了用户关系嵌入模型 User2Vec，该模型能够将朋友关系和偏好相似关系集成到一起建立用户关系图模型，然后应用 DeepWalk 嵌入的方法对用户关系进行嵌入学习。通过嵌入学习，用户关系越近的用户在嵌入向量空间中就会有更近的距离。由于用户访问兴趣点的偏好并不是一成不变的，而是受多种偏好的影响，为了更深入探索用户不同偏好的影响，将用户偏好细分为用户的长期偏好、短期偏好和当前偏好 3 种。长期偏好根据用户所有历史访问过的兴趣点来表示，用于表示用户长期以来一直保持的偏好，如运动爱好者在其历史访问过的兴趣点中会含有大量的健身场所；短期偏好由用户最近的签到信息衡量，它表示用户最近一段时间内的兴趣偏好，与长期偏好可能相似也可能不同；当前偏好根据用户当前访问的一段兴趣点序列得到，大多数模型只使用用户的当前签到位置为用户推荐下一个兴趣点，说明了当前偏好对于用户访问兴趣点的重要性。本章使用 3 种不同的模型对用户的 3 类偏好建模，从而有效提取用户偏好信息。最后，根据用户关系和用户偏好给用户推荐个性化的下一个兴趣点。

6.2　下一个兴趣点推荐的国内外研究现状

下一个兴趣点推荐是一般兴趣点推荐的延伸，根据用户的历史签到信息为用户推荐将要访问的下一个兴趣点列表。下一个兴趣点推荐通常被看成是序列推荐问题，目前已经有很多方法被应用到下一个兴趣点推荐中，如基于马尔可夫模型的方法、基于嵌入表示模型的方法以及基于神经网络模型的方法等。

6.2.1 基于马尔可夫模型的方法

针对潜在因子模型无法有效对序列信息进行整合的问题，一些研究工作开始将马尔可夫模型用于用户的签到序列行为建模。马尔可夫模型是一种统计模型，已经成功应用于语音识别和序列推荐等领域。

考虑到矩阵分解方法难以对兴趣点序列信息进行建模，而基于马尔可夫模型的方法能够捕获用户的签到序列信息，因此引入了个性化的马尔可夫链，通过结合矩阵分解和一阶马尔可夫的优势分别对用户偏好和访问商品的序列信息进行建模，提出个性化的马尔可夫分解算法（FPMC）用于给用户推荐其将要购买的下一个商品。在数据集上的实验结果显示出 FPMC 方法要优于一般的矩阵分解算法和单纯的基于马尔可夫模型的算法。与下一个商品推荐不同，由于兴趣点推荐中不仅受到序列信息和用户偏好的影响，用户的地理位置信息对下一个兴趣点推荐也有一定程度的影响。通过对签到数据集进行分析，如图 6.1 所示，Foursquare 和 Gowalla 是两个大型兴趣点签到数据集，可以观察到在两个数据集中分别有超过 75%和 80%的用户签到数据在 10km 以内。两个数据集在 100km 的签到数据均少于 5%，说明用户倾向于访问距离较近的兴趣点。通过整合地理位置信息，进一步对 FPMC 模型进行改进，提出了连续的兴趣点推荐模型（FPMC-LR）。该模型不仅考虑用户偏好和序列信息，而且结合用户的地理位置约束为用户推荐下一个兴趣点。该模型通过对地理位置分块来限制用户访问的下一个兴趣点，在分块矩阵中，用户访问的下一个兴趣点只限制在与其临近的 9 个局域范围内。这样做的好处是一方面解决了用户的地理位置约束；另一方面移除了可能的噪声信息，同时只计算临近区域的兴趣点能够极大程度地减少计算量。

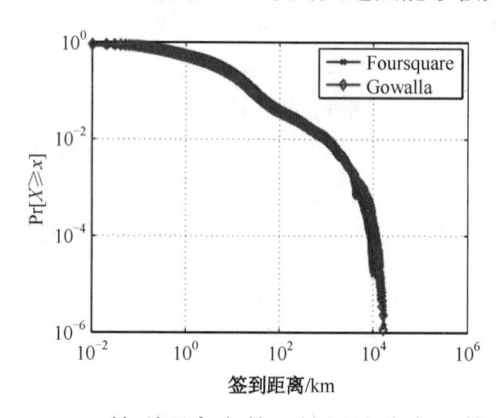

图 6.1 签到距离上的互补累计分布函数

尽管马尔可夫能够对用户的签到序列信息进行建模，但是在应用中依然存在一些限制。以上基于马尔可夫模型的研究工作都使用一阶马尔可夫对数据进行建模，即只根据用户前一次的签到行为预测用户下一个签到兴趣点。这是因为随着马尔可夫阶数的增加，基于马尔可夫模型的计算量将会以指数形式增长，这在实际的运用中并不可行。由此可见，基于马尔可夫模型的方法必须要在计算量和序列建模能力上做出权衡，这也会限制模型对于序列签到行为的建模能力。而且，如何将用户偏好、地理位置、时空信息和文本信息等整合到马尔可夫模型中也存在较大困难。

6.2.2 基于嵌入的方法

近年来，基于词嵌入的方法已经成功应用于文档分类、语言翻译和情感分析等一些自然语言处理领域中，表明了嵌入模型能够有效捕获词与词之间的潜在关系。很多研究也开始将嵌入模型扩展到不同领域中。嵌入方法的基本思想是将两个项目映射到低维的向量表示，通过衡量两个项目在嵌入空间中的距离来表示两者的相似关系。在嵌入空间中，两个向量距离越近表示两者的关系越紧密。一些研究也开始探索将嵌入方法引入到推荐系统领域。

由于潜在因子模型对于序列信息建模的局限性，以及马尔可夫模型难以整合多种上下文信息问题，最近，一些研究开始通过扩展嵌入方法来整合用户偏好、序列信息和时空上下文信息用于下一个兴趣点推荐。PRME 模型同时考虑用户偏好和序列信息的影响，利用度量嵌入的方法对用户的签到数据信息进行建模。它使用两个嵌入空间，即用户偏好嵌入空间和序列信息嵌入空间。在用户偏好嵌入空间中，用户与兴趣点在嵌入空间的距离表示用户对兴趣点的偏好；在序列嵌入空间中，兴趣点之间的嵌入距离表示兴趣点之间转化的可能，然后通过权重来整合用户偏好和序列信息的影响。针对因子分解方法无法对时空上下文信息和序列信息进行建模的问题，图嵌入（Graph Embedding，GE）模型能够同时捕获序列影响、地理影响、时空周期影响以及语义信息。它通过一种统一的方式将 4 对相应的关系图（兴趣点-兴趣点、兴趣点-区域、兴趣点-时间和兴趣点-单词）嵌入到共享的低维空间中。之后，根据训练后的兴趣点嵌入向量信息和时间衰减的影响，计算用户访问不同兴趣点的偏好。Venue2Vec 模型能够整合时空上下文信息、语义信息和序列信息等。具有相同类型的位置和经常连续访问的位置在嵌入空间中有更近的距离。在这个模型中，考虑的时间信息为用户访问周期性的影响，语义信息为兴趣点的类别文本信息。首先，Venue2Vec 根据用户的兴趣点签到序列信息和兴趣点之间的距离建立兴趣点转移图模型；然后，通过序列采样方法得到训练的兴趣点序列信息，最后将得到的序列信息送入到词嵌入模型中学习，从而得到兴趣点的向量表示。为了对兴趣点的语义信息进行建模，将兴趣点向量和预训练的类别向量的拼接结果作为兴趣点的向量表示。

6.2.3 基于神经网络模型的方法

近年来，随着深度学习的兴起，神经网络模型成功应用到了诸多领域，如视频推荐、广告推荐和书籍推荐等，显著提升了推荐效果。在神经网络模型中，基于循环神经网络（Recurrent Neural Network，RNN）的方法能够有效捕捉序列数据的影响，并且能够在用户签到数据中自动挖掘上下文信息之间的交互影响，因此在兴趣点推荐中得到了广泛应用，并成为当前主流的推荐模型。然而，RNN 存在梯度爆炸和梯度消失问题，使其不能学习到较长序列内远距离的依赖关系。为了解决该问题，长短时记忆（Long Short-Term Memory，LSTM）和门控循环单元（Gated Recurrent Unit，GRU）两种 RNN 变体被提出，使得循环神经网络能够学习到长距离的依赖问题。由于 RNN 对于序列信息建模的有效性并且能够很容易地整合其他上下文信息的影响，因此基于 RNN 模型的方法被广泛应用于下一个兴趣点推荐中。一些研究也开始整合不同类型的上下文信息和序列信息，并结合 RNN 模型和其他神经网络模型对签到序列信息和不同上下文信息进行建模。

GRU4Rec 模型通过整合序列信息进行商品推荐，首次将 GRU 模型引入到推荐系统中，通过 GRU 模型对用户的最近一段购买记录进行建模。针对 GRU4Rec 模型提出了两个创新：一是通过对 GRU 模型训练的批次改进减少 GRU 模型的训练时间；二是提出了 TOP1 损失函数，相比于传统的 BPR 算法，具有更好的表现效果。由于空间上下文对下一个兴趣点推荐有重要作用，传统方法通过限制用户的移动距离和权重的方式控制距离影响，导致用户对兴趣点的不同距离偏好被忽略，为了解决该问题提出了 Distance2Pre 模型。该模型能够同时对序列信息、用户偏好，以及用户对距离的不同偏好建模。为了整合用户对于距离偏好的作用，提出了线性和非线性两种整合用户距离偏好的结构模型：Distance2Liner 和 Distance2NonLiner。

尽管 RNN 模型对序列建模非常有效，但是在兴趣点空间中直接运用 RNN 却不能很好地捕获用户签到兴趣点序列之间的时空变换信息对下一个兴趣点推荐的影响。因此，一些研究尝试改进 RNN 模型来提升模型推荐效果。通过整合兴趣点变换之间的时空信息对 RNN 模型进行了改进，提出了 ST-RNN 模型。该模型用两个转移矩阵提取用户兴趣点转移之间的影响。在 ST-RNN 模型中，通过将 RNN 中单一的隐藏层矩阵用随时间和空间变化的转移矩阵代替。通过对 LSTM 模型进行改进，提出了一个基于时空属性的 LSTM 变体 ST-LSTM，通过增加时间门和距离门对时间间隔和空间间隔信息建模，从而捕获用户签到的兴趣点之间的序列关系。为了对用户的长短期偏好进行建模，ST-LSTM 模型添加了细胞状态单元用于记录用户长期偏好和短期偏好对下一个兴趣点推荐的影响。

现有的一些模型也开始探索序列信息、上下文信息和用户偏好的统一分析，以及不同上下文信息之间复杂的交互作用。NEXT 模型是一个统一的框架，通过统一的方式结合不同的因素来预测用户下一步的访问意图。将元数据信息（如用户朋友关系和 POI 的文本信息），以及两种时态上下文（时间间隔和访问时间）结合起来进行推荐。上下文感知的递归神经网络 CA-RNN，不再使用传统 RNN 模型中的恒定输入矩阵和转换矩阵，而是采用自适应上下文特定输入矩阵和自适应上下文特定转换矩阵。自适应上下文特定输入矩阵捕捉用户行为发生的外部信息，如时间、位置、天气等。自适应上下文特定转换矩阵捕捉历史签到序列中相邻签到行为之间的时间间隔如何影响全局序列特征。多上下文集成的深度神经网络模型 MCI-DNN，将序列信息、时空信息、类别信息和用户偏好集成到一个内聚的框架中。首先，通过扩展递归神经网络，从兴趣点签到记录中挖掘用户行为模式，对序列信息和不同类型上下文信息的交互进行联合建模；然后，设计了一个前向神经网络从兴趣点签到数据中获取用户偏好，并将其整合到 MCI-DNN 中。

6.3 相关定义和解决方案

令 $U = \{u_1, u_2, u_3, \cdots, u_m\}$ 表示 m 个用户的集合，$P = \{p_1, p_2, p_3, \cdots, p_n\}$ 表示 n 个兴趣点的集合。

定义 1[兴趣点（POI）] 兴趣点是具有唯一编码的地点，每个兴趣点包含标识符和地理坐标两个属性，标识符由 48 位（bit）的 identifier 编码表示，地理坐标由经纬度表示。

第 6 章 基于用户偏好的下一个兴趣点推荐方法

例如，一个地点标识符可以表示为 4a8985ddf964a5203d0820e3，地理坐标表示为 [37.62791317115699，-122.42633310416845]。

定义 2（用户历史签到序列） 给定一个用户集合 $U=\{u_1,u_2,\cdots,u_m\}$ 和一个地点集合 $P=\{p_1,p_2,\cdots,p_n\}$，一个用户 $u \in U$ 的历史签到序列表示为 $H_{t_i}^u = \{p_{t_1}^u, p_{t_2}^u, \cdots, p_{t_i}^u\}$，其中 $p_{t_i}^u$ 表示用户 u 在 t_i 时刻访问过兴趣点 $p \in P$。

定义 3（下一个兴趣点推荐） 给定某个用户在 t_i 时刻及其之前的历史签到序列 $H_{t_i}^u$，下一个兴趣点推荐的目标是为该用户推荐其最有可能在 t_{i+1} 时刻访问的 top-k 个兴趣点列表，推荐列表中的兴趣点按访问概率大小进行排序。

图 6.2 说明了在 t_i 时刻为用户推荐其下一时刻 t_{i+1} 要访问的兴趣点过程。

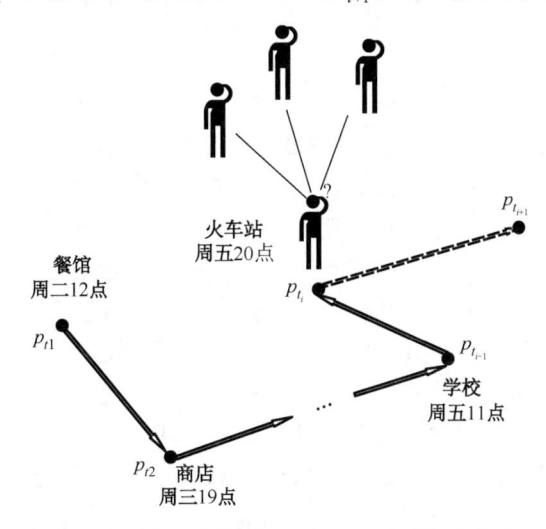

图 6.2 用户历史签到序列与下一个兴趣点推荐

本章提出的总体模型结构如图 6.3 所示，首先根据用户朋友关系和用户访问过的兴趣

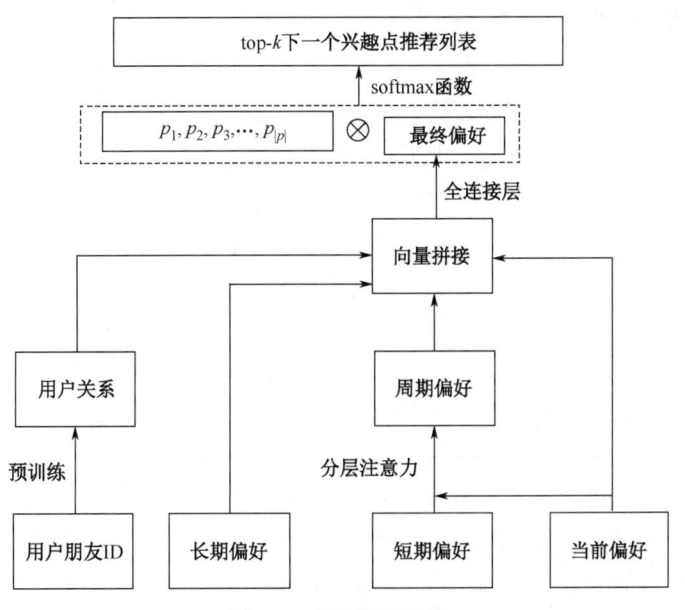

图 6.3 总体模型结构

点对用户进行训练，从而得到用户关系向量表示。同时，用户偏好被划分为 3 种不同类型的偏好，针对不同类型的偏好，使用不同模型对其进行建模。由于用户偏好通常在短期表现出规律性的访问行为模式，为了捕获用户短期偏好和当前偏好，使用分层注意力机制捕获用户短期偏好和当前偏好的潜在交互行为。最后，将以上得到的向量进行拼接操作得到用户最终访问下一个兴趣点的偏好向量，通过将偏好向量与兴趣点向量进行内积操作得到用户访问下一个兴趣点的分数。下面从 3 个方面详细说明本章提出的模型，包括用户关系挖掘、用户偏好建模以及模型训练。

6.4 用户关系挖掘

现有的兴趣点推荐方法仅考虑用户的朋友关系，这些研究基于的假设是"在社交网络中，朋友经常具有相同或相似的品味"。然而，朋友关系不能很好地表示用户偏好，利用朋友关系进行推荐存在以下缺陷：①社交软件上的朋友关系不能准确表示现实生活中的朋友关系，由于种种原因，在生活中具有朋友关系的用户可能并没有在社交软件中互加好友，并且社交软件中两个好友也存在彼此并不认识或完全没有联系的情况；②两个用户为朋友关系，也可能具有不同的偏好，因此在为用户推荐下一个兴趣点的时候可能会受到朋友关系的负面影响。并且，现有的研究都忽略了非朋友关系，实际上，非朋友关系也能在一定程度上反映用户相似的偏好。例如，美食爱好者通常会访问一些相同或相似的饭店，因此他们在历史签到兴趣点集合中通常具有更多相同的访问兴趣点。本节深入考虑两类用户关系，提出一种用户关系嵌入模型（User2Vec），该模型用于学习用户关系的向量表示。User2Vec 模型的用户关系表示学习过程可分为两步：第一步，根据用户的朋友关系和签到行为构建用户关系图；第二步，根据构建的用户关系图进行用户关系向量学习。

6.4.1 构建用户关系图

在构建用户关系图之前，首先需要建立用户关系表。偏好相似关系由用户历史签到兴趣点信息决定，因此可以通过用户的历史兴趣点访问信息得到用户关系表，如表 6.1 所示，如果用户访问过该兴趣点，值为 1，否则值为 0。

表 6.1　具有共同历史访问 POI 的用户关系表

地点	用户 1	用户 2	用户 3	用户 4	用户 5
A	1	0	1	1	1
B	0	1	0	1	0
C	1	1	0	1	0
D	1	0	0	1	1

根据表 6.1，可以建立用户偏好相似关系图 S，如图 6.4 所示。偏好相似关系可以通过用户历史访问过的相同兴趣点的数量来衡量。在用户偏好相似关系图中，两个用户之间边的权重表示用户共同访问过的兴趣点的数量，边上的权重越大表示用户关系越紧密。

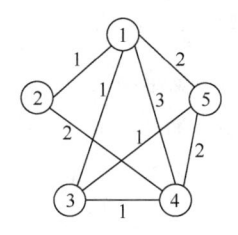

图 6.4 用户偏好相似关系图

下一步，根据朋友关系表构建朋友关系图，朋友关系表如表 6.2 所示。表 6.2 中的信息来源于数据中的朋友关系，在朋友关系表中，用户的朋友关系是双向的。

表 6.2 朋友关系表

用 户	朋 友
1	2
2	1
1	4
4	1

通过朋友关系表可以构建朋友关系图 F，只要用户之间互为朋友关系，在构建的用户关系图中边上的权重就为 1。朋友关系图如图 6.5 所示。

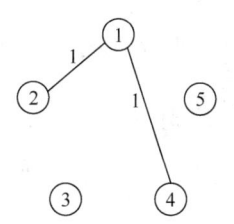

图 6.5 朋友关系图

如前文所述，一对用户之间的关系分为朋友关系和偏好相似关系，因此需要整合偏好相似关系图和朋友关系图来获得最终的用户关系图。通过使用权重的方式来计算用户最终关系紧密程度，计算方式为

$$R(i,j) = (1-\alpha)\frac{S(i,j)}{\sum_{j\in P} S(i,j)} + \alpha\frac{F(i,j)}{\sum_{j\in P} F(i,j)} \tag{6.1}$$

式中，$\sum_{j\in P} S(i,j)$、$\sum_{j\in P} F(i,j)$ 分别代表在用户偏好相似关系图和朋友关系表中用户 i 与 j 有边相连的权值之和；α 为控制两种用户关系的权重参数。在实验中，α 设置为 0.2。

DeepWalk 方法被用来对用户关系图进行预训练，利用重启动随机游走方法评估图中两个结点之间的相关性。由于用户关系图的边权重代表从一个用户结点到另一个用户结点的转移概率，因此从一个用户 u_i 到另一个用户 u_j 随机游走的概率可定义为

$$\text{Probability}(u_i | u_j) = \frac{f(u_i,u_j)}{\sum f(u_i,u_m)} \tag{6.2}$$

式中，$f(u_i,u_j)$ 表示从 u_i 到 u_j 边的权重，u_m 表示与 u_i 有边相连的结点。需要注意的是，

$f(u_i, u_j)$ 与 $f(u_j, u_i)$ 不一定相同。在采样过程中，从图中的一个结点出发，重复进行 50 次随机游走，每次游走的步长设置为 20，对图中所有的结点都执行同样的操作。以这种方式获得的一个明显优势是，依赖于短随机游走获得的信息可以在不需要全局重新计算的情况下适应网络中的小变化。执行上述步骤之后，可获得用于模型训练的序列输入数据。

6.4.2 用户关系嵌入学习

用户关系的向量表示类似于 Word2Vec。本节使用基于 Hierarchical Softmax 的 Skip-Gram 模型学习用户关系的嵌入向量表示。用户关系嵌入向量表示的训练过程是在采样序列中最大化预测其邻近用户的概率。基于 Hierarchical Softmax 的 Skip-Gram 模型的每个输入样本形式为 $(v, \text{context}(v))$，其中 v 表示采样序列中的一个用户，$\text{context}(v)$ 是采样序列中与 v 邻近的用户，v 的嵌入向量表示为 $\boldsymbol{x}_v$，根结点到叶结点 v 的总路径长度表示为 l_v，$d_j^v \in \{1, 0\}$ 表示路径中结点 v 相应的哈夫曼树编码。在此基础上，用 v 预测 $\text{context}(v)$ 的可能性表示为

$$p(\text{context}(v) | v) = \prod_{w \in \text{context}(v)} p(w | v) \tag{6.3}$$

式中，$p(w|v)$ 可表示为

$$p(w|v) = \prod_{j=2}^{l_v} \sigma(\boldsymbol{x}_v^{\mathrm{T}} \boldsymbol{\theta}_j^v)^{1-d_j^v} \cdot [1 - \sigma(\boldsymbol{x}_v^{\mathrm{T}} \boldsymbol{\theta}_j^v)]^{d_j^v} \tag{6.4}$$

之后，用对数似然形式得到语料库中所有用户的联合概率为

$$\begin{aligned} L &= \sum_{v \in V} \log_2 \prod_{w \in \text{context}(v)} \prod_{j=2}^{l_v} \{\sigma(\boldsymbol{x}_v^{\mathrm{T}} \boldsymbol{\theta}_j^v)^{1-d_j^v} \cdot [1 - \sigma(\boldsymbol{x}_v^{\mathrm{T}} \boldsymbol{\theta}_j^v)]^{d_j^v}\} \\ &= \sum_{v \in V} \sum_{w \in \text{context}(v)} \sum_{j=2}^{l_v} \{(1-d_j^v) \cdot \log_2[\sigma(\boldsymbol{x}_v^{\mathrm{T}} \boldsymbol{\theta}_j^v)] + d_j^v + \log_2[1 - \sigma(\boldsymbol{x}_v^{\mathrm{T}} \boldsymbol{\theta}_j^v)]\} \end{aligned} \tag{6.5}$$

式中，V 是数据集中所有用户的集合；$\sigma(.)$ 为 sigmoid 函数；$\boldsymbol{\theta}_j^v$ 为对应于 d_j^v 的参数。为了得到 v 的最优向量表示，需要将上述目标函数 L 最大化。因此，需要用目标函数 L 对 $\boldsymbol{\theta}_j^v$ 和 $\boldsymbol{x}_v$ 分别求偏导。

$$\frac{\partial L}{\partial \boldsymbol{\theta}_j^v} = \sum_{v \in V} \sum_{w \in \text{context}(v)} \sum_{j=2}^{l_v} (1 - d_j^v - \sigma(\boldsymbol{x}_v^{\mathrm{T}} \boldsymbol{\theta}_j^v)) \boldsymbol{x}_v \tag{6.6}$$

$$\frac{\partial L}{\partial \boldsymbol{x}_v} = \sum_{v \in V} \sum_{w \in \text{context}(v)} \sum_{j=2}^{l_v} (1 - d_j^v - \sigma(\boldsymbol{x}_v^{\mathrm{T}} \boldsymbol{\theta}_j^v)) \boldsymbol{\theta}_j^v \tag{6.7}$$

用户关系嵌入向量 $\boldsymbol{x}_v$ 的更新公式可以写为

$$\boldsymbol{x}_v = \boldsymbol{x}_v + \eta \sum_{w \in \text{context}(v)} \sum_{j=2}^{l_v} \left[1 - d_j^v - \sigma\left(\boldsymbol{x}_v^{\mathrm{T}} \boldsymbol{\theta}_j^v\right) \boldsymbol{\theta}_j^v\right] \tag{6.8}$$

式中，η 为模型训练时的学习率，将 η 设置为 0.025。在用 Skip-Gram 模型的训练过程中，滑动窗口大小设置为 5，用户关系嵌入向量的长度设置为 100 维。通过以上嵌入过程，可将每个用户与其他用户的关系用一个 100 维向量表示。

6.5 用户偏好建模

为了深入讨论用户偏好的影响，本章将用户偏好细分为长期用户偏好（长期偏好），短期用户偏好（短期偏好）和当前用户偏好（当前偏好），并用不同的模型对其进行建模。

6.5.1 长期偏好建模

用户的长期偏好由用户历史签到的所有兴趣点向量的平均值表示，兴趣点向量在模型开始训练阶段被随机初始化，之后在模型训练过程中进行学习。用户长期偏好的向量 $u_{\text{long-term}}$ 表示如图 6.6 所示。图 6.6 展示了一个用户按时间顺序所有访问过的兴趣点，图中 $p_{t_1}, p_{t_2}, \cdots, p_{t_i}$ 表示用户访问过的兴趣点的嵌入向量，p_{t_i} 表示用户在 t_i 时刻的签到兴趣点 ID 的嵌入向量表示，$|P|$ 表示用户访问过的兴趣点总数。用户的长期偏好由用户所有访问过的兴趣点向量的平均值表示，用户的长期偏好可以看成是用户长期以来一直保持的偏好行为，这种偏好通常不会发生较大变化。例如，用户平时一直喜欢健身，那么此用户在之前访问的兴趣点历史列表中访问健身房等一些健身场所将会比一般的用户更多，并且用户的这种偏好通常会一直保持下去，在用户未来访问的兴趣点中，用户也将会访问更多如健身房之类的场所。因此，用户长期访问的兴趣点可以由用户之前访问过的所有兴趣点来共同表示。

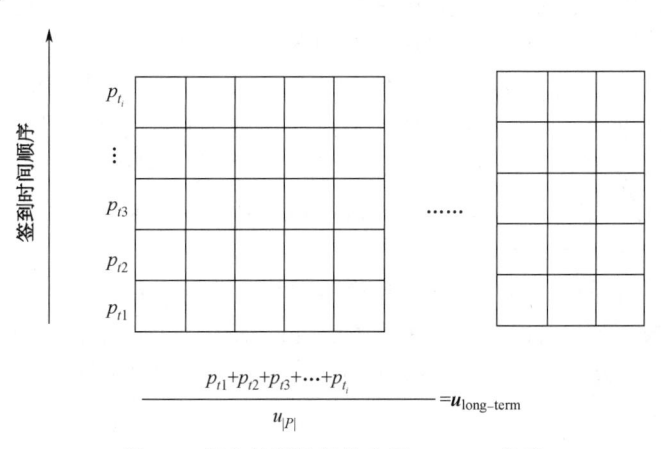

图 6.6 用户长期偏好的向量 $u_{\text{long-term}}$ 表示

6.5.2 用户的短期偏好和当前偏好建模

为了更深入地考虑用户偏好，本节不仅对用户的长期偏好建模，还对用户的短期偏好和当前偏好分别建模。因为用户的短期偏好和当前偏好同样对用户推荐的兴趣点具有不同程度的影响。

尽管用户的长期偏好通常不会发生很大变化，但是用户在不同时期的短期偏好通常会表现较大的差异。在现实生活中，可以找出大量的例子来说明用户短期偏好的变化。例如，一直喜爱记录片的一个用户，偶然看了一部很吸引人的动漫作品，那么这个用户在最近一段时间内通常会表现出强烈的动漫作品偏好，因此当用户在对动漫作品表现出强烈的偏好时给用户推荐之前偏爱的记录片显然不太合理。又如，一个用户出国旅行，在平时该用户通常会访问距离家附近的一些娱乐场所，如果此时给用户推荐其经常访问附近的娱乐场所，也是不符合实际的。因此，可以看出，用户的短期偏好对于用户的推荐也能产生影响，并且用户的短期偏好并不一定和用户的长期偏好保持一致，甚至会出现用户的短期偏好与长期偏好截然相反的情况。

用户的当前偏好对用户访问下一个兴趣点也有非常重要的影响。在一些主流的下一个兴趣点推荐模型中，有些只基于用户当前的签到行为进行推荐，这说明了用户当前偏好对于兴趣点推荐的重要程度。因为在下一个兴趣点推荐中，用户访问的下一个兴趣点会受到当前地点强烈的位置约束，同时用户当前的位置也蕴含着用户访问的行为序列信息。但是仅使用用户最后一次访问的兴趣点并不能有效地推测用户访问的下一个兴趣。例如，一位打算回家的员工在途中到了附近的一家酒吧，如果只通过用户最后访问的兴趣点（酒吧），是很难真正地推测用户真实的目的地，如果只基于酒吧这一位置信息，那么模型很有可能给用户推荐公司这一场所，这显然是不符合员工的真实目的，因为他的下一步计划是回家。但是，如果能够获取较短时间内用户访问的序列信息，如公司→酒吧，那么模型将很容易推测出用户真实的访问意图。

为了能够对用户的短期偏好进行有效建模，选择 GRU 模型根据用户最近两个月内的签到历史信息得到用户的短期偏好，这些签到历史信息包括用户签到兴趣点和签到时间信息。签到时间通过转化进一步划分为签到星期和一天中的签到时刻，签到星期（Week）分为 7 天，分别用用户对应的独热（One-hot）编码表示，如周一的 One-hot 编码可以表示为 [1,0,0,0,0,0,0]。同理，签到时刻（Hour）分为 24 小时，也用不同的 One-hot 编码表示。由于在推荐系统中，通常会有成千上万个兴趣点的存在，这会使得使用 One-hot 表示的用户和兴趣点的编码长度过长，从而导致神经网络过多的输入神经元，将会严重增加模型的计算量。不同于签到星期和签到时刻的 One-hot 编码表示，本节进一步使用神经网络的嵌入方法得到用户的空间向量表示。

神经网络的嵌入过程类似于连接一层全连接层，将每个特征映射到一个固定长度的低维向量中。每个嵌入查找可以解释为使用 One-hot 编码的向量 e_i(如[0, $\cdots$, i, $\cdots$, 0]，第 i 个位置为 1，其他位置为 0，其中索引 i 对应于第 i 个类别）得到嵌入矩阵 $W \in R^{m \times d}$ 对应的行向量，计算方法为

$$w_i = e_i W \tag{6.9}$$

式中，嵌入矩阵 W 是模型训练中需要学习的参数。利用嵌入方法一方面能够解决 One-hot 编码导致的稀疏性问题，使稀疏的输入数据转化为稠密的输入向量；另一方面能够降低数据维度，从而减少计算量。

得到用户的签到星期、签到时刻、用户和兴趣点的输入向量后，就可以使用 GRU 模型对用户的短期偏好进行建模。用户短期偏好建模如图 6.7 所示。GRU 模型的 t_i 时刻的签到信息输入可以由当前时刻签到兴趣点向量、签到星期向量和签到时刻向量的拼接得到，表示为 $S_{t_i} = [p_{t_i}, \text{Week}_{t_i}, \text{Hour}_{t_i}]$，其中 S_{t_i} 表示用户在 t_i 时刻输入向量的拼接结果。用户的当前偏好类似于图 6.7 中 GRU 对用户短期偏好的建模过程，区别在于输入的信息不同，本节选

用用户最后一次签到的 6 小时内的签到兴趣点记录作为当前偏好模型的输入。

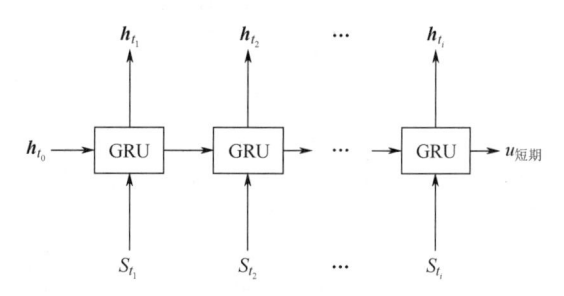

$S_{t_i}=[h_{t_i}:Week_{t_i}:Hour_{t_i}]$
→ 表示数据的流动
: 表示向量的拼接操作

图 6.7 用户短期偏好建模

6.5.3 周期偏好

注意力模型最初被用于机器翻译,现在已经成为神经网络中的一个重要概念。注意力是神经网络结构的重要组成部分,在自然语言处理、图像识别、推荐系统等领域中有着广泛的应用。注意力机制启发自人类视觉机制,如人们的视觉系统倾向于关注图像中的部分信息,并自动忽略掉不相关的信息。

受到 DeepMove 模型启发,用户的周期偏好对下一个兴趣点具有一定的影响。DeepMove 尝试将用户的签到记录按天划分,通过获取用户以往每天的签到兴趣点向量的平均值作为用户当天的信息表示,使用注意力模型来捕获用户最近的签到记录和长期的签到记录的周期影响。使用 GRU 模型捕获近期签到序列信息作为用户的短期偏好表示,并利用分层注意力机制捕获用户当前偏好和短期偏好的周期影响,这样的好处是避免了对签到记录进行按天划分而导致的签到信息的连续性缺失问题,同时减少了用户很久之前的偏好对用户当前偏好的影响。用户周期偏好建模方法如图 6.8 所示。图 6.8 中"短期偏好"部分是使用 GRU 模型对用户最近两个月内的签到信息进行建模;图中"当前偏好" u_w 是 GRU 模型对用户最近 6 小时内签到序列信息的最后一个时刻的输出向量,然后将 u_w 作为分层注意力的上下文向量,与用户短期偏好进行交互得到用户的周期偏好表示,如图 6.8 所示。使用分层注意力的公式建模可以用下式表示:

$$u_{t_i} = \tanh(Wh_{t_i} + b_w) \tag{6.10}$$

$$\alpha_{t_i} = \frac{\exp(u_{ti}^T u_w)}{\sum_t \exp(u_{ti}^T u_w)} \tag{6.11}$$

$$v = \sum_t \alpha_{t_i} h_{t_i} \tag{6.12}$$

式中,h_{t_i} 为短期偏好模型的每一时刻的输出;u_{t_i} 为 h_{t_i} 经过一层全连接神经网络后的向量表示。在本节模型中,u_w 使用当前偏好模型的最后一个时刻的输出向量表示,v 表示用户最终的周期偏好向量表示。

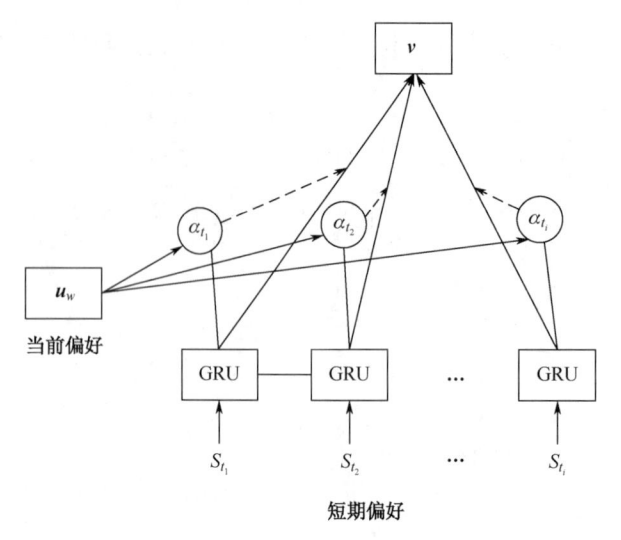

图 6.8　用户的周期偏好建模

6.6　模型训练

在模型训练过程中，用户训练集中除第一次之外的所有签到的兴趣点都作为目标兴趣点进行训练，因为用户的第一次签到行为无法由之前的签到信息得到，因此没有使用用户的第一次签到信息作为目标用于训练。假定用户在 t 时刻有一个签到信息，则用户历史所有签到的兴趣点将用于对用户的长期偏好进行建模，t 时刻签到之前的最近两个月签到序列信息用于输入得到用户的短期偏好向量，t 时刻之前的 6 小时内的签到序列信息作为输入得到用户的当前偏好向量，用户在 $t+1$ 时刻的签到兴趣点将作为目标兴趣点用于训练。

在得到预训练的用户关系向量、用户长期偏好向量、当前偏好向量和周期偏好向量（由当前偏好向量和短期偏好向量共同获得）后，以上向量的拼接结果将作为最终的用户偏好表示。进一步，应用一层神经网络整合以上 4 种偏好之间复杂的影响，同时使最终的用户偏好向量维度与兴趣点嵌入向量维度保持一致。受矩阵分解模型思想的启发，最终的用户偏好向量与兴趣点向量的内积形式用于表示用户访问每个兴趣点的分数。用户访问兴趣点的分数被进一步送入到 softmax 函数中，然后得到用户访问每个兴趣点的概率 $\hat{y}_p$，之后通过如下公式计算模型的损失。模型最终的训练目标是优化下面的损失函数。

$$L = -\sum_{u \in U} \sum_{t=1}^{i} [l(P, Q_t) \log(\hat{y}_p) + (1 - l(P, Q_t)) \log(1 - \hat{y}_p)] + \lambda \| \theta \|^2 \quad (6.13)$$

式中，$l(P, Q_t) \in \{0,1\}$ 用于判断在输入序列为 Q_t 的条件下模型是否能够正确预测真实的兴趣点 P。如果可以正确预测，那么 $l(P, Q_t)=1$，否则 $l(P, Q_t)=0$；θ 为所有训练的参数集合；λ 为正则化系数，在实验中设置为 0.0001。

6.7 实验结果与分析

6.7.1 实验环境与数据

（1）实验环境：提出的模型使用 Python 语言基于 PyTorch 框架实现，使用 PyCharm 开发环境，在 Windows 10 操作系统、CPU 处理器为 AMD 4800H 8 核 16 线程、显卡为 Nvdia GTX1660Ti 6GB 显存的笔记本上进行实验测试。

（2）数据集：使用 CA 数据集和 Gowalla 数据集。CA 数据集包括生活在美国加利福尼亚州的 4163 名用户的 483813 条签到信息、121142 个不同的兴趣点。本节提取用户签到时间为 2010 年 1 月到 2011 年 8 月将近 20 个月的用户历史签到记录。Gowalla 数据集包括 2009 年 2 月至 2010 年 10 月的 196591 个用户的 6,442,890 条签到记录，提取在加利福尼亚州和内华达州两个城市的签到数据用于实验，因为这两个相邻地区没有显著的文化差异。由于 Gowalla 数据集不含有用户朋友关系，因此在 Gowalla 数据集实验中的用户关系向量学习过程中，只用到了用户的历史签到信息。对于两个数据集的预处理，移除不活跃的用户和兴趣点，首先移除少于 10 个被不同用户访问的兴趣点，然后移除签到次数少于 10 个签到记录的用户。选择用户历史签到数据集的最后一次签到记录作为测试集，其余作为训练集，大多数下一个兴趣推荐研究也都采用这种方法对数据集进行分割。用户的签到数据集格式如表 6.3 所示，数据集中的朋友关系如表 6.4 所示。从表 6.4 中可以看出，用户的朋友关系在数据集中是成对表示的，两个数据集预处理之后的信息如表 6.5 和表 6.6 所示。

表 6.3 用户的签到数据集格式

用户 ID	签到时间	兴趣点 ID	经度	纬度
1	2011-02-12 00:53:18	1	-73.9934992790222	40.75051626137434
1	2011-02-10 22:33:06	2	-73.7845230102539	40.645089355976346
1	2011-02-10 19:01:05	3	-79.61208343505858	43.680659965522246
1	2011-01-30 19:00:22	4	-118.26724290847778	34.043058660157634
1	2011-01-09 15:40:44	5	-118.328395	34.098
2	2010-09-25 21:30:36	12	-118.0515657785736	34.1346047997385
2	2010-09-19 02:12:25	12	-118.0515657785736	34.1346047997385
2	2010-09-10 22:03:27	13	-118.131554	34.077757
2	2010-08-29 02:42:42	12	-118.0515657785736	34.1346047997385
2	2010-08-24 21:23:43	14	-115.17521381378174	36.1047342531898

表 6.4 数据集中的朋友关系

用户 ID	具有朋友关系的用户 ID
1	243
1	1268
243	1
1268	1
1268	6
1268	10

表 6.5　CA 数据集预处理后的信息统计

信 息 统 计	数　　量
用户数	2193
兴趣点数	3519
总签到数	113867
平均签到数	51.92

表 6.6　Gowalla 数据集预处理后的信息统计

信 息 统 计	数　　量
用户数	5777
兴趣点数	8028
总签到数	274476
平均签到数	34.18

6.7.2　实验及结果分析

1. 对比模型

使用 5 个主流的下一个兴趣点推荐模型（BPR、FPMC-LR、PRME-G、POI2Vec、Distance2 Pre）和两个最新的序列推荐模型（GRU4Rec、CSRM）与本章提出的模型（BUAP-GRU）进行实验比较。为了消除神经网络中神经元个数的影响，所有基于循环神经网络的模型（如 GRU4Rec、Distance2Pre）的神经元个数均设置为 100。BPR、FPMC-LR、PRME-G 和 POI2Vec 模型中的用户和兴趣点嵌入维度设置为 20。本节将对比模型迭代过程中出现的最好结果作为实验对比标准。

（1）BPR：是矩阵分解算法与 BPR 损失相结合的算法。利用矩阵分解算法和 BPR 损失对"用户-兴趣点"的隐式反馈矩阵进行优化。BPR 损失的思想是基于"用户对交互过的兴趣点偏好大于未交互的兴趣点"。

（2）FPMC-LR：引进了个性化马尔可夫模型的推荐算法，结合矩阵分解和一阶马尔可夫对于用户偏好和序列建模的优势，同时考虑了用户访问下一个兴趣点的地理距离约束，使模型能够同时考虑用户偏好信息、序列信息和地理位置信息进行推荐。

（3）PRME-G：提出个性化度量嵌入的方法进行下一个兴趣点推荐。为了能够解决兴趣点的地理位置影响，将空间距离作为权重控制用户的距离偏好，该模型能够同时整合用户偏好信息、序列信息和地理位置信息进行推荐。

（4）POI2Vec：是一种基于嵌入模型的方法。该模型在学习潜在表示的同时考虑了 POI 的地理位置影响。模型使用二叉树将距离相近的兴趣点聚为一类。为了增强兴趣点的地理位置影响，一个兴趣点可以分配到多个类中。

（5）Distance2Pre：该模型是基于 GRU 的方法，能够利用 GRU 模型根据用户历史签到序列信息和距离偏好进行推荐，本节使用效果表现较好的 Distance（Non-Linear）模型作为实验对比。

（6）GRU4Rec：基于 GRU 模型的算法，通过 GRU 对用户的签到序列进行建模，捕获用户签到的序列偏好，从而进行推荐。GRU4Rec 通过对训练批次进行改进增加 GRU 模型的训练速度,提出了 TOP1 损失以获取更好的推荐效果。这里选择原文提出的 TOP1 函数作为模型的损失函数。

(7) CSRM:最新的会话推荐方法,该模型不仅对用户的签到信息进行建模,还考虑到相似用户的会话签到信息进行序列推荐。

(8) BUAP-GRU:本节提出的模型,该模型基于 GRU 对用户的签到行为序列进行建模。GRU 模型是当前 RNN 的最新变体,能够深入探索用户关系和用户偏好对用户访问下一个兴趣点的影响。该模型能够同时整合序列信息、用户关系、时空上下文信息和用户偏好等信息用于下一个兴趣点推荐。

2. 参数设置

本节模型的输入批次(Batch-Size)为 16,学习率为 0.01,使用分类交叉熵损失函数计算模型训练每次迭代的损失,用 BPTT 算法计算模型中的可训练参数梯度,使用 SGD 优化器对模型参数进行优化,其中 SGD 优化器的 Momentum 参数设置为 0.9。兴趣点和用户的向量维度设置为 100。

3. 评价方法

选用两个常用的度量标准 ACC@K 和 MRR@10 作为推荐效果的评价指标。ACC@K 是推荐系统中衡量推荐效果的常用指标,对于用户的一次推荐,如果用户访问的下一个兴趣点出现在推荐列表中,就认为预测正确,其值为 1;否则为 0。ACC@K 的值是取所有测试实例的平均值,值越高表示模型的推荐效果越好。ACC@K 的计算公式为

$$\text{ACC@K} = \frac{\sum_{u \in U} \sum_{H_{t_i}^u} \text{hit}(\text{rec}@k, \text{target})}{|T|} \quad (6.14)$$

式中,$H_{t_i}^u$ 为用户 t_i 在时刻之前(包含 t_i)访问兴趣点的历史记录;$\text{rec}@k$ 为用户在下一个时刻 t_{i+1} 将访问的按概率大小排序的 k 个兴趣点列表;target 为用户访问下一个兴趣点的真实值(如果 target 在推荐列表 $\text{rec}@k$ 中,那么 $\text{hit}(\text{rec}@k, \text{target})$ 的值为 1;否则为 0);$|T|$ 为测试集总数。

MRR@10 是衡量推荐列表中兴趣点排名的标准,用户访问的下一个兴趣点在推荐列表的位置越靠前,MRR@K 的得分就会越高。MRR@K 的计算公式为

$$\text{MRR@K} = \frac{\sum_{u \in U} \sum_{H_{t_i}^u} \text{index}(\text{rec}@k, \text{target})}{|T|} \quad (6.15)$$

同样,如果 target 在推荐列表 $\text{rec}@k$ 中,那么 $\text{index}(\text{rec}@k, \text{target})$ 的值为推荐列表排名的倒数,如 target 在 $\text{rec}@k$ 的第 1 个位置,那么 $\text{index}(\text{rec}@k, \text{target})$ 的值为 1。如果 target 不在推荐列表中,值为 0。

4. 实验结果分析

(1)本节首先分析 BPR 和 GRU4Rec 模型,它们都只使用单一类型的偏好进行推荐,BPR 采用矩阵分解方法对用户的隐式反馈矩阵进行分解,根据用户对访问过的兴趣点的偏好大于未访问过的兴趣点获得用户的偏好信息。GRU4Rec 是基于序列推荐的模型,通过将用户的签到序列数据送入 GRU 模型中捕获用户签到序列关系。通过对比 BPR 模型和 GRU4Rec 模型的实验结果可以看出,在 ACC@1 评价指标上,GRU4Rec 模型优于 BPR 模

型，说明使用序列信息的模型能提供更为准确的下一个兴趣点推荐结果。然而，在ACC@5和ACC@10的评价指标上，基于用户偏好的BPR模型要优于基于序列的GRU4Rec模型，说明BPR模型能够提供更多符合用户偏好的兴趣点。另外，这也反映出用户偏好信息和用户的签到序列信息对于用户的下一个兴趣点推荐效果具有不同程度的影响。

（2）比较PRME-G和FPMC-LR模型，它们都是基于用户当前位置进行推荐的模型。PRME-G是基于嵌入的模型，通过将用户偏好和序列信息嵌入到两个不同的空间，然后结合地理位置信息进行推荐；而FPMC-LR使用个性化一阶马尔可夫的方法对用户偏好和序列信息进行建模，结合用户的移动行为进行下一个兴趣点推荐。从实验结果可以看出，PRME-G始终优于FPMC-LR模型，说明基于嵌入的方法要优于基于一阶马尔可夫的模型，这是因为嵌入空间能够捕获用户更深层次的潜在序列转移信息。假如存在一条序列转移关系：A→B→C，则在现实生活中很多情况也会存在A到C转移的可能性，而基于一阶马尔可夫的模型无法捕获这种潜在序列转移信息。相反，在基于嵌入的模型中，由于A到B存在序列关系，因此A到B之间的潜在向量表示有更近的空间距离，B到C也存在序列关系，那么B到C之间也存在较近的空间距离。由此可以推断出，兴趣点A到C之间的空间距离也较近，这也解释了PRME-G模型具有较好推荐效果的原因。同时，能看出PRME-G在CA数据集上要优于POI2Vec模型，这主要是由于用户签到数据集的稀疏性导致的。

（3）基于GRU对用户历史签到数据建模的Distance2Pre和BUAP-GRU两个模型显著优于只基于当前兴趣点进行推荐的FPMC-LR和PRME-G模型，说明了GRU模型对于序列建模的有效性。另外，也反映出只基于当前签到兴趣点无法有效预测用户的潜在偏好，这是因为只基于当前签到兴趣点无法包含用户大量的历史访问序列信息，可能导致用户的访问意图被误解。Distance2Pre使用不同用户对距离偏好进行建模。CSRM是最新的序列推荐模型，该模型通过考虑用户签到的相似行为进行推荐。CSRM和本节提出的模型BUARGRU均表现出较好的推荐效果。然而，以上的模型尽管有效，但是都缺乏对用户签到时间信息（如周期影响、当前签到时刻）的考虑，也缺乏对用户关系和用户偏好信息的深入挖掘。可以看出，通过整合用户关系、用户偏好、序列信息和时间信息的模型显著优于其他所有对比模型，这也反映出整合用户的多种上下文信息有助于提升模型的推荐效果，因为用户访问的下一个兴趣点通常受到很多因素的影响，通过整合多种上下文信息能够较为清晰地表达用户的访问偏好，因此能够提升下一个兴趣点的推荐效果。

不同模型在CA数据集上的运行结果如表6.7所示，Gowalla数据集上的运行结果如表6.8所示。

表6.7 CA数据集上的运行结果

模型	ACC@1	ACC@5	ACC@10	MRR@10
BPR	6.47%	14.50%	18.15%	9.82%
GRU4Rec	7.20%	13.22%	16.87%	9.64%
FPMC-LR	7.61%	13.35%	16.56%	9.84%
PRME-G	8.34%	13.68%	17.19%	10.60%
POI2Vec	7.25%	13.91%	17.56%	10.01%
Distance2Pre	9.12%	20.29%	25.58%	13.72%

续表

模型	ACC@1	ACC@5	ACC@10	MRR@10
CSRM	9.90%	21.89%	28.32%	15.18%
BUAP-GRU	**13.95%**	**26.40%**	**32.37%**	**19.24%**

表 6.8 Gowalla 数据集上的运行结果

模型	ACC@1	ACC@5	ACC@10	MRR@10
BPR	7.28%	16.33%	20.86%	11.47%
GRU4Rec	7.34%	14.81%	18.61%	10.61%
FPMC-LR	7.16%	14.56%	19.41%	10.02%
PRME-G	7.54%	17.23%	21.40%	11.67%
POI2Vec	8.32%	19.61%	24.72%	13.41%
Distance2Pre	10.36%	25.58%	32.15%	16.76%
CSRM	12.85%	23.71%	30.53%	16.44%
BUAP-GRU	**14.47%**	**27.86%**	**34.26%**	**20.21%**

6.7.3 神经网络神经元个数的影响

该实验主要讨论神经元个数取值在{20，40，60，100，160，240}时对模型推荐效果的影响，实验结果如图 6.9 和图 6.10 所示。

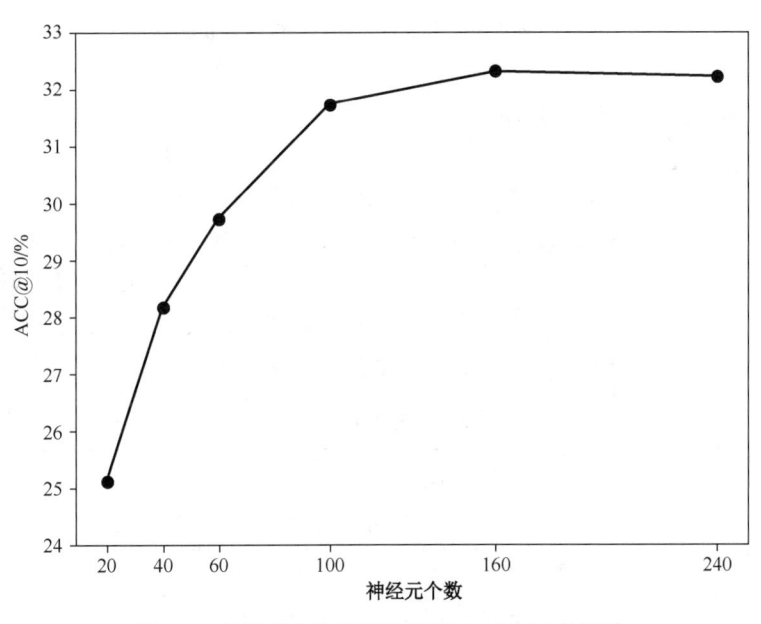

图 6.9 神经元个数对评价指标 ACC@10 的影响

从图 6.9 和图 6.10 中可以看出，当神经元个数为 20 时模型表现出很差的效果，这是因为神经元个数的限制导致模型出现了欠拟合的现象，从而缺乏对用户大量签到信息的建模能力。当神经元个数从 20 增加的 100 时，模型在 ACC@10 和 MRR@10 评价指标上均有显著提升，说明此时的神经元个数是限制模型表现的最主要因素。然而，当神经元个数从 100 进一步增加到 160 时，模型在 ACC@10 和 MRR@10 评价指标上只有轻微的提升，说明此时神经元个数已经达到饱和。当神经元个数进一步增加到 240 时，模型在 MRR@10 评价指标上有轻微的提升，但是在 ACC@10 评价指标上反而有轻微的下降，说明此时神经元个数已经达到过度饱和的状态，从而说明过量的增加神经元个数并不总是有利于模型推荐效果的提升，还会导致需要训练的参数大量增加，从而增加模型的训练负担。

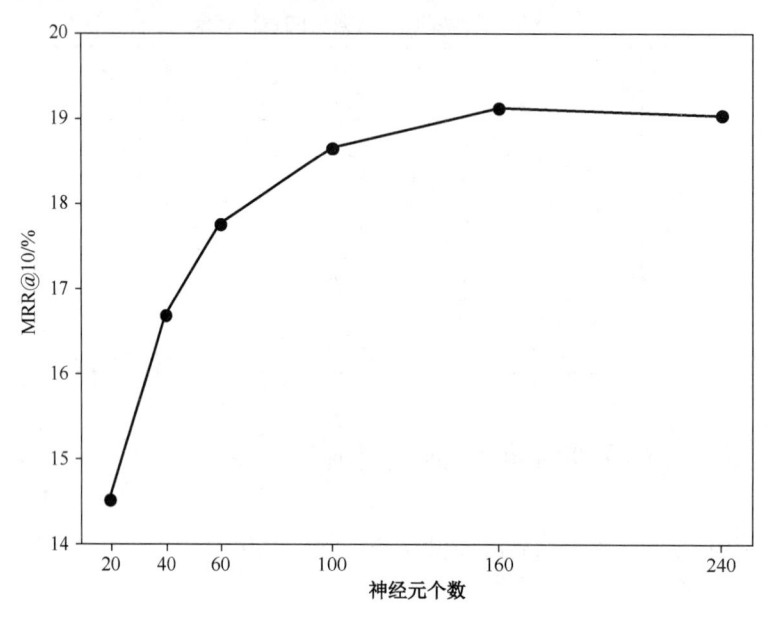

图 6.10　神经元个数对评价指标 MRR@10 的影响

6.7.4　模型结构的影响

该实验主要通过拆分各不同子模型从而测试其对模型总体推荐效果的影响，实验结果如表 6.9 所示。表 6.9 中 M(L)表示只使用用户长期偏好模块，M(S)表示只使用用户短期偏好模块，M(C)表示只使用用户当前偏好模块，M(L-S-C)表示使用用户长期偏好、短期偏好和当前偏好模块，M(L-S-C-R)表示使用 3 类用户偏好和用户关系模块，BUAP-GRU 表示本节提出的模型，该模型同时整合以上所有模型且增加了注意力机制。

表 6.9　不同模型结构下的实验结果

模型	ACC@1	ACC@5	ACC@10	MRR@10
M(L)	6.97%	12.40%	16.23%	9.38%
M(S)	9.48%	19.42%	24.16%	13.62%
M(C)	8.34%	16.55%	21.11%	11.73%
M(L-S-C)	10.12%	19.56%	24.44%	13.41%
M(R-L-S-C)	13.31	25.35%	31.00%	18.56%
BUAP-GRU	13.95%	26.40%	32.37%	19.24%

从表 6.9 可以看出，在对用户不同类型偏好建模的 M(L)、M(S)和 M(C)模块中，短期偏好表现最好，长期偏好表现最差，这说明了 GRU 模型对于序列建模的有效性，也表明了用户的短期偏好对模型的推荐效果影响最大。从表 6.9 还可以发现，即使只使用用户当前偏好信息，模型依旧显示出不错的表现效果，进一步说明了当前偏好对于兴趣点推荐效果

的重要性。对比 M(L-S-C)模块和 M(R-L-S-C)模块可以看出，通过增加预训练的用户关系，模型表现力得到显著的提升，说明了用户关系能在很大程度上影响兴趣点的推荐效果，也反映出用户访问的兴趣点与其偏好相似的用户及朋友关系存在较大的联系。对比 M(R-L-S-C)和 BUAP-GRU 模型可以看出，通过使用注意力机制来捕获用户周期偏好的模型，其推荐效果得到了进一步增强，说明增加了注意力机制能够更有效地对用户的签到行为规律进行建模。

6.7.5 迭代次数的影响

该实验的目的是测试迭代次数对模型推荐效果的影响，实验结果如图 6.11 和图 6.12 所示。

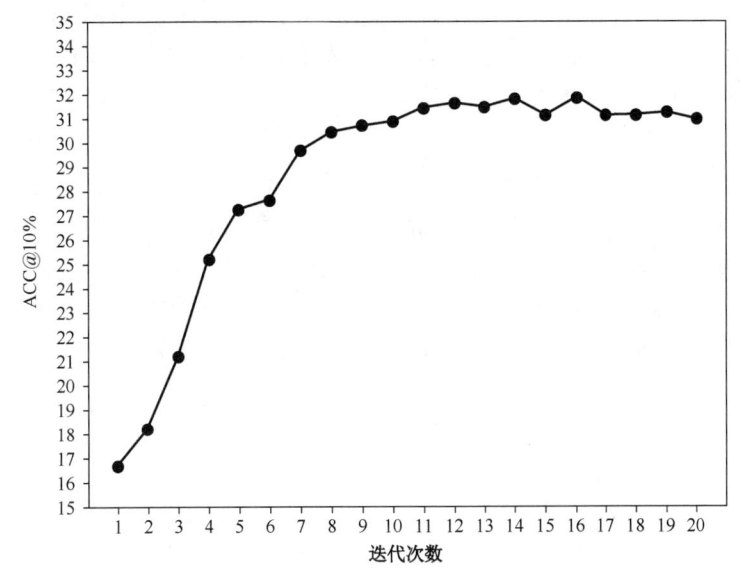

图 6.11 迭代次数对 ACC@10 评价指标的影响

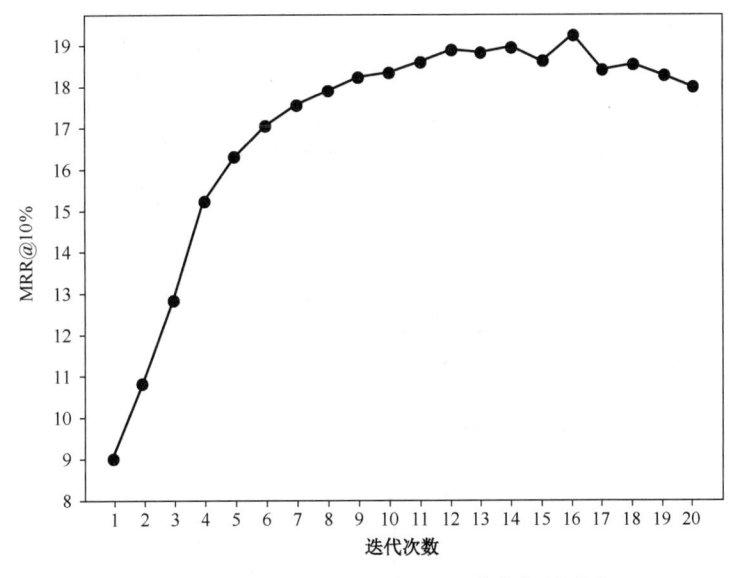

图 6.12 迭代次数对 MRR@10 评价指标的影响

从图 6.11 和图 6.12 可以看出，ACC@10 和 MRR@10 评价指标总体上表现出相同的趋势。在模型迭代的前 10 次，模型的 ACC@10 和 MRR@10 评价指标都呈现快速增加的趋势，因为模型此时能够通过对用户签到行为的学习快速挖掘用户共性的潜在签到模式。模型从第 10 次迭代到第 16 次迭代过程中的推荐效果增长缓慢，说明此时模型已经趋于拟合的状态。当迭代次数在 17 次之后，模型的推荐效果出现下降的趋势，这是因为模型已经对训练数据集产生了过拟合现象，从而影响了模型在测试集上的推荐效果。

6.7.6 朋友关系和偏好相似关系权重的影响

朋友关系和偏好相似关系对兴趣点的推荐效果具有不同程度的影响，该实验主要测试用于控制朋友关系和偏好相似关系的权重 $\alpha \in \{0, 0.1, 0.2, 0.3, 0.5, 0.7, 1\}$ 对模型推荐效果的影响。从图 6.13 和图 6.14 可以看出，当参数 α 在取值为 0、0.1、0.2 或 0.3 时，模型的推荐效果差别不大，在 ACC@10 评价指标上出现增长的趋势。可以看出，当参取值在 0.2 时，MRR@10 和 ACC@10 评价指标表现出最优的结果。随着参数的继续增长，模型的推荐效果持续下降，尤其是当参数取值大于 0.5 时，模型推荐效果下降趋势明显。当参数取值为 1 时，意味着只考虑用户关系，这时模型推荐效果最差。当对比参数取值为 0 时，意味着只考虑用户的偏好相似关系，模型的推荐效果要远远大于只考虑朋友关系模型。这说明在兴趣点推荐中，偏好相似关系的影响要大于朋友关系的影响。同时，还能发现整合用户偏好相似关系和朋友关系的模型，表现出了最优的推荐效果。

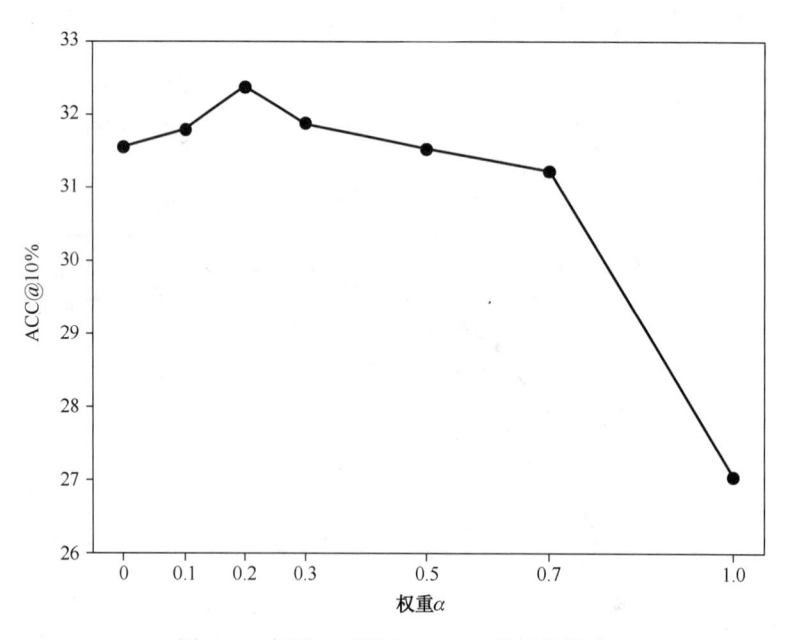

图 6.13　权重 α 对于 ACC@10 指标的影响

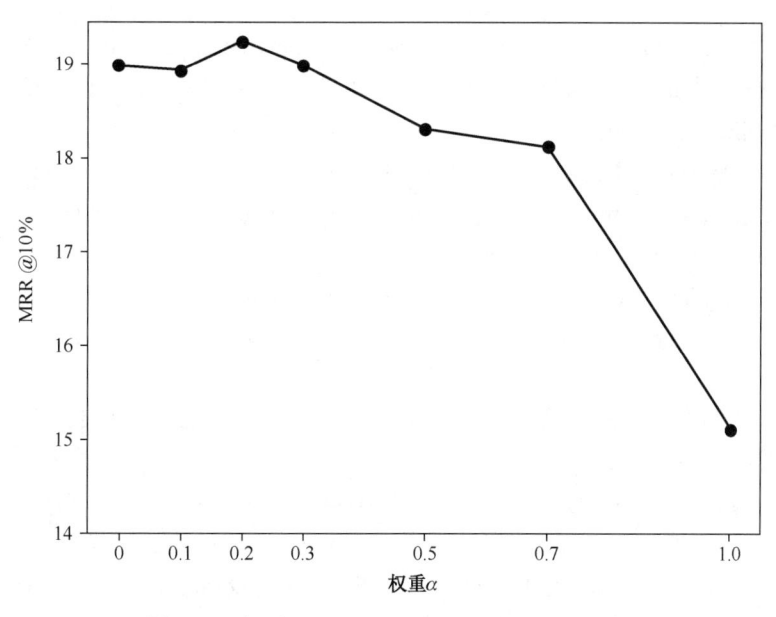

图 6.14　权重 α 对于 MRR@10 评价指标的影响

6.8　本章小结

本章研究了下一个兴趣点推荐问题。下一个兴趣点推荐是基于位置的社交网络中的重要任务，下一个兴趣点推荐的主要任务是如何有效考虑多种上下文信息从而为用户推荐其最感兴趣的下一个兴趣点。本章从下一个兴趣点出发并进行了相关的研究，提出了一个整合用户关系、时间信息、用户偏好的模型用于下一个兴趣点推荐。本章将用户关系划分为偏好相似关系和朋友关系，并通过嵌入的方法学习用户关系向量表示。用户偏好细分为长期偏好、短期偏好和当前偏好，并使用不同的模型对不同类型偏好进行建模，同时使用注意力机制捕获用户偏好的周期影响。在两个公开真实的数据集上进行实验，实验结果表明提出的模型显著优于当前主流模型，说明了提出的模型能够有效地对用户签到行为和用户偏好进行建模。

6.9　参考文献

[1] Zhang Z Y, Liu Y, Zhang Z J, et al. Fused matrix factorization with multi-tag, social and geographical influences for POI recommendation[J]. World Wide Web, 2019, 22(3): 1135-1150.

[2] He J, Li X, Liao L J, et al. Inferring a personalized next point-of-interest recommendation model with latent behavior patterns[C]. In: Proceedings of the 30th AAAI Conference on Artificial Intelligence, 2016, 137-143.

[3] Yao Z, Fu Y, Liu B, et al. POI recommendation: a temporal matching between POI popularity and user regularity[C]. In: Proceedings of the IEEE International Conference on Data Mining, 2016, 549-558.

[4] Zhou X, Mascolo C, Zhao Z. Topic-Enhanced memory networks for personalised point-of-interest recommendation[C]. In: Proceedings of the ACM SIGKDD International Conference on Knowledge Discovery and Data Mining, 2019, 3018-3028.

[5] Yin H, Wang W, Hao W, et al. Spatial-Aware hierarchical collaborative deep learning for POI recommendation[J]. IEEE Transactions on Knowledge and Data Engineering, 2017, 2537-2551.

[6] 孟祥福,张霄雁,唐延欢,等. 基于地理-社会关系的多样性与个性化兴趣点推荐[J]. 计算机学报,2019,42(11):2574-2590.

[7] Liu Q, Wu S, Wang D Y, et al. Context-Aware sequential recommendation[C]. In: Proceedings of the IEEE International Conference on Data Mining, 2016, 1053-1058.

[8] Lian D, Zhao C, Xie X, et al. GeoMF: joint geographical modeling and matrix factorization for point-of-interest recommendation[C]. In: Proceedings of the ACM SIGKDD International Conference on Knowledge Discovery and Data Mining, 2014, 831-840.

[9] Yuan Q, Cong G, Ma Z Y, et al. Time-aware point-of-interest recommendation[C]. In: Proceedings of the 36th International ACM SIGIR Conference on Research and Development in Information Retrieval, 2013, 363-372.

[10] Liu Q, Wu S, Wang L, et al. Predicting the next location: a recurrent model with spatial and temporal contexts[C]. In: Proceedings of the 30th AAAI Conference on Artificial Intelligence, 2016, 194-200.

[11] Zhao P P, Zhu H F, Liu Y C, et al. Where to go next: a spatio-temporal gated network for next POI recommendation[C]. In: Proceedings of the AAAI Conference on Artificial Intelligence, 2019, 5877-5884.

[12] Xie M, Yin H Z, Wang H, et al. Learning graph-based POI embedding for location-based recommendation[C]. In: International Conference on Information and Knowledge Management, 2016, 15-24.

[13] He X N, Liao L Z, Zhang H W, et al. Neural collaborative filtering[C]. In: Proceedings of the 26th International World Wide Web Conference, 2017, 173-182.

[14] Massimo D, Ricci F. Harnessing a generalised user behaviour model for next POI recommendation[C]. In: Proceedings of the 12th ACM Conference on Recommender Systems, 2018, 402-406.

[15] Yang D Q, Zhang D Q, Zheng V W, et al. Modeling user activity preference by leveraging user spatial temporal characteristics in LBSNs[J]. IEEE Transactions on Systems, Man, and Cybernetics: Systems, 2015, 45(1): 129-142.

[16] Cui Q, Tang Y Y, Wu S, et al. Distance2Pre: personalized spatial preference for next point-of-interest prediction[C]. In: Proceedings of the 23rd Pacific-Asia Conference on

Knowledge Discovery and Data Mining. 2019, 289-301.

[17] Feng S S, Cong G, An B, et al. POI2Vec: geographical latent representation for predicting future visitors[C]. In: Proceedings of the 31st AAAI Conference on Artificial Intelligence, 2017, 102-108.

[18] Wang M, Ren P, Mei L, et al. A collaborative session-based recommendation approach with parallel memory modules[C]. In: Proceedings of the 42nd International ACM SIGIR Conference on Research and Development in Information Retrieval, 2019, 345-354.

反侵权盗版声明

电子工业出版社依法对本作品享有专有出版权。任何未经权利人书面许可，复制、销售或通过信息网络传播本作品的行为；歪曲、篡改、剽窃本作品的行为，均违反《中华人民共和国著作权法》，其行为人应承担相应的民事责任和行政责任，构成犯罪的，将被依法追究刑事责任。

为了维护市场秩序，保护权利人的合法权益，我社将依法查处和打击侵权盗版的单位和个人。欢迎社会各界人士积极举报侵权盗版行为，本社将奖励举报有功人员，并保证举报人的信息不被泄露。

举报电话：（010）88254396；（010）88258888
传　　真：（010）88254397
E-mail：　dbqq@phei.com.cn
通信地址：北京市万寿路173信箱
　　　　　电子工业出版社总编办公室
邮　　编：100036